"十四五"普通高等教育本科部委级规划教材

国家一流本科专业建设精品课程系列教材

教育部"产品设计人才培养模式改革"虚拟教研室试点建设系列教材

2021 年中央支持地方高校发展专项资金支持

U0734423

博物馆展示设计

潘鲁生　主编

韩卫萍　编著

中国纺织出版社有限公司

图书在版编目（CIP）数据

博物馆展示设计 ／ 潘鲁生主编；韩卫萍编著. ‒‒
北京：中国纺织出版社有限公司，2022.6（2025.2重印）
"十四五"普通高等教育本科部委级规划教材
ISBN 978-7-5180-9500-1

Ⅰ．①博… Ⅱ．①潘… ②韩… Ⅲ．① 博物馆‒陈列
设计‒高等学校‒教材 Ⅳ．①G265

中国版本图书馆CIP数据核字（2022）第065451号

责任编辑：余莉花 特约编辑：刘美汝
责任校对：王花妮 责任印制：王艳丽

中国纺织出版社有限公司出版发行
地址：北京市朝阳区百子湾东里 A407 号楼 邮政编码：100124
销售电话：010 — 67004422 传真：010 — 87155801
http://www.c-textilep.com
中国纺织出版社天猫旗舰店
官方微博 http://weibo.com/2119887771
天津千鹤文化传播有限公司印刷 各地新华书店经销
2022 年 6 月第 1 版 2025 年 2 月第 3 次印刷
开本：787×1092 1/16 印张：20
字数：280 千字 定价：89.00 元

序

目前，我国本科高校数量1270所，高职（专科）院校1468所，在这些高校中，70%左右的高校开设了设计学类专业，设计类专业在校学生总人数已逾百万，培养规模居世界之首。在凝聚中国力量、实现中国梦的伟大征程中，设计人才已成为推动产业升级和提高文化自信的助力器，是建设美丽中国、实现乡村振兴的重要力量。

2019年，教育部正式启动了"一流本科专业建设点"评定工作，计划在三年内，建设10000个国家级一流本科专业，其中设计学类一流专业规划有474个。与之相匹配，教育部同步实施10000门左右的国家级"一流课程"的建设工作。截至2021年底，在山东工艺美术学院本科专业中有10个专业获评国家级一流专业建设点，11个专业获评山东省级一流专业建设点，国家级、省级一流专业占学校本科专业设置总数的71%，已形成以设计类专业为主导，工科、文科两翼发展的"国家级""省级"一流专业阵容。工业设计学院立足"新工科""新文科"学科专业交叉融合发展理念，产品设计、工业设计、艺术与科技3个专业均获评国家级一流专业建设点。

工业设计是一个交叉型、综合型学科，它的发展是在技术和艺术、科技和人文等多学科相互融合的过程中实现的，是与企业产品的设计开发、生产制造紧密相连的知识综合、多元交叉型学科，其专业特质具有鲜明的为人民生活服务的社会属性。当前，工业设计创新已经成为推动新一轮产业革命的重要引擎。因此，今天的"工业设计"更加强调和注重以产业需求为导向的前瞻性、以学科交叉为主体的融合性、以实践创新为前提的全面性。这一点同国家教材委员会的指导思想、部署原则是非常契合的。2021年10月，国家教材委员会发布了《国家教材委员会关于首届全国教材建设奖奖励的决定》，许多优秀教材及编撰者脱颖而出，受到了荣誉表彰。这体现了党中央、国务院对教材编撰工作的高度重视，寄望深远，也体现了新时代推进教材建设高质量发展的迫切需要。统揽这些获奖教材，政治性、思想性、创新性、时代性强，充分彰显中国特色，社会影响力大，示范引领作用好是其显著特点。本系列教材在编写过程中突出强调以下4个宗旨。

第一，进一步提升课程教材铸魂育人价值，培养全面发展的社会主义建设者。在强化专业讲授的基础上，高等院校教材应凸显能力内化与信念养成。设计类教材内容与文化输出和表现、传统继承与创新是息息相关、水乳交融的，必须在坚持"思政＋设计"的育人导向基础上形成专业特色，必须在明确中国站位、加入中国案例、体现中国智慧、展示中国力量、叙述中国成就等方面下功夫，进而系统准确地将新时代中国特色社会主义思想融入课程教材体系之中。当代中国设计类教材应呈现以下功用：充分发挥教材作为"课程思政"的主战场、主阵地、主渠道作用；树立设计服务民生、设计服务区域经济发展、设计服务国家重大战略的立足点和价值观；激发学生的专业自信心与民族自豪感，使他们自觉把个人理想融入国家发展战略之中；培养"知中国、爱中国、堪当民族复兴大任"的新时代设计专门人才。

第二，以教材建设固化"一流课程"教学改革成果，夯实"双万计划"建设基础。毋庸置疑，学科建设的基础在于专业培育，而专业建设的基础和核心是课程，课程建设是整个学科发展的"基石"。因此，缺少精品教材支撑的课程，很难成为"一流课程"；不以构建"一流课程"为目标的教材，也很难成为精品教材。教材建设是一个长期积累、厚积薄发、小步快跑、不断完善的过程。作为课程建设的重要组成部分，教材建设具有引领教学理念、搭建教学团队、固化教改成果、丰富教学资源的重要作用。普通高校设计专业教材建设工程要从国家规划教材和一流课程、专业抓起。因此，本系列教材的编写工作应对标"一流课程"，支撑"一流专业"，构建一流师资团队，形成一流教学资源，争创一流教材成果。

第三，立足多学科融合发展新要求，持续回应时代对设计专业人才培养新需要。设计专业依托科学技术，服务国计民生，推动经济发展，优化人民生活，呼应时代需要，具有鲜明的时代特征。这与时下"新工科""新文科"所强调和呼吁的实用性、交叉性、综合性不谋而合。众所周知，工业设计创新已经成为推动新一轮产业革命的重要引擎。在此语境下，工业设计的发展应始终与国家重大战略布局密切相关，在大众创业、万众创新中，在智能制造中，在乡村振兴中，在积极应对人口老龄化问题中，在可持续发展战略中，工业设计都发挥着不可或缺的、积极有效的促进作用。在国家大力倡导"新工科"发展的背景下，工业设计学科更应强化交叉学科的特点，其知识体系须将科学技术与艺术审美更加紧密地联系起来，形成包容性、综合性、交叉性极强的学科面貌。因此，本系列教材的编撰思想应始终聚焦"新时代"设计专业发展的新需要，进一步打破学科专业壁垒，推动设计专业之间深度融通、设计学科与其他学科的交叉融合，真正使教材建设成为持续服务时代需要，推动"新工科""新文科"建设，深度服务国家行业、产业转型升级的重要抓手。

第四，立足文化自信，以教材建设传承与弘扬中华传统造物与审美观。文化自信是实现中华民族伟大复兴的精神力量，大力推动中华优秀传统文化创造性转化和创新性发展，则为文化自信注入强大的精神力量。设计引领生活，设计学科是国家软实力的重要组成部分，其发展水平反映着一个民族的思维能力、精神品格和生活方式，关系到社会的繁荣发展与稳定和谐。2017年，中共中央办公厅、国务院办公厅印发《关于实施中华优秀传统文化传承发展工程的意见》，综合领会文件精神，可以发现设计学科承担着"推动中华优秀传统文化的创造性转化和创新性发展"的重要责任。此类教材的编撰，应以"中华传统造物系统的传承与转化"为中心，站在中国工业设计理论体系构建的高度开展：从历史学维度系统性梳理中国工业设计发展的历史；从经济学维度学理性总结工业化过程中国工业设计理论问题；从现实维度前瞻性探索当前工业设计必须面临的现实问题；从未来维度科学性研判工业生产方式转变与人工智能发展趋势。在教材设计与案例选择上，应充分展现中华传统造型（造物）体系的文化魅力，让学生在教材中感知中华造物之美，体会传统生活方式，汲取传统造物智慧，加速推进中国传统生活方式的现代化融合、转变。只有如此，才有可能形成一个具有中国特色的，全面、系统、合理、多维度构建的，符合时代发展需求的高水平教材。

本系列教材涵括产品设计、工业设计、艺术与科技专业主干课程，其中《设计概论》《人机工程学》《设计程序与方法》为基础课程教材；《信息产品设计》《产品风格化设计》《文化创意产品设计开发》《公共设施系统设计》《产教融合项目实践》为专业实践课程教材；《博物馆展示设计》《展示材料与工程》《商业展示设计》为艺术与科技专业主干课程教材。本系列教材强调学思结合，关注和阐述理论与现实、宏观与微观、显性与隐性的关系，努力做到科学编排、有机融入、系统展开，在配备内涵丰富的线上教学资源基础上，强化教学互动，启迪学生的创新思维，体现了目标新、选题新、立意新、结构新、内容新的编写特色。相信本系列教材的顺利出版，将对设计领域的学习者、从业者构建专业知识、确立发展方向、提升专业技能、树立价值观念大有裨益，希望本系列教材为当代中国培养有理想、有本领、有担当的设计新人贡献新的力量。

董占军

壬寅季春于泉城

前言

上海博物馆陈燮君馆长认为：博物馆文化拥有四大力量，即以其民族凝聚力诉说着民族文化的博大精深、源远流长；以其历史穿透力，演绎着漫长历史的沧桑巨变、岁月坦诚；以其文明渗透力，寻觅着中华文明的悠悠源头、绵绵根脉；以其艺术感染力，守望着精神家园的世代传承、人文自豪。作为社会文化系统的一个重要组成部分，博物馆形象地反映了人类历史、科学技术、文化艺术等领域的风貌和变迁，是人们获取知识、陶冶情操、提高修养的重要场所。

博物馆展示对于民族振兴、经济社会发展有着不可替代的作用。近年来，国内博物馆发展迅速，各地政府、文化旅游等部门主导的博物馆纷纷投入建设，同时越来越多的企业也积极兴建各类企业相关博物馆来展示、宣传企业文化。因此对博物馆类的设计人才需求也十分迫切。

目前国内高校缺乏系统的理论和实践相结合的博物馆展示设计课程教材，现有博物馆类教材分两类，一类是以讲理论为主，侧重博物馆学或博物馆展示策划及设计流程，缺乏一定的实践过程的指导。另一类是给设计类专业学生使用的教材，关注设计造型与形态美学，但是缺乏对博物馆展示策划的系统性讲述，导致设计的方案只有造型而缺乏设计内容，设计方案难以落地。而本教材内容有着丰富的理论与实践经验，经过多年努力，探索出理论与实践结合、教师主导与学生主体相协调、知识灌输与因材施教相统一的教学模式。并总结出多年的工程实践经验，研究适合博物馆展示设计市场需求的设计流程和方法，使内容丰富而生动。本教材重点讲述如何将整个博物馆设计从选题转为现实，内容涵盖了博物馆展示设计的选题、内容策划、形式设计的全过程，从理论到实践、从抽象到具体，对博物馆展示设计的各个过程进行了阐述。希望通过这种系统的学习，能够让学生掌握博物馆展示设计理论，能够对接市场需求，进行博物馆展示工程的相关设计工作。

本教材内容共分为五章。第一章是概述，介绍博物馆的定义与职能、博物馆的分类、中西方博物馆发展概述、博物馆基本功能分区和整体交通流线组织、博物馆经典案例。第二章讲述博物馆展示设计基础知识，包括博物馆展示设计与传播学、博物馆展示设计的基本工作程序以及博物馆展示设计常用的一些专业术语的名词解释。第三章主要讲述博物馆展示的内容设计，将内容设计从选题到策划的各个步骤进行详细讲述。第四章讲述博物馆展示的形式设计，从设计原则、形式美法则、分区、空间序列、展示方式与展示道具、色彩应用、人体工程学、博物馆展示的版式和标志设计、博物馆照明设计等方面详细讲述如何将博物馆的内容设计落地，将文字转化为空间造型。第五章为博物馆展示设计案例赏析。

通过学习本教材，力求在认知层面，使读者了解博物馆的基本知识，熟悉我国博物馆展示的政策规范和基本原则，掌握博物馆展示设计的基本方法，拓宽视野；在能力层面，提升审美鉴赏、分析和解决问题的能力，以及书面表达、信息获取的能力，并且能够将获得的理论知识运用于实践，勇于创新，自主学习，团队协作，完成一般性博物馆展示设计的能力，以服务国家和社会；在素养层面，通过博物馆相关知识的学习，增强学生对民族文化的认知，提升民族自豪感，更加热爱祖国、热爱党，积极好学，追求卓越。

《博物馆展示设计》课程在山东工艺美术学院艺术与科技专业已有26年的开设历史，在展览行业和学生中有较好的评价，2021年被评为山东省级线下一流精品课程。近年来，笔者带领团队参加了上海世博会山东馆、中国桃文化博物馆、山东区域发展展馆、"奋进的山东"新中国成立70周年成就展、章丘博物馆等实体项目的设计，设计作品在全国、省级等多项比赛中，均取得不俗的成绩，在业界享有良好声誉。《博物馆展示设计》将为读者呈现博物馆的文化底蕴，体验博物馆展示设计的魅力。

韩卫萍

2022年1月15日

目录

第一章
概述

第一节

博物馆的定义与职能

一、博物馆的定义及结构

"博物馆"（Museum）一词起源较早，与古希腊文化有着密切的关系。一般认为源起于希腊语Mouseion，有"Seat of the Muses"之意，即"供奉缪斯及从事研究的处所"，可译为缪斯神庙。《不列颠百科全书》将其定义为"一个哲学机构或一个冥思之地"。Muses是希腊神话中主管艺术和天文的女神团体。在《荷马史诗》中，缪斯有时一个，有时数个。赫西俄德在其《神谱》中说，她们是9个发束金带的女神，分别掌管史诗、音乐、情诗、演讲术、历史、悲剧、喜剧、舞蹈和天文。缪斯女神们充分体现了古代希腊时期人们对艺术的理解（图1-1）。公元前3世纪托勒密·索托在埃及的亚历山大城创建了一座专门收藏文化珍品的缪斯神庙，这座"缪斯神庙"被公认为是人类历史上最早的"博物馆"。17世纪英国牛津阿什莫林博物馆（ASHMOLEAN）（图1-2）建立，从此"museum"一词成为博物馆的通用名称。

在中国，"博物"这个词最早出现于《山海经》，意为能辨识多种事物。《汉书·楚元王传》写道："自孔子后，缀文之士众矣，唯孟轲、孙况、董仲舒、司马迁、刘向、扬雄，此数公者，皆博物洽闻，通达古今。""博物"两个字指通晓万物、博识多闻的人。"博物"与"馆"连成一个词作为一种文化教育机构的称呼在中国出现得比较晚，仅有一百来年的时间。

1946年11月，国际博物馆协会（ICOM）在法国巴黎成立，成为世界上代表博物馆和博物馆专业人员的国际组织，也是国际博物馆界

图1-1　9位缪斯女神

图1-2　阿什莫林博物馆外观

最有影响的组织（图1–3）。国际博物馆协会致力于在世界范围内鼓励并支持各类博物馆的建立、发展及专业管理；增进对博物馆在为社会及其发展服务中的性质、职能及作用的认识与了解；组织不同国家博物馆之间及博物馆专业工作人员之间的合作与互助；代表、支持并增进博物馆各类专业人员的利益；增进并传播博物馆学及其他有关博物馆管理及运转规则的知识，规范博物馆道德的标准。

在最初的《国际博物馆协会章程》中，第一次提出了规范的博物馆定义，即"博物馆是指向公众开放的美术、工艺、科学、历史以及考古学藏品的机构，也包括动物园和植物园，但图书馆如无常设陈列室者则除外"。

此时的博物馆定义，只提到了博物馆的收藏和展示职能。其后，随着博物馆的发展，国际博物馆协会关于博物馆的定义，至今已经过8次修订。博物馆定义的每一次变化与调整，都使博物馆的职能与职能的概念更为宽广、更为综合、更为深刻。

例如，1974年在丹麦哥本哈根召开的国际博物馆协会第10届全体会议，对博物馆的定义进行修改，即"博物馆是一个为社会和社会发展服务的不以营利为目的的永久性机构，它向公众开放，以研究、教育、欣赏为目的而征集、保存、研究、传播和展出人类及人类环境的物证"。这次的定义，明确地规定了博物馆的属性：一是博物馆不以营利为目的；二是博物馆属永久性社会公共机构；三是教育被提到了非常重要的位置。这一定义赋予了博物馆更宽泛的职能：征集、保存、研究、传播和展出。定义所表达的"为社会和社会发展服务"的战略方向，将博物馆从自我封闭引向开放。

长期以来，博物馆的研究以藏品为中心。随着博物馆事业的发展，人们开始认识到藏品并不是博物馆的一切，而更应该提倡"以人为本"。但是，起初博物馆对"人"的关注，主要表现为对观众的关注。而1974年对博物馆定义所提出的博物馆"为社会和社会发展服务"的宗旨，体现出博物馆对社会的关注，实际上就是更广泛地对"人"的

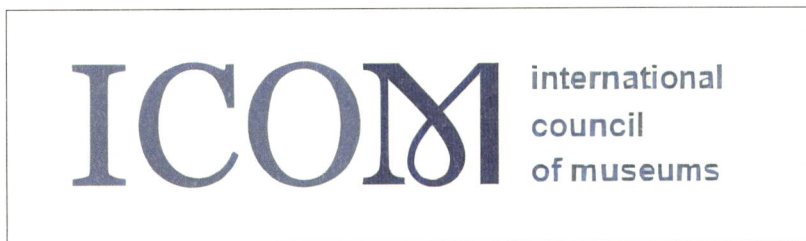

图 1–3　国际博物馆协会 Logo

关注。博物馆对"人"的关注与对"物"的关注并不应相互排斥，而应是相辅相成的。

1977年5月，在莫斯科召开的国际博物馆协会第11届全体会议，决定将每年的5月18日定为"国际博物馆日"，致力于促进博物馆与社会公众之间的理解和合作。

现在国际博物馆协会使用的博物馆定义，是2007年8月在维也纳召开的国际博物馆协会第21届全体会议中通过的《国际博物馆协会章程》，其中对博物馆的定义是："博物馆是个为社会及其发展服务的，向公众开放，为了教育、研究和欣赏的目的，对有关人类及其环境的物质遗产和非物质遗产进行征集、保护、研究、传播和展出的非营利的永久开放机构。"

分析2007年的博物馆定义的结构，可以总结出以下5点。

（1）两个法律要素：非营利、永久开放机构。

（2）两个博物馆受益者要素：社会、公众。

（3）博物馆的职能：征集、保护、研究、传播和展出。

（4）博物馆工作的对象：人类及人类环境的物质及非物质遗产。

（5）博物馆的终极目的：教育、研究、欣赏。

二、博物馆的职能

我国对博物馆的定义，为2015年3月20日起实行的中华人民共和国《博物馆条例》："博物馆是指以教育、研究和欣赏为目的，收藏、保护并向公众展示人类活动和自然环境的见证物，经登记管理机关依法登记的非营利组织。"

根据国际博物馆协会和我国关于博物馆的定义，可以将博物馆的职能总结为收藏、研究、展示和教育，这也是传统博物馆的四大职能。

（一）收藏

收藏是指博物馆对于人类和自然的历史、现在以及未来发展具有史料价值的实物、文字等史料进行广泛收藏，从而成为集人类与自然历史发展的见证，为研究、教育和宣传提供现实依据，同时对未来的发展具有现实的指导意义与价值。图1-4为国家博物馆馆藏精品分类。

（二）研究

研究是指博物馆对人类和自然的历史、文化等物质载体为依据，进行系统科学的研究，从而为未来发展提供历史的佐证。图1-5为国家博物馆的研究机构。

国博研究院

国博文保院

博士后科研工作站

国博考古院

国博书画院

更多

图 1-5　国家博物馆的研究
　　　　机构

| 考古发掘品 | 革命文物 | 国史文物 | 传世品 | 货币 |

| 民族民俗文物 | 古籍文献碑帖 | 外国文物 | 艺术品 | 其他 |

图 1-4　国家博物馆馆藏精品分类

（三）教育

　　教育是博物馆的首要职能，博物馆展示在本质上必须具备一定的教育性内容，以传播信息、教育公众为首要目的，并且要保证所展示传播信息的科学性。图 1-6 为博物馆的讲解员正在为学生讲解中国传统乐器知识；图 1-7 为国家博物馆讲解员正在为观众讲解"伟大的变革"展览内容。

　　博物馆是宝贵的教育资源，是弘扬中华传统文化的重要场所。充分发挥博物馆在认知历史、提升素质、弘扬道德、陶冶情操等方面的教育职能，是博物馆的社会责任。我国博物馆正在从传统的重视收藏保管、学术研究职能，向同时重视文化传播、宣传教育职能转变，更加强调社会服务职能。博物馆应该成为青少年学习历史、认识现在、探索未来的重要文化殿堂。

图 1-6　学生在博物馆学习中国传统乐器知识

图 1-7　博物馆讲解员为观众讲解"伟大的变革"展览内容

（四）展示

博物馆展示是对博物馆的收藏、研究和教育成果的综合性体现，通过展示传播人类和自然的历史、现在与未来发展的信息，实现博物馆应有的价值（图1-8）。

博物馆展示在展示设计观念、原则、具体方式方法上与其他展示不同，与其他场所举办的展览也有所区别。例如，商业展示的主要目的在于销售商品（图1-9），艺术家举办个人作品展是为了提高自己的影响力等。而博物馆作为公益性的公共文化服务机构，观众是博物馆的服务对象与公共文化的受益者。

另外，博物馆的职能还可分为内部职能和外部职能。其中内部职能包括收藏、研究；外部职能包括展示和教育。二者之和构成博物馆的综合职能。显然，仅进行文物标本的收藏、整理、保管、研究工作的机构不是完整的博物馆，只能称为保管所、考古文化研究所。而真正意义上完整的博物馆，必须不断地对外举办展览活动，向社会大众以及各类专业人士广泛传播收藏、整理研究的相关成果，并服务于观

图1-8　上海自然博物馆展示

图1-9　商业展示（济南融创茂 B.DUCK KIDS 店和上海南京路安踏店）

众的相应需求。可见，博物馆内部职能与外部职能相结合，不断举办展览，才能更好地实现博物馆应有的价值和职能。

博物馆系统地反映着一个国家、地区、城市的历史进程，成就与磨难及其传统文化价值。博物馆的收藏、研究、教育、展示职能，使

原本断裂的历史残片连缀成一段完整的历史链，博物馆是历史文化的保存者。同时，随着社会的不断发展和博物馆理论的不断创新，它也不断完善、充实自身，发展得更加类型齐全、内容丰富、职能多样。博物馆的发展可以提高人民的国家、民族自豪感，有利于一个国家、民族文化的传承与发展；博物馆的收藏、研究与教育职能也随其发展不断完善，有利于文化遗产的保护与研究；博物馆的发展带来了巨大的经济效益，也可以拉动当地文化、旅游事业的发展。

第二节

博物馆的分类

博物馆的类型有多种划分方法，目前世界各国对博物馆类型的划分方法并不一致。

一、国外主要分类方式

（一）按学科分类

美国博物馆学学者爱德华·亚历山大（图1-10）是国际知名博物馆学家，曾任美国纽约州历史学会会长、威斯康星州历史学会会长等，是美国德拉华大学博物馆学学科的创始人，并荣登美国博物馆协会"百年荣誉榜"。他在《发展中的博物馆》（*Museums in Motion*）一书中，将博物馆归类为艺术类、自然类、科技类、历史类、植物园和动物园等几大类（图1-11）。每一大类还可层层分级。例如，历史类博物馆是基于历史学及相关知识，可基于具体学科如历史学、考古学、民族学等再细分博物馆，还可以基于历史所涉对象的地域或社群等条件再区分为国家、地域、社区等子类，也可以根据历史载体形态区分子类型，如遗址类博物馆、历史建筑博物馆等，还可以根据历史主体身份区分，如历史人物、事件的专题性博物馆（图1-12）。

（二）按博物馆藏品的知识属性分类

美国博物馆学学者博寇在《博物馆入门》（*Introduction to Museum Work*，图1-13）一书中，以博物馆藏品的知识属性为标准，将博物馆分为艺术类、历史类、科学类、人类学等几大类，艺术类博物馆又可分为纯艺术、应用艺术、民俗艺术等子类；历史类博物馆还可分为地方史和纪念类等子类（图1-14）。

图1-10　爱德华·亚历山大

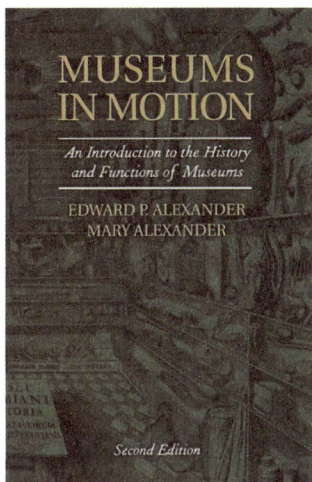

图1-11　《发展中的博物馆》封面

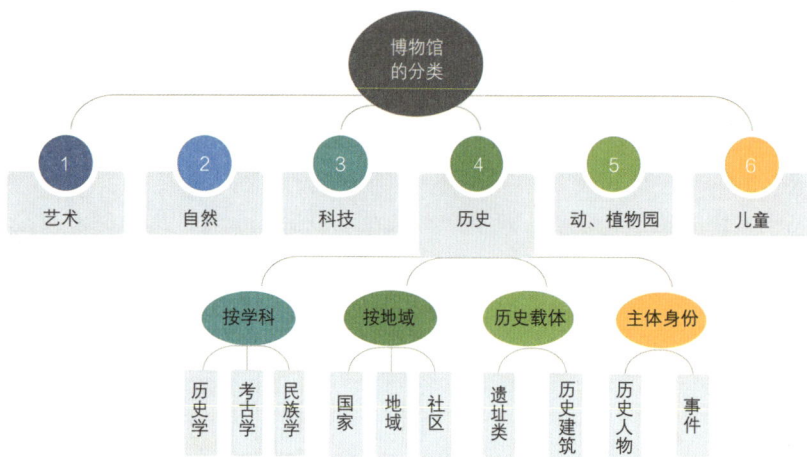

图 1-12　亚历山大对博物馆的分类

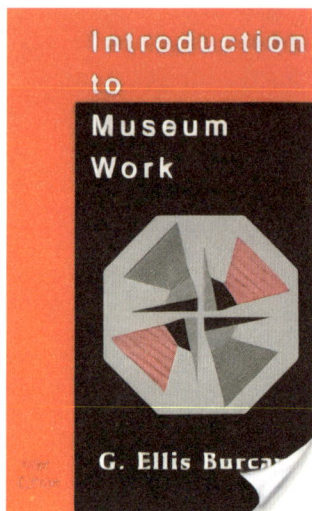

图 1-13　《博物馆入门》封面

（三）《大不列颠百科全书》对博物馆的分类

《大不列颠百科全书》（图 1-15）则按照博物馆的职能，大致将博物馆分为三大类：第一种是艺术博物馆，主要展示其收藏品的美学价值，包括绘画、雕塑、装饰艺术、实用艺术和工业艺术等；第二种是历史博物馆，主要从历史角度展示收藏品，考古遗址、史迹名胜等博物馆以及个人纪念馆均属此类；第三种是科学博物馆，包括自然科学、实用科学以及技术等博物馆（图 1-16）。

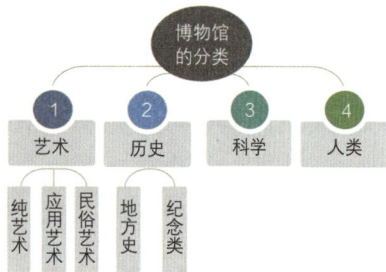

图 1-14　按博物馆藏品知识属性对博物馆分类

图 1-15　大不列颠百科全书

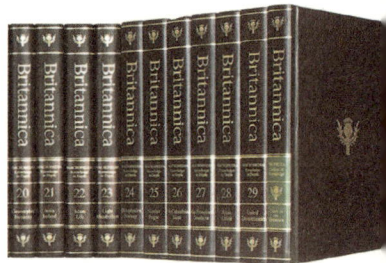

二、我国常用的博物馆分类方法

我国也有几种博物馆类型的分类方法，例如，从博物馆的管理部门来划分，可分为国家级、省级、市级、县级、私立等，或是分为文化系统、教育系统、科研系统等。也可以根据国家文物局公布施行的《博物馆定级评估办法》，从高到低依次为国家一级博物馆、国家二级博物馆、国家三级博物馆等。我国常用的博物馆分类方法归纳为以下5种。

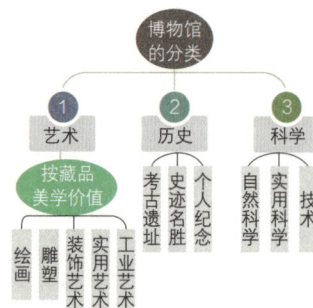

图 1-16　《大不列颠百科全书》
　　　　　对博物馆的分类

（一）按藏品和基本陈列内容分类

目前国内常见的分类方法按藏品和基本陈列内容分类，可划分为综合类、历史类、艺术类、自然类和科技类五种（图1-17）。

1.综合类博物馆

综合类博物馆主要是展示人类、国家、地区、城市及乡村的全面历史进程。例如，中国的国家博物馆（图1-18）、北京故宫博物院（图1-19）、天津博物馆、安徽博物院；国外的大英博物馆（图1-20）、法国卢浮宫博物馆、美国大都会博物馆等。

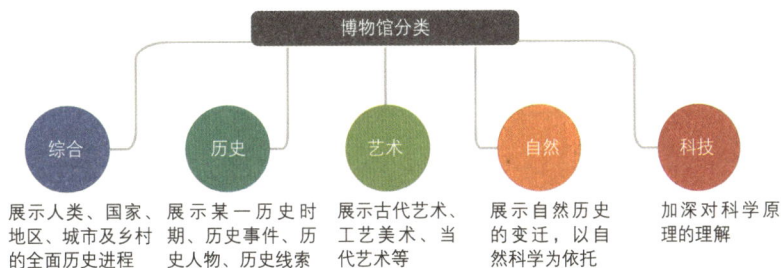

图 1-17　按藏品和基本陈列内容对博物馆进行分类

图 1-18　国家博物馆外观和内部"伟大的变革"展览

图 1-19　北京故宫博物院陶瓷馆

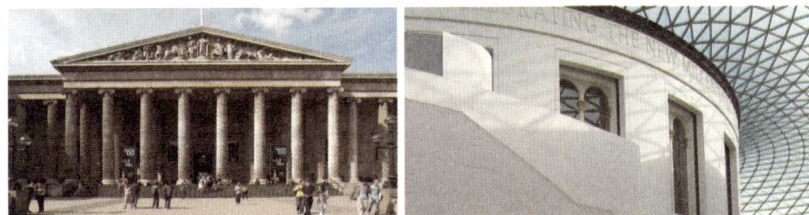

图 1-20　大英博物馆

2. 历史类博物馆

历史类博物馆主要是展示某一历史时期、历史事件、历史人物、历史线索。以历史学及相关社会人文学科为知识框架，其目的是让公众了解历史。历史类博物馆的藏品研究以历史学、人类学为主线，揭示藏品相关的历史文化信息。历史类博物馆的展示强调历史的真实感，注重历史发展的因果关系，用科学历史发展观解读历史事实。

我国历史类博物馆根据所展示的内容不同，还可以分为通史类、革命史类、纪念馆类等。

（1）通史类的博物馆搜集研究全国的、地方的或某一特定范围的历史文物资料，组织通史、专史或地方史的陈列。通过调查研究和科学发掘，收藏历史遗存。遗址类博物馆还要保存有关的遗址、遗迹原貌，或进行必要的复原，组织辅助性陈列。

（2）革命史类博物馆主要反映我国的旧民主主义革命、新民主主义革命以及社会主义革命和建设的三个重要时期的历史，向人民群众进行爱国主义教育、革命传统教育和社会主义教育。

（3）纪念馆所纪念的对象都是我国历史上已经肯定的重大事件和杰出人物，纪念馆大多数是在有关这些重大历史事件或人物的活动遗址或地点上建立的，通过反映历史原貌的复原陈列和辅助陈列来介绍历史事件的真实情景和历史人物的工作、生活、斗争等情况，通过纪念性建筑及其内部的原状陈列或者伟大人物的活动事迹，形象、真实地向广大人民群众进行革命传统教育和爱国主义、社会主义教育。

图 1-21　侵华日军南京大屠杀遇难同胞纪念馆

代表性历史类博物馆主要有侵华日军南京大屠杀遇难同胞纪念馆（图 1-21）、广州辛亥革命纪念馆、渡江战役纪念馆、成都金沙遗址博物馆（图 1-22）、南京中国科举博物馆（图 1-23）、上海鲁迅纪念馆、上海犹太难民纪念馆等。

3. 艺术类博物馆

艺术类博物馆主要是展示古代艺术、工艺美术、当代艺术等。包括反映和研究绘画、书法、摄影、雕塑、民间工艺、陶瓷、织绣、文学、音乐、舞蹈、戏剧、电影等内容的博物馆，艺术类博物馆展示的是人工制品，反映人类对自然物的有目的地改变，但也强调展品的修饰、装饰或审美成分。这类博物馆对继承文化遗产、繁荣创作、推动文化艺术事业的发展具有重要作用。艺术类博物馆包括专门性的美术博物馆、以反映文化艺术为主要内容的艺术博物馆以及现当代美术博物馆。美术博物馆侧重美术作品，即艺术家创作的作品，包括绘画、书法、摄影、工艺美术等。艺术博物馆藏品的标准主要是在艺术史上

图 1-22　成都金沙遗址博物馆

图 1-23　南京中国科举博物馆

是否有一席之地。现当代美术博物馆更关注当下的艺术实践，也会适当征集一些当代作品。

主要代表性的艺术类博物馆有中国美术馆（图1-24）、中华艺术宫（上海美术馆，图1-25）、陕西美术馆、中国工艺美术馆、扬州中国雕版印刷博物馆、西安碑林博物馆（图1-26）、北京石刻艺术博物馆等。甘肃敦煌莫高窟的精美壁画、山西大同云冈石窟和河南洛阳龙门石窟的石刻艺术，都是我国古代艺术的瑰宝，也是实际意义上的艺术类博物馆。

图1-24 中国美术馆

图1-25 中华艺术宫（上海美术馆）

图1-26 西安碑林博物馆

4.自然类博物馆

自然类博物馆主要是展示自然历史的变迁，以自然科学为依托，对大自然各种现象和人类环境进行呈现与解读。自然类博物馆诞生于现代社会初期，是为了满足人们全面认识自然世界，用科学解读自然现象，重新构建人与自然关系的诉求。自然类博物馆的收藏要尽可能反映自然世界的丰富多彩和演进变化，支持人们对各种自然物和自然现象的观察与研究。自然类博物馆的展示更突出自然现象的真实性和自然环境的系统性，加强观众对自然美的欣赏和理解，鼓励观众增强关爱自然、尊敬自然的信念。自然类博物馆的教育目的是支持观众形成科学正确的自然观，培养对自然物的观察能力，理解自然与人的发展的辩证关系，形成爱护自然的行为习惯。

自然类博物馆还可分为一般性、专门性和园囿性三种。

（1）一般性的自然博物馆，在国外统称为自然历史博物馆，我国习惯地称为自然博物馆。它的展示内容通常包括植物、动物、人类、古生物，有的还包括天文、地质等。自然博物馆的基本任务是运用自然辩证法和进化论，通过生物史、人类史、地球史和天体史，普及从生命到宇宙的发展知识，宣传辩证唯物主义世界观。

（2）专门性的自然博物馆，包括反映天文、地质、生物、人类等内容的专业博物馆。我国的这类博物馆中，地质博物馆基础较好，数量较多，分布较广，它们结合新时代中国的地质调查和勘探工作的迅速开展，得到了较快的发展。

（3）园囿性的自然博物馆是指动物园（包括水族馆）、植物园和自然保护区，它们是保存展出大自然珍贵遗产的场所，也是繁殖濒危动植物种和保存特有自然生态环境的科学研究基地。现在通常也把它们归入自然性质博物馆的范畴。

自然类博物馆的代表博物馆有北京植物园、北京动物园、北京水族馆、上海天文馆（图1-27）、上海自然博物馆等。

5.科技类博物馆

科技类博物馆主要是展示人类科技进步和科技成就，基于科学研究和科学应用，推广科学技术在生产和生活中的应用，呈现人类用科

图1-27　上海天文馆

学知识和技术设备改造自然的能力。包括反映物理、化学、生物、数学等基础科学理论和建筑、机械、冶金、运输、电子、航天等内容。

科技类博物馆在推动工业社会发展中发挥了重要作用。科技类博物馆通常使用实物运作演示的方法进行展示，鼓励观众亲自参与，让观众在演示中了解技术原理，在参与中观察科学现象和加深对科学原理的理解。科技类博物馆的教育注重学习者科学素质的养成，在参与科学实践的过程中，形成科学思维，培养科学研究的态度和意志，尊重科学理论研究。如中国航空博物馆、中国铁道博物馆、中国邮电博物馆、中国科学技术馆（图1-28）、上海科技馆、香港太空馆等。

图1-28 中国科学技术馆

（二）按展示的时间长短分类

1.常设展览

常设展览又叫基本陈列，是指在几年甚至十几年内不会大规模更改的展览，其展览主题、内容、展品及展示体系一般比较稳定。有些博物馆的常设展览除了基本陈列以外，还会有相应的专题陈列。

常设展览往往反映了博物馆的性质和任务，是其收藏和研究水平的体现，如上海博物馆的基本陈列有古代青铜器展览、古代陶瓷展览和古代书画展览等。

2.临时展览

临时展览是多样的、短期展出的、常换常新的展览，又称特别展览，通常为几个月或一年内的展览。临时展览是博物馆展览的重要组成部分，在博物馆展示教育中扮演重要的角色，它可以起到补充和扩展常设展览的作用。同时，临时展览还是博物馆新概念、新技术的实验平台，它的展览内容丰富，形式多样，是吸引观众多次走进博物馆的重要手段。

图1-29　首都博物馆常设展览"古都北京·历史文化篇"（局部）

以首都博物馆为例，它的基本陈列有"古都北京·历史文化篇"（图1-29）、"京城旧事·老北京民俗展"；专题陈列有"千年宝藏　盛世重光——北京古代佛塔文物展""古代瓷器艺术精品展""古代佛像艺术精品展""古代玉器艺术精品展""燕地青铜艺术精品展"。临时展览一般只展出一段时间，所以首都博物馆近年来举办过许多很有特色的临时展览。以2021年为例，举办的临时展览有"伟大征程——庆祝中国共产党成立100周年特展""秘境：秘鲁安第斯文明探源"（图1-30）、"万年永宝——中国馆藏文物保护成果展"等。

图1-30　"秘境：秘鲁安第斯文明探源"特展

上海博物馆的常设展览有"古代雕塑馆""古代青铜馆""古代陶瓷馆"（图1-31）、"中国历代书法馆""中国历代玺印馆""历代绘画馆""明清家具馆""古代玉器馆""中国历代钱币馆""少数民族工艺馆"。临时展览在2021年的有"高山景行：上海博物馆受赠文物展""万年长春：上海历代书画艺术特展""鼎盛千秋：上海博物馆受赠青铜鼎特展""丝理丹青：明清缂绣书画特展"等。

图1-31　"古代陶瓷馆"与"古代青铜馆"常设展览

（三）按展示的场所分类

1.室内陈列

按一定的主题从藏品中选择出展品或制作出展品，并放在博物馆内展出，称为室内陈列。展示场所主要是展厅，但有时也在门厅展出本馆的标志（象征）展品，或利用走廊展出。室内陈列是博物馆最常见的展出形式。

2.室外陈列

与室内陈列相对，室外陈列是指在博物馆辖区内的露天陈列。如图1-32为中国航空博物馆室外陈列。在收藏品中，因体积或重量过大而不宜搬入展厅的展品，或放在室外有利于美化博物馆整体环境而又不怕风吹日晒雨淋的展品，可以放在博物馆辖区内的室外空间进行展出。图1-33为中国人民革命军事博物馆在室外院内展出的人民海军退役舰艇——3139艇。

图1-32　中国航空博物馆室外陈列

图1-33　中国人民革命军事博物馆室外陈列

3.野外陈列

野外陈列并非是由于不能搬入建筑内而陈列在室外，而是以野外为主体进行展示的陈列。野外陈列可分为两类，一类是人为地将某类物品汇集在野外进行展出，也称收集品的野外陈列，其方式方法与室内陈列基本相同，只不过展出场所是野外而已，但比室内陈列的效果更好，如国内常见的碑林博物馆、动植物园（图1-34）。另一类是原状保存展出野外的遗址或自然物品，它更接近遗址陈列或自然保护区的概念。

4.流动（巡回）展览

流动展览是为了照顾到那些因住地较远而难以利用博物馆的人们，将博物馆藏品运输到指定地方举办的展览，并在一定展出时间后逐次

图 1-34　南京中山植物园及植物园举办的欧洲花卉展

运往其他会场展出，以丰富地方文化生活。也可采用巡回展览车的形式，机动灵活，可使博物馆教育传播工作深入偏远地带。四川博物院（图1-35）和内蒙古博物院等都有流动博物馆，把展览送给外地观众。

（四）按展示的传播目的分类

1.器物定位型展览

以审美为诉求的器物定位型展览，是博物馆展览的原始形态，主要进行文物、艺术品展示展览，展出的大多是一些珍品。这类展览强调展品本身美的呈现，展品本身就有其特殊的价值体现，在展示设计方面主要侧重于对展品的展示与保护。每件展品（文物艺术品）都"讲述自己的特点和故事"，在展示方式上强调突出文物、艺术品本身，关注的焦点是展品本身的外貌、造型、装饰、色彩、质感，旨在给人美的享受，美术馆和艺术博物馆多为这种展示，如卢浮宫博物馆的维纳斯雕像。这类展览必须使用真品，并要以展品为中心，照明设计和展示道具设计都要以彰显展品为目的，一般较少甚至不利用辅助展品，不要求有严密的内容逻辑结构及其结构层次；说明文字也不需要太多。

上海博物馆的青铜器馆、玉器馆、陶瓷馆（图1-36）、钱币馆的展览都是以表现文物的美为主，除了展品的说明牌，辅助性的说明材料不多，观众以欣赏精美文物为主要目的。

图 1-35　四川博物院的流动博物馆

图 1-36　上海博物馆陶瓷馆

2.信息定位型展览

信息定位型展览的出现是随着博物馆在发展过程中职能的转变而发展起来的。是有明确主题贯穿的、以思想观点和知识信息传播为诉求的叙事性的信息定位型展览。

叙事性的信息定位型展览试图以讲故事的方式表达展示信息，这种展览的剧本策划至关重要。实物展品成为故事叙述系统中的要素之一，扮演着故事叙述中物证的角色，具有明确的系统性和情节性，所强调的是信息传播。它们往往讲述一段历史或故事，一个人物或事件，一种自然现象或科学原理等，这类展览有明确的主题思想、严密的内容逻辑结构及其层次安排。信息定位型展览关注的重点是展品背后所带来的文化线索与历史背景，侧重具有良好叙事价值的展品。展品要考虑叙事主题的整体性、相关性及展品之间的关联性。展品不再是完美的、有特殊价值的，而是那些普遍存在的能代表历史的见证物，即便是一些半成品、残次品也具有一定的叙事价值。

对于非艺术类博物馆或文物艺术品收藏不够丰富的博物馆，如地方历史博物馆、人物事件类博物馆以及自然科技类博物馆的展览，宜采用信息定位型模式，也可以同时兼有两种模式。

图1-37为青岛电影博物馆的局部，采用信息定位型展览形式，向观众讲述有关青岛的电影故事和展示剧作创作的场景。图1-38为上海自然博物馆的上海故事展区，从候鸟、海陆变迁、植物、动物、地质等方面为上海做了全方位的介绍。

（五）按展示展览的手法分类

1.静态展示

静态展示是最传统的展出手法，其优点在于可以清晰地观察展品的造型和色彩。图1-39为中国国家博物馆"古代中国"展区展示的西

图1-37 青岛电影博物馆内部

图1-38 上海自然博物馆的上海故事展区

图1-39 中国国家博物馆"古代中国"展区展示的西汉错金银云纹青铜犀尊

汉错金银云纹青铜犀尊，展品完美表现了中国古代工艺品实用与美观的有机结合。尊是一种盛酒器，这件肖形尊被做成犀牛的形状。犀牛昂首伫立，身体肥硕，四腿短粗，皮厚而多皱，两角尖锐，双眼用黑色料珠镶嵌。造型生气郁勃，孔武有力。尊的腹部中空，用来盛酒浆。尊背上有椭圆形口，并有盖。在犀牛口右侧有一圆管，看似獠牙，实为一根管状的"流"。当握住犀牛尾巴轻轻抬起时，腹腔内的酒液便从圆管内流出。犀牛全身布满了用黄金和白银的细丝（或细片）镶嵌而成的像流云如游丝的花纹。这种错金银工艺，使质朴无华的犀尊显得华美无比，熠熠生辉。因此，对于此类展品，采用最传统的展出手法，让观众欣赏展品本身的精美即可。

2.动态展示

随着多媒体技术的发展，尤其是2010年上海世界博览会之后，中国的博物馆开始大量采用声、光、电等多媒体技术手段展示，这种动态的陈列方式能够增加陈列展览的趣味性，吸引观众的眼球。其中最为典型的就是上海世界博览会时展出的大型电子多媒体版《清明上河图》（图1-40），作品长128m，高6.5m。这幅"百米长卷"以宋代张择端版本的《清明上河图》为创作依据，整个活动画面以4分钟为一个周期，2分钟表现白天的开封城，2分钟表现夜晚，其中白天出现人物691名，夜晚有377人。张择端版原画长528.7cm、宽24.8cm，"百米长卷"放大了近30倍，整幅屏幕有832m^2。漫步观赏这幅"百米长卷"，白天，城里是徒步行走的人流，骑着骆驼的商队，小桥下潺潺的流水，吆着号子声的水手；夜晚，夜市上是忙碌的小商小贩，屋里准备歇息的夫妻，小酒馆里传出的猜拳声，大宋王朝的生活景象就此铺陈开来。整个作品结合声光电效果，使用12台电影级大型投影设备，使观众身临其境，仿佛穿越回北宋那繁华的汴梁城。这样的方式对世博会之后的中国博物馆展览展示产生了重要影响。该作品在中华艺术宫（上海美术馆）为常设展览展出。

图1-40　中华艺术宫（上海美术馆）展出的大型电子多媒体版《清明上河图》

3.操作演示展示

在操作演示展示中，人本身并非展示对象，人所进行的操作和行为动作才是展示对象。例如，在各种非遗类的博物馆中（图1-41），展示的内容从实物静态展示转为制作工艺流程等动态操作演示展示。观众可以近距离观赏丰富的非遗文化，感受其独特的艺术魅力，增强与非遗对象的互动交流，加深对非遗文化的情感认同。

图 1-41 糖人非遗操作演示

而在科技类的博物馆中，展示的目的在于培养观众动手实践的能力，传播科学知识，因此采用操作展示的方式（图1-42），将展品设置为能够动手操作的类型，由观众自行控制，引导观众在展品中投入行动，引发其思考，使观众在与展品的互动中完成知识的传播。

首都博物馆"万年永宝——中国馆藏文物保护成果展"展厅中，采用工作人员操作演示展示方式，演示汉代提花机的工作原理。工作人员举手拉一下头上的横杆，机器开始运作，踩下踏板，提花机的主体部分上有多块木头被提拉起来，自动将织物的经线与纬线分开。工作人员用梭子将纬线穿入经线，然后用一块长方形的木板将穿入的纬线与经线打紧。几个动作循环往复，织机上的布料图案便逐渐呈现出来，行云流水的动作看似简单，但手脚配合、经纬线的穿插等都很有讲究。展览中展出的这件木质提花机的原型是成都老官山汉墓出土的提花机。提花机可以通过上万根丝线，为织机编制并存储一部类似现代计算机的"二进制"编码，最终织出有图案的锦缎。为了让观众更好地了解认识汉代纺织工艺的高超，展览按出土的文物复制出了实用的提花机，并加以操作演示（图1-43）。

图 1-42 操作展示的方式

4.活态展示

运用活态展示方法的典型就是动物园和植物园，包括自然类博物馆。自然博物馆有采用饲育、栽培展示手法的潜力和必要性，使室内展示富有生气。英国牛津大学自然史博物馆在展出掘地蟑螂和马达加斯加发声蟑螂时，采用透明中心柜的方式，将活体的蟑螂饲养在展柜

图 1-43 操作演示汉代提花机的工作原理

里供观众参观，观众看到的不仅有蟑螂的生物信息，还有蟑螂活态的生活方式（图1-44）。

上海自然博物馆300m²的"体验自然"活体养殖区（图1-45），展出了各种活体动物，蝶在飞舞，优雅的海星和海胆正缓缓地爬过，角落里还有鸣虫在欢唱。在"体验自然"活体养殖区，观众可以真真切切地触摸到生命的质感、观察到自然的变化。

5. 多感官展示

参观者通过视觉所能获取的信息，仅限于物体的位置、大小、造型及色彩等，而通过多感官（触觉、听觉、嗅觉、味觉、机体运动觉等）则能获取质感、硬度、重量、音质、温度、味道等多方面的信息。

维京人又称北欧海盗，是英国历史上重要的一个族群，后来由于气温骤降及历史原因，维京人逐渐淡出历史舞台。1976～1981年，考古学家在约克发掘出具有千年历史的维京人的定居点。1984年4月，在考古发掘的原址上建立的约维克维京中心向公众开放。在经过16年的研究之后，考古学家对维京人的饮食、穿着、贸易和建造房屋的方式等信息有了更多了解。现在的维京中心位于铜门购物中心（Copper gate Shopping Centre），排队买票时有工作人员身着维京人的服装维持秩序。参观者乘坐"时间舱"穿梭于复原的维京时期城市中（图1-46），可以看到正在用鹿角制作梳子的工匠、铁匠铺、正在工作的木车工匠、两个工人正在建造一座新房子、屠夫的工作间、热闹的市场、维京时期的厕所等场景。除了视觉上的享受，观众还可以闻到鱼腥味、农家院子里的味道、木柴燃烧的味道、熔炼铁的气味、烤野

图1-44 英国牛津大学自然史博物馆的活态展示

图1-45 上海自然博物馆"体验自然"活体养殖区

图1-46 英国约维克维京中心多感官展示

猪的香味，还有市场里的各种气味；还可以感受到微风拂面，听到打铁的声音、市场的叫卖声等，仿佛真的穿越到了维京时期。这样多感官、动静结合的展示方式给观众带来了比较真实的感受，留下了深刻的印象，同时也达到了很好的展示效果。

第三节

中西方博物馆发展概述

一、欧洲博物馆发展简述

西方刚开始出现的博物馆主要是用作私人收藏，随着生产力的进步以及社会阶级的变动和人们思想的解放，博物馆从最初具有学术性质的神庙，发展为满足上层阶级猎奇心理的珍奇室，最后发展为现代公共性质的博物馆。博物馆真正成为面向公众开放，以研究、教育为目的的非营利机构并发展至全世界各地，不过是近一两百年才发生的事。以下将按照时间的顺序了解欧洲博物馆的发展。

（一）公元前 3 世纪～公元 14 世纪的欧洲博物馆发展

亚历山大博物馆被认为是世界上最早的博物馆，即前文提到的缪斯神庙（图 1-47），于公元前 280 年建成于古埃及，它也是马其顿国王亚历山大的副将托勒密一世献给缪斯女神的一座神庙。博物馆建在亚历山大港，亚历山大港是亚历山大大帝征服古埃及后，在尼罗河口建立的城市，作为托勒密王国的首都，亚历山大港是当时希腊化世界的重要文明中心以及贸易枢纽。亚历山大博物馆由庞大的建筑群和花园组成，里面有各领域的藏品、天文观测台、医疗器具、象牙、动物皮毛等。设有图书馆、修道院、演讲厅和附设的动物园、植物园。除了各式各样精美的藏品，亚历山大博物馆还有非常强的实用职能，博物馆仿效希腊雅典的哲学学校，由多个学院组成。学院的运行、教师的工资全部由政府买单。来此学习、访问的学者不计其数，如阿基米德、欧几里得等著名学者都来此从事研究，促使古代西方的文学、数学、力学、地理学、天文学、解剖学、生理学等学科的研究取得巨大进展。所以亚历山大博物馆除具备博物馆基本的职能——收藏物质遗产外，其他方面更像是一个大学的雏形。由于它第一次启用了"Museum"一词，所以被认为是世界上最早的博物馆。

亚历山大博物馆有着接近完美的博物馆理想：收藏知识，启迪未

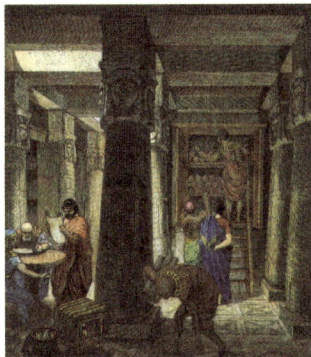

图 1-47　亚历山大博物馆
还原图

来。这种理念直接影响近代博物馆的诞生。现在在埃及的亚历山大城，有一座标志性的图书馆（图1-48），它就修建在亚历山大博物馆的图书馆旧址上。在外围的花岗岩质地的文化墙上，镌刻着包括汉字在内的世界上50种最古老语言的文字、字母和符号，体现了当时亚历山大博物馆汇总世界知识的梦想。

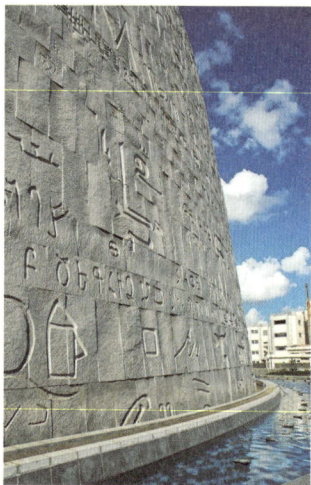

图 1-48 新建的亚历山大图书馆

到了古罗马时代，由于罗马皇帝恺撒·奥古斯丁爱好收藏，大量神殿被修建，这些神殿除了宗教用途外，还带有画廊与图书馆，里面收藏有雕塑、绘画、青铜器等艺术品。皇室的收藏行为对当时的贵族阶层产生了一定程度的影响，除宝石外，他们还乐于收集珍禽异兽，放入府邸的花园中供客人欣赏，以突显自己的财富与地位，由此发展而成的古罗马猎苑是现代动物园的雏形。

到了中世纪，整个欧洲的精神文明被教会所控制，带有宗教色彩的古器物成了当时收藏的重点，而收藏场所则由宫殿、神庙、宅邸转为教堂、修道院等宗教性建筑，藏品也不仅用来收藏与欣赏，更多时候被用来作为宣传教义的工具。例如，著名梵蒂冈博物馆（图1-49），它地处天主教的中心，各任教皇都为扩充它作出了贡献。但此时的收藏品多以手工艺品为主，对动植物标本等自然物的收藏少之又少，从中也可看出中世纪教会对神学的绝对推崇和对自然科学的排斥。

综上所述，可以看出，古希腊时期，民主政治的发展促使哲学、文学、艺术、科学兴盛，缪斯神庙作为"供奉掌管学问与艺术的女神缪斯及从事研究的处所"，被用于保存与研究艺术品及进行学术交流，这在一定程度上促进了收藏文化与哲学的发展；到了古罗马时期，统一帝国建立，皇帝的权威凌驾于一切，神殿成为皇室的藏品殿，收藏风气在贵族阶层盛行，会客室博物馆与猎苑出现，成为早期博物馆与动物园的缩影；中世纪作为欧洲宗教发展的鼎盛时期，各种各样的宗教建筑除了宗

图 1-49 梵蒂冈博物馆

教职能以外，还具有收藏职能，大量珍贵的文物与艺术品被聚集于此，在被赋予宗教意义后，用于对外展示与宣传教义。这一时期自然类的藏品较少，严重阻碍了科学与生产力的发展。这一时期真正意义上的现代"博物馆"还未在欧洲出现，无论是古典时代的缪斯神庙、皇室神殿，还是中世纪的基督教堂都只是博物馆的雏形，它们虽具有一定的收藏与研究职能，但只是为少数统治阶级服务的场所。

（二）14 ~ 18 世纪的博物馆发展

14 ~ 18世纪的文艺复兴使古典文化再次兴盛，贵族与大资产阶级对古希腊、古罗马时期的文物产生了极大兴趣，开始竞相收购。15世纪开始，私人收藏风气持续盛行，作为文艺复兴的中心，意大利的佛罗伦萨涌现出大量的收藏家，其中最负盛名的便是美第奇家族。

美第奇家族是大银行家，被称为佛罗伦萨"无冕王"，实际统治佛罗伦萨近3个世纪。该家族在15 ~ 18世纪期间出了3位罗马教皇和两位法国皇后。乌菲齐宫原是美第奇家族办公的地方，"乌菲齐（Uffizi）"一词即意大利文"办公厅"的意思。为了存放日益增多的藏品，美第奇家族把乌菲齐宫二层东翼改造为真正意义上的"画廊"并对公众开放，但此时的"公众"仅指少数贵族阶级与艺术家。直至1769年，美第奇家族最后一名成员以遗嘱形式将其捐赠给佛罗伦萨市政府，它才正式向公众开放，此后的乌菲齐画廊才真正具有博物馆职能。现在的乌菲齐美术馆是世界著名的绘画艺术博物馆，位于意大利佛罗伦萨市的乌菲齐宫内（图1-50）。该馆以收藏大量的文艺复兴时期的绘画名作而蜚声国际，有"文艺复兴艺术宝库""文艺复兴博物馆"之称。

文艺复兴后，人文主义思想广泛传播，神学对人们思想的束缚逐

图1-50　乌菲齐宫美术馆

渐减弱，欧洲人探索世界的热情不断高涨，地理大发现带来了世界各地的奇珍异宝，为博物馆的藏品积累提供了物质基础，近代自然科学的快速发展使收藏者也不再限于少数权贵富商，学者、艺术家也逐渐成为主流。学者与艺术家出于个人兴趣或是科研、工作需要而对自己专业领域的物品进行收藏，为了便于欣赏与研究，他们会利用专业知识对藏品进行特殊处理并分类保存，这就使私人收藏逐步向专业化发展。如荷兰古微生物学家简·施旺麦丹曾发明充气法、干燥法、注射法与化学法来保存易腐的藏品。17世纪，"博物馆"一词被广泛用来形容那些被收藏起来的奇珍异宝，绝大多数属于私人藏品，这些藏品都有专属的储藏室，在当时被称为"珍奇室"，这是现代博物馆的起源。其中，1655年在哥本哈根建立的珍奇室，收藏品都是丹麦动物学家与古玩家奥勒·沃姆在其旅行时期所获，以动物标本与手工艺品为主。图1-51为沃姆博物馆卷首画，描绘了沃姆的珍奇室场景，可以看到沃姆的珍奇室天花板上悬挂着的北极熊幼崽、鱼类、鸟类等标本，沿墙的展柜上采用分类展示的方式展示各类标本。

　　英国约翰·特拉德斯坎特的珍奇室，他的藏品几经转手，最后被捐赠给牛津大学，迁入学校专门为其建造的建筑中，并于1683年作为阿什莫林博物馆对外开放，成为第一个成立的大学博物馆（图1-52），也是近代第一个公共博物馆。阿什莫林博物馆开创了私人收藏向公共

图1-51　沃姆博物馆卷首画

图 1-52　阿什莫林博物馆内

博物馆转化的模式，阿什莫林向牛津大学捐赠私藏品的行为也是当时世界的首例。

17~18世纪的启蒙运动使人人平等的思想被公众广泛接受，在此基础上，"博物馆"的建立条件已经成熟，建立博物馆以保护并向公众展示藏品的设想也逐渐成熟。1759年正式对外开放的大英博物馆，作为当时最大的公共博物馆，使"博物馆"的概念逐渐丰富，公众也开始意识到收藏品不仅是古老且昂贵的手工艺品，更是具有重要历史文化价值及社会教育意义的展品。在法国，随着法国大革命和路易十六被捕入狱，卢浮宫的所有权全部收归国有，卢浮宫也开始向国立博物馆转变。

所以，14世纪中叶，随着社会生产力的发展，欧洲新兴的资产阶级对封建教会的不满日益加剧，借复兴古希腊、古罗马的古典文化的名义发起反封建、反神权的文艺复兴运动。人文主义精神作为文艺复兴的核心思想，很快传播至整个欧洲，进一步带动资本主义与科学技术的发展，新兴资产阶级与学者专家逐渐参与到私人收藏活动中，他们带来了更为丰富的藏品和专业化的收藏知识，为博物馆的形成作出重要贡献。16~17世纪，随着启蒙运动的开展，人们的思想不断进步，世界上第一座公共博物馆——阿什莫林博物馆成立，标志着私人收藏开始以捐赠的形式向公共博物馆转变。18世纪，启蒙运动的蓬勃发展促使理性主义与平等思想在欧洲迅速传播，民族与国家意识开始觉醒，一些大型国家博物馆纷纷建立，在此基础上，博物馆的收藏与研究职能进一步发展，社会教育职能开始出现。14~18世纪是欧洲公共博物馆的重要转型时期，随着社会与时代的发展，收藏行为逐渐趋向科学化与专业化，私人性质的中小型画廊、奇珍室逐渐向公共化的大型博物馆转变。在此基础上，现代博物馆逐渐发展。

18世纪中叶以前还没有出现严格意义上的博物馆展示设计，藏品采用的是一种基于简单分类的陈列方式。私人收藏家会基于个人喜好进行简单分类式摆放，甚至会按照收藏藏品时间的顺序进行排列。在展示道具的应用上，此时期没有专门设计的展柜，收藏柜架就是展品的展示道具，陈列密度较高，如同开放的仓库货架。展示空间的形式设计也不重视视觉效果，不会关注人们的观看藏品的舒适度等问题。

（三）18 世纪后半叶 ~ 20 世纪初的博物馆发展

18 世纪末 ~ 19 世纪初，随着第一次工业革命在欧洲各国的发生，旧思想与旧制度受到猛烈冲击，人们的民族与国家意识逐渐觉醒，欧洲各国纷纷建立自己的国家博物馆。同时，一些私人博物馆也陆续开放，工业革命使科学技术迅速成长，各种动植物标本、矿物岩石标本、古生物、古人类遗骸以及天体望远镜、显微镜、温度计等仪器被带入博物馆，不仅丰富了藏品的种类，还促使博物馆的科研职能进一步发展。此时期的博物馆不仅可视为科研机构的前身，也可看作促进工业设计与科学技术发展的工具，其中以英国的维多利亚与阿尔伯特博物馆（图 1-53）和伦敦科学博物馆（图 1-54）为代表，其创立之初的主要藏品来自 1851 年世界第一次博览会，前者主要接收装饰与设计艺术品，后者则以自然科学类的展品为主，这两个博物馆的建立极大地丰富了当时欧洲公共博物馆的类型（图 1-55、图 1-56）。

这个时期，博物馆的陈列展览形式出现了新变化。例如，英国伦敦的布鲁克博物馆在 1813 年采用了新的展览方法，使用长颈鹿、狮子、犀牛等动物的标本，模拟出它们生前生活的自然姿态进行展览，周围配以植物的原型模型，背景采用透视法描绘的原生地景观画，极好地再现了动物生活的自然环境。也有博物馆在展览中世纪服饰和家具时，选择复原中世纪教堂和住宅局部的场景，并配以身穿服饰的模特儿，这是最早的场景还原式的展览方法。

图 1-53 维多利亚与阿尔伯特博物馆入口

图 1-54 伦敦科学博物馆入口

图 1-55　维多利亚与阿尔伯特博物馆内部

图 1-56　伦敦科学博物馆内部

19世纪中后期，随着资本主义经济的发展，自然科学领域取得巨大成就，第二次工业革命加快了欧洲城市化进程，城市人口不断增多，为了稳定社会秩序，政府大力开展免费的教育普及运动，博物馆的教育职能在此期间迅速发展。为了满足人们日益增长的学习要求，博物馆不断在服务与设施上作出改变，如博物馆向学校发放标本，以供教育教学；博物馆使用地理全景图与动植物的栖息地图来向观众进行知识的解释说明。天然气与电力的普及，使博物馆将工作时间延长到晚上，为白天忙于工作的人们提供参观学习的机会。此时的欧洲博物馆试图通过对藏品的讲解给公众提供新信息或帮助他们重构知识体系。所以，18世纪后半叶～20世纪初是欧洲博物馆快速发展的时期，两次工业革命在此期间起决定性的作用：第一次工业革命使欧洲公共博物馆迎来了建立高峰期，第二次工业革命则推动欧洲公共博物馆进入基础设施与服务的转型升级期。两次工业革命极大地提高了社会生产力，促进了科学技术的发展与人们思想的进步，为博物馆数量的增加、类型的丰富及职能的发展提供物质与理论基础。科技的迅速发展与政府的大力扶持使博物馆的收藏、科研、教育3个职能日趋成熟。在此基础上，具有现代意义的博物馆在欧洲正式形成并快速成长，至两次世界大战前夕，欧洲博物馆已形成适合自身发展的经营与管理体系，为战争后的再发展打下基础。

此时的博物馆展示空间，在展示内容编排上开始使用按体系分类的原则，同时将藏品分为面向专家学者展览和面向普通公众展览两大类，分别放置在藏品库和陈列室，并且面向公众展出的藏品开始注重趣味性和通俗性。

到了20世纪初，博物馆在展示内容方面开始强调科学体系，将藏品分类展出，还开始出现辅助展品，包括图片、图解、表格、模型等。在展示道具方面，展品与收藏柜架分离之后，放置展品的展柜开始走规格化、标准化路线。20世纪20年代，以英国博物馆为代表的欧洲博物馆界掀起了一场"标准化运动"。将靠墙展柜、中心展柜、桌柜等展柜的样式尺寸标准化。由于设备的样式、尺度、规格统一，造型简洁，便于大规模工业化加工生产，造价较低，所以很快得以推广。中国的博物馆20世纪30年代开始，也引入标准化展柜用于展览。展柜的类型和尺度的规范化使用，使展览空间环境变得整齐。

（四）20世纪50年代后的博物馆发展

"第二次世界大战"结束后为博物馆的战后重建时期，重建后的博物馆从主要为学者专家服务转变为为非专业的公众服务为主，社会教育职能的重要性已远超过科学研究职能。

20世纪70年代末，巴黎的蓬皮杜中心（乔治·蓬皮杜国家艺术文化中心，图1-57）对外开放，这里不仅有艺术展览，还有图书馆、音乐厅、电影院、咖啡馆与餐厅。博物馆的职能进一步发展变化。蓬皮杜中心不仅内部设计、装修、设备、展品等新颖、独特，具有现代化水平，它的外部结构也同样独到、别致。这座博物馆一反传统的建筑艺术，将所有柱子、楼梯及以前从不为人所见的管道等一律设在室外，以便腾出更多室内空间，以供使用。整座建筑看上去犹如一座被五颜六色的管道和钢筋缠绕起来的庞大的化学工厂厂房，在那一条条巨型透明的圆筒管道中，自动电梯忙碌地将观众迎来送往。如果说卢浮宫博物馆代表着法兰西的古代文明，那么蓬皮杜中心便是现代巴黎的象征。

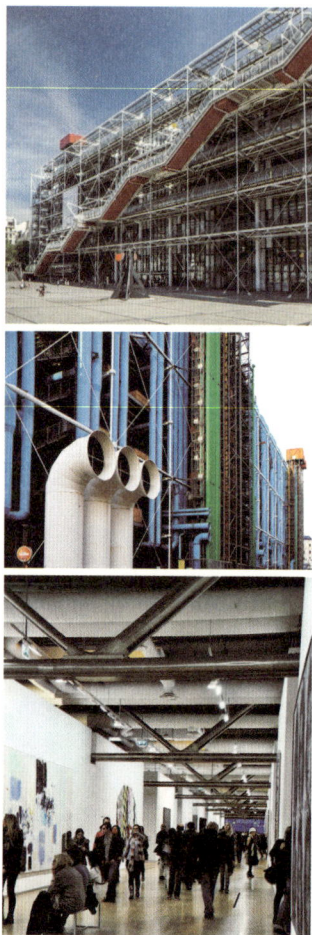

图1-57 蓬皮杜中心室内外

随着博物馆的发展，博物馆已经变成一个国家和城市的重要文化建筑，通常是一个城市的文化形象。博物馆事业的总体规模、管理水平和服务质量成为衡量一个国家、一个民族、一个城市文化发达程度的标志，同时博物馆在促进城市发展方面发挥着重要的作用，可以拉动当地文化、旅游事业的发展。

位于西班牙的毕尔巴鄂的古根海姆博物馆（图1-58），是博物馆的力量推动城市发展的著名案例。毕尔巴鄂是一座有700年历史的古城，一座在西班牙称雄海上时代的重要海港城市。19世纪，毕尔巴鄂由于出产铁矿而振兴，曾跃居西班牙第四大城市，但是20世纪中叶以后由于传统工业的颓败，成为一座"灰色"工业城市。

1991年，毕尔巴鄂市政府与古根海姆基金会邀请美国建筑大师

图 1-58 古根海姆博物馆

F.O.盖里为毕尔巴鄂设计古根海姆博物馆。1997年，毕尔巴鄂古根海姆博物馆正式落成启用，它以奇美的造型、特异的结构和崭新的材料举世瞩目。从外表看，与其说它是一座建筑物，不如说是一件抽象派的艺术品。它由数个不规则的流线型多面体组成，虽然建筑本身是个耗用了5000吨钢材的庞然大物，但由于造型飘逸，色彩明快，丝毫不给人沉重感。古根海姆博物馆曾被世界建筑艺术界评为"属于最伟大之列，与悉尼歌剧院一样，它们都属于未来的建筑提前降临人世，属于不是用凡间语言写就的城市诗篇"。自古根海姆博物馆修建以来，毕尔巴鄂市的旅游收入增加了数倍，使之一夜间成为欧洲家喻户晓之城、一个新的旅游热点。博物馆的力量使毕尔巴鄂脱胎换骨，变成一座充满魅力的文化城市。如今，毕尔巴鄂不再是一个灰暗的工业城市，它已经成为欧洲经济发展、旅游休闲、投资环境最好的城市之一。

在展示陈列方法方面，博物馆开始减少展柜的使用，转寻求一种更为开放式、更便于公众参与的展示方式，力图打破展柜带给公众的距离感。

随着科技的发展，一些科技元素也逐渐融入博物馆中，以提升观众的参观体验。例如，20世纪90年代末出现的虚拟技术，可以通过图像来展示一些难以接触的展品。根据展品的数字3D图像、视频、音频及文字解说，观众可以进一步了解展品的历史。虚拟现实技术（Virtual Reality，简称VR，图1-59）可以构建出展品的虚拟环境。各种多媒体设备的应用也使博物馆吸引力越发十足。

纵观整个20世纪，欧洲博物馆虽在两次世界大战期间损失惨重，但战后重建工作为其提供了新的发展契机，新制度、新类型与新职能由此出现并迅速发展。战后恢复期，学生及非专业性观众的增多，使博物馆的教育职能得到前所未有的重视。至20世纪后期，随着经济的恢复与发展，为了维持运转、吸引游客，博物馆不断完善设施、提

图 1-59 VR 在博物馆中的
应用

高服务、扩大职能。随着科技的兴起与发展，先进的科学技术也被融入博物馆的展览与互动活动中。到21世纪初，欧洲现代化博物馆已基本成熟，对其他地区国家博物馆的建立与发展具有重要的借鉴与参考意义。

从神庙到珍奇室，再到第一座公共博物馆，最后演变为现代博物馆，随着生产力与科技的发展，欧洲公共博物馆由私人化走向专业化、社会化与公共化，在此过程中，博物馆的收藏、研究与教育职能出现并不断完善，至今已发展成熟（图1-60）。

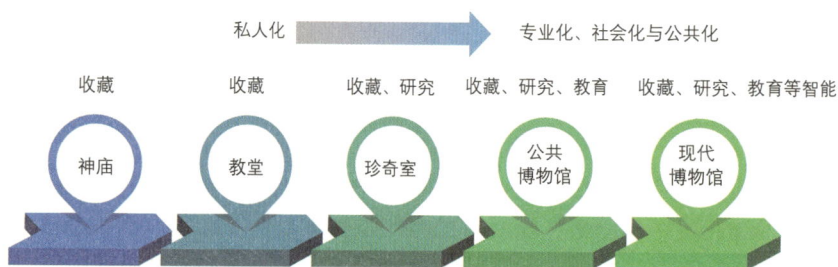

图1-60　欧洲博物馆的发展历程

二、中国博物馆发展史

中国博物馆学界认为，最早的中国博物馆是一个纪念类的博物馆——曲阜孔庙（图1-61）。孔子是春秋时期鲁国人，中国著名的思想家、教育家、政治家，在他去世后，鲁国国君为了纪念孔子，下旨将曲阜孔子故里的住房作为庙堂，将孔子生前所穿过的衣物、乘过的车、用过的琴等遗物收集于孔子生前故居内，以作纪念。孔庙经过历朝历代不断的修建，形成了一整片古建筑群。曲阜孔庙不但是中国古

图1-61　曲阜孔庙鸟瞰与孔庙大成殿

代举行祭孔活动的场所，同时也是传承孔子思想、进行文化教育传播的学校。庙学合一的体制，使孔庙与学校功能结合，学中设庙，在学生学习文化礼仪的同时，也传播了孔子的儒学思想。孔庙建筑包含的传统建筑文化中也蕴藏着儒家学制与古代教育留下的痕迹。唐宋时期，孔庙建筑单体已经高度程式化，组群规划布局基本也已成定制。孔庙建筑空间布局不仅要满足祭祀孔子的使用要求，而且要严守当时的礼制规范和等级制度。

曲阜孔庙整个建筑群自南至北由九进院落串联组成，它以最南端的权星门为起点，到北端的圣迹殿结束。以"大成殿"院落即"庙"的祭祀空间为整体建筑群落的核心。孔庙的大成殿与北京故宫太和殿、泰山岱庙天贶殿并称东方三大宝殿。

中国人自古就有崇拜祖先的习俗，在此基础上又发展出了对一些对国家有贡献人物的纪念。所以在中国，这种纪念类的祠堂和故居特别多。例如，纪念诸葛亮的"武侯祠"，纪念岳飞的"岳飞祠"，现代每个城市都有一些名人故居，一般以他们生前生活的房屋作为展览载体。

（一）19世纪末和20世纪初中国博物馆的发展

19世纪末和20世纪初，中国开始出现一些近现代意义上的博物馆，如南通博物苑、济南广智院、成都华西医学博物馆等。

这一时期的博物馆主要有两种类型。一类是由外国人创办的博物馆，早期外国人在中国建立的博物馆大部分由教会主办。另一类是我国一些有识之士和实业家创建的博物馆。

中国人创办博物馆开始于19世纪70年代，主要是为配合学习西方自然科学技术知识而设立的。将博物馆纳入为教育服务的范畴，强调其为教育服务的功能。从中国人自己创办的第一座博物馆南通博物苑开始，中国博物馆界就以传播知识、教育公众为己任。

1.南通博物苑

1905年，清末甲午科状元张謇，为通州师范学校建设公共植物园。同年，在植物园基础上创建了南通博物苑，南通博物苑是中国人创办的最早、最有特色的近代意义的博物馆，是中国第一所公共博物馆。

张謇（1853—1926）是我国最早的博物馆学理论家，是中国博物馆学的开创者和奠基人（图1-62）。

在建设南通博物苑时，张謇进一步探索和丰富自己的博物馆理论。例如，他认为博物馆应建在交通便利且便于开拓的地方，整个建筑要

图 1-62　张謇

考虑文物标本的储藏和陈列的要求。"宜少辟门径，以便管理者视察"，探讨博物馆的交通流线组织和管理问题；"庋阁支架，毋过高毋过隘，取便陈列，且易拂扫"，探讨展示道具的尺度和人体工学的问题；"隙地则栽花木，点缀竹石"，探讨环境美化的问题；馆中贯通之地"宜间设广厅以备人观者憩息"，探讨了博物馆的以人为本和公共空间的设计问题。

南通博物苑是一所集自然科学、历史与艺术于一体的综合性博物馆，它有一套较为完整的规章制度，既体现了欧洲博物馆的科学性，又符合中国的具体情况。

博物馆位于南通旧城东南角（图1-63），北边和东边是宽阔的濠河，博物馆内还包含植物园、动物园，并兼作公园，使中国的园囿传统与博物馆的职能结合在一起，形成园中有馆，馆中有园，园馆结合的城市园林式综合性博物馆。整体布局既严谨又活泼，每栋建筑均按

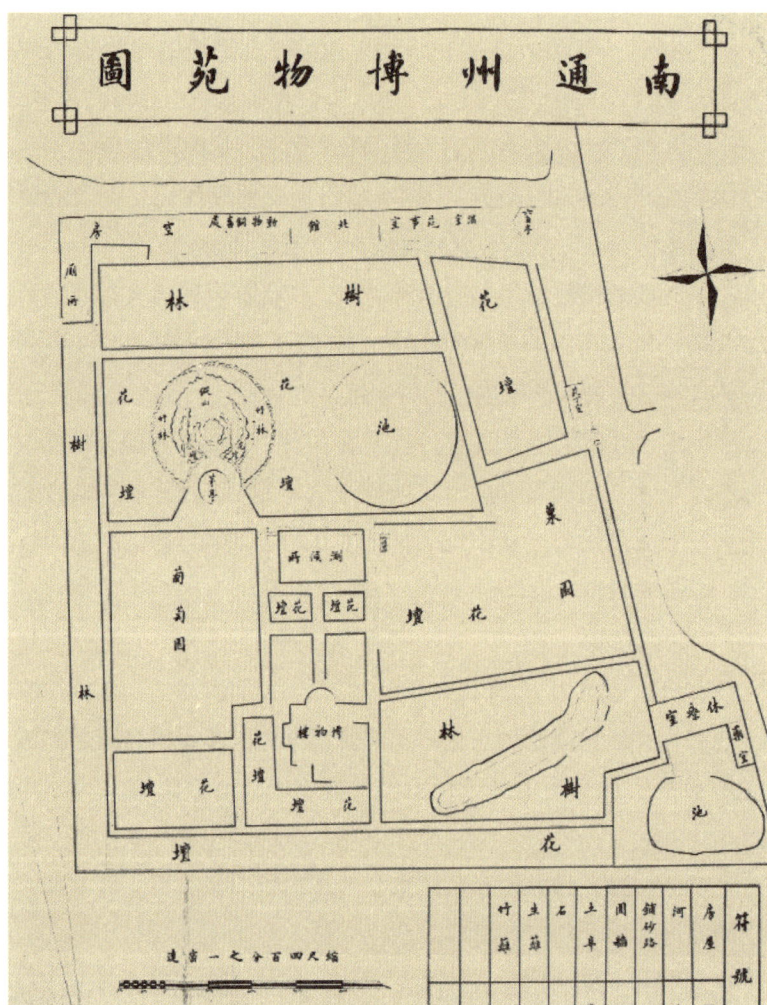

图1-63　南通博物苑1909年规划图

图1-64　南通博物苑中馆塔

图1-65　南通博物苑北馆及
风车水塔

照博物馆职能要求进行设计，藏品分天然、历史、美术三部分，早期的建筑主要有南、北、中馆，建筑体量均匀适中。但是每栋建筑的平面立面形式各不相同，中馆是办公楼（图1-64）。南馆是博物楼，藏品既有传统的古玩和工艺品，如唐代的雷琴和当时刺绣家沈寿的作品；也有一些不能入传统士大夫"法眼"的东西，如林肯床上的木片、晚清凌迟的小刀和袁世凯复辟时的"洪宪"国旗。北馆（图1-65）的一楼放自然标本，二楼是书画等美术作品。其中最为张謇得意的是一具12m长的鲸鱼骨架。当时吕四海边有一头鲸鱼搁浅，张謇立马让运到北馆做标本。后来根据头骨研究，它应该属于长须鲸。现在的南通博物苑还有一个"巨鲸天韵"的常设展，为的就是向张謇致敬。

各馆周边栽种花木，点缀竹石，堆山凿池，建亭筑榭，包括露天的风车、水塔等。并配以庭院式的动、植物园，包括九间鸟室、八间兽室、八间花竹平安馆和三间温室花房。展出丹顶鹤、东北虎、猩猩、鸵鸟，甚至是性情凶猛的鸸鹋等动物。

1914年，张謇编印的《南通博物苑品目》显示了当时博物馆的藏品情况。书的上册为"天产"，显示当时园内有动物活体和标本536件，包括东北虎、豹、鲸、袋鼠、树懒、孔雀、鸵鸟等；植物活体和标本308件，包括牡丹、金带围、琼花等；矿物标本1247件，包括沙金、铱等金属，猫睛石、鱼睛石等宝石。书的下册分历史、美术和教育三部，显示相关藏品共28类1147件。

南通博物苑源于清末维新运动，兴于民族资本主义的发展，衰于日军侵华。但历史会记住张謇，事实上，博物苑只是张謇教育事业的一小部分。他不仅造就了第一个中国人的博物馆，还开设了淮海实业银行、女工传习所、伶工学社等教育机构，贫民工场、残废院、盲哑学校等慈善机构以及图书馆、更俗剧场等文化机构。张謇是旧学出身，但执着于教育现代化。一生创办了370多所学校，包括如今的复旦大学、扬州大学、南通大学、上海海洋大学等高校的前身。这些学校给中国输送的人才，可谓不计其数。如今在南通博物苑，还可以在南馆二楼看到张謇手书的对联："设为庠序学校以教，多识鸟兽草木之名。"

2. 济南广智院

济南广智院是反映20世纪初中西建筑文化交融的典型实例。1904年，英国传教士怀恩光在青州建立了一所"博古堂"，后迁到济南，并改名"广智院"，是济南乃至我国最早的博物院之一（图1-66）。济南广智院的建筑既有中国传统庙宇特色又有西方建筑特长，力图融和西式建筑的平面和结构形式与中式建筑的外观和内部装修等，集中西

图1-66　1947年的济南广智院

方建筑文化元素于一体（图1-67）。图1-68是广智院内院建筑的老照片与修复后的照片。广智院最初就是严格按照博物馆的功能设计，回字形的展厅布局让观众参观一圈就能把所有的展品都欣赏一遍（图1-69）。设计上更多地考虑了博物馆的展示职能，开阔的展厅、宽敞的玻璃窗户，通顺紧凑的展线安排等反映出设计者对展示职能的关注。

图1-67　广智院近照

图1-68　广智院内院建筑的老照片与修复后的照片

图1-69　广智院鸟瞰

在大厅的南北两侧有整块的墙面，是颇为理想的博物馆展示厅。展厅中采用标准化的展柜以及镜框、挂图等设备和展示方式。广智院的藏品可谓丰富之致，包括动物、植物、矿物、天文、地理、机工、卫生、生理、农产、文教、艺术、历史、古物13个门类，并按照标本、图表、模型三类进行登记。一进展厅，便可看到一条大鱼骨骼标本悬挂于大厅中央，四周玻璃柜中陈列的实物有太平洋底的珊瑚、贝壳、鱼蟹，世界各地的飞禽、走兽和植物标本，以及物理、化学、地质、天文各种仪器模型，墙上布满各种挂图，如宇宙、太阳系、九大行星、各地景物、动植物、矿物的挂图，以弥补实物展品的不足。还有太阳、地球、月球的模型，并现场演示日食、月食的成因，这在当时起到相当大的科普宣传作用（图1-70）。

广智院在展览中经常采用对比的展示方式，20世纪20年代的展厅入口处曾陈列过一架按原桥千分之一比例缩小的黄河泺口铁路大桥模

图 1-70　广智院室内展示

型，制作逼真，连下水管道都清晰地展示出来。桥旁边是泥泞的乡间土路和陷入泥中的牛车，在强烈的对比中让参观者感受到现代交通的快捷。这样的对比还有中国与他国每人每年所有商业入款的比较，中国十八省与美国东段铁路对比，万国通商图等。这些对比为市民提供了一个了解世界的窗口，开阔人们的视野。在展览中，对中国传统文化也做了介绍，如中国文字语言的源流、历代疆域的发展，并展有部分金石类拓本、出土文物和古今美术家遗迹。

老舍在散文《广智院》中说广智院"不是历史博物院、自然博物院或某种博物院，而是历史、地理、生物、建筑、卫生等混合起来的一种启迪民智的通俗博物院"。"乡下人赶集，必附带着逛逛广智院。逛字似乎下得不妥，可是在事实上确是这么回事。""山水沟的'集'是每六天一次。山水沟就在广智院的东边，相隔只有几十丈远，所以有集的日子，广智院特别多人。"这些描述都贴切地展现出了这处建筑与济南民众生活的密切关系。当时，去博物馆也像听相声、看戏一样成为市民老百姓的一项生活消遣和娱乐。在展览厅的门口有一铁转盘，每进一人时，就自动拨动一号码，这样就能统计每天参观的人数。不仅济南市民经常来参观，外地来济人士也把这儿当成与趵突泉、大明湖等济南名胜齐名的观光胜地，它北面的原东新街也被定名为"广智院街"。当时社会上许多学者名流如胡适、老舍、黄炎培、陈嘉庚等也都慕名前来参观，并感叹广智院启迪民智的显著作用。作为近代人们最早接触的博物馆之一，广智院深深地融入了济南市民生活当中，也成为一代人难忘的回忆。

3. 南京博物院

南京博物院（图 1-71），前身为国立中央博物院，位于江苏省南京市，直属当时的国民政府教育部。"民国"二十二年（1933 年），蔡元培等人倡建国立中央博物院，并在南京成立"国立中央博物院筹备处"。按照原定的计划该博物馆分为自然、人文、工艺三馆，规划总建筑面积为 25550m²，经过逐个方案研究，留学归国的建筑师徐敬直的具有"复古主义"风格的建筑设计方案中选。他根据入口地形狭长的特点，将建筑主体布置于狭长入口的中轴线上，营造出庄严雄伟的气派（图1-72）。梁思成先生亲自指导修改完善设计，将博物馆大殿屋顶改为仿蓟县独乐寺山门辽代建筑形式，内部结构按宋代《营造法式》建造，细部装修采用唐宋风格，建筑结构使用钢筋混凝土材料，使之成为当时采用新结构、新材料建造仿古建筑的典范。

"国立中央博物院"主体建筑坐北朝南，面阔九开间，进深五开间，庑殿式屋顶，台基、屋身、屋顶的三段式构成十分明显，黄瓦红柱、飞檐斗拱，显得古朴大气，既遵循中国古典建筑的体量和整体轮廓，又力图保持古典建筑细部特征（图1-71），梁柱斗拱粗壮古朴，四面起坡的大屋顶呈曲面翘起，虽然十分庞大，但给人轻快腾飞之感。博物馆内展厅、库房、图书馆、行政办公室等安排合理，通风采光、人流线路、物流线路等也有充分考虑，并且在建筑的中心部位设置可供残疾人和文物运输的垂直升降的客货两用电梯，这在当时非常难能可贵。该建筑被视为20世纪上半叶较成功的"复古主义"风格的建筑作品。1936年6月6日，第一期工程动工，但是不久抗日战争的炮火就打破了三馆并举的规划，建筑工程被迫停工。1947年，一期工程按原设计继续进行，至1948年初，人文馆即今天的南京博物院历史陈列馆才大致竣工，也就是现在的南京博物院仿辽代风格的大殿。1950年3月9日，"国立中央博物院"正式更名南京博物院。

图1-71　南京博物院（原国立中央博物院）

图1-72　南京博物院鸟瞰

（二）中华人民共和国成立之初中国博物馆的发展

中华人民共和国成立之初，随着博物馆事业的发展，各类博物馆相继开始筹建，但是由于受当时经济发展水平的制约，无力新建博物馆馆舍，一些博物馆利用历史建筑改造而成。其中有相当部分属于已经列入文物保护单位的建筑。这种方式除经济上的考虑之外，一些博物馆选择历史建筑作为馆舍，原因在于这些历史建筑本身与博物馆的主题有所关联，或具有较高的历史价值和观赏价值。当时博物馆利用的历史建筑类别多样，有宫殿、官府、寺院、庙宇等官式建筑，如1955年建立的首都博物馆利用国子监街上的孔庙建筑（图1-73）。也有宅第、民居、祠堂会馆等民间建筑，如1959年建立的自贡市盐业历史博物馆选址于西秦会馆（图1-74）。有古代建筑，如1950年重建的广州博物馆馆址为创建于明代洪武十三年（1380年）的镇海楼（图1-75），镇海楼现在也对外开放，位于广州越秀公园内。也有近代建筑，如1959年筹建的青岛市博物馆，馆址原是世界红十字会青岛分会旧址（图1-76），建筑向南偏西，四周红墙环绕；三进院落，一进院为万字会办公楼，呈"回"字形，钢筋混凝土结构，为典型的罗马式建筑（图1-77）；二进院建筑为整个院落的主体，由山门、南北两厢、大殿组成一组四合寺观形仿古建筑群（图1-78）；三进院为一精巧的阿拉伯式建筑

图1-73　首都博物馆老馆

图1-74　自贡市盐业历史博物馆（西秦会馆）

图1-75　镇海楼

图1-76　世界红十字会青岛分会旧址

图1-77　万字会办公楼

图1-78　青岛市博物馆二进院建筑

（图1-79）。该馆融合了中国传统建筑、罗马式建筑、伊斯兰式建筑三种不同的建筑风格，设计者用三种建筑风格分别象征基督教，儒、道、佛教，伊斯兰教，在中国建筑史上是一特例。有综合类博物馆，如

1953年建立的山西省博物馆，位于太原市东南隅的文庙内（图1-80）。有专题类博物馆，如1956年筹建的上海自然博物馆，选择了1923年建造的原华商纱布交易所旧址（图1-81）。

这一时期，在博物馆设计上出现两种倾向，第一类是按照苏联式风格建造的博物馆。20世纪50年代初，博物馆学的理论研究和设计思想转为向苏联学习，出现了安徽省博物馆（1956年，图1-82）、北京

图1-79　青岛市博物馆三进院阿拉伯式建筑

图1-80　建于文庙的山西省博物馆

图1-81　建于华商纱布交易所旧址上海自然博物馆

自然博物馆（1958年，图1-83）、中国人民革命军事博物馆（1959年，图1-84）等带有苏联式建筑风格的博物馆。中国人民革命军事博物馆是中华人民共和国成立10周年北京十大建筑之一，方柱式的门廊，浅黄色的外墙、金黄翠绿的屋檐，在很多方面也体现出中国传统特色。一

图1-82　安徽省博物馆（1956年）

图1-83　北京自然博物馆（1958年）

图1-84　中国人民革命军事博物馆（1959年）

些博物馆除了外观借鉴苏联式建筑风格外，建筑内部也往往按展览馆的职能需求进行设计，高空间、大展厅，在空间和布局上并不适合博物馆使用，同时存在库房面积不足或建筑条件不符合藏品保管要求的问题。

第二类是20世纪50年代在"现实主义"和"民族形式"的口号下，出现的博物馆建筑。如内蒙古自治区博物馆（1957年）、中国革命博物馆和中国历史博物馆（1959年）以及中国美术馆（1962年）等。中国革命博物馆和中国历史博物馆由著名建筑师张开济先生设计，是为了迎接中华人民共和国成立10周年而兴建的北京十大建筑之一（图1-85）。建筑外貌气势雄伟，表现出建筑物的纪念性意境，通过内院式的"目"字形平面布局将整座建筑平分为南、北两部分，既满足了与相对的人民大会堂均衡体量的要求，也为安排参观流线、陈列空间、通风采光等提供了便利条件，空间布局具有良好的流线，展览、保管、研究等各种用房职能分区明确，既有分隔又有联系。正面方柱、空廊的设计，不仅在尺度、轮廓上与人民大会堂基本一致，而且与人民大会堂的圆柱实廊形成和谐的对比。2003年，中国历史博物馆和中国革命博物馆合并组建成为中国国家博物馆。新馆保留原建筑西、北、南建筑立面，是世界上单体建筑面积最大的博物馆（图1-86）。

图 1-85　中国国家博物馆（原中国革命博物馆和中国历史博物馆）

图 1-86　中国国家博物馆（原中国革命博物馆和中国历史博物馆）

中国美术馆是当时具有典型古典主义风格的建筑之一（图1-87），由著名建筑师戴念慈先生等设计。在建筑形式方面，主要考虑了三点：一是反映鲜明的民族风格；二是反映美术创作的繁荣；三是与附近的故宫、景山等传统建筑相互呼应。整座建筑用传统的亭台楼阁形式组合而成，构图优美，富有中国古典建筑的气息。在对传统文化的继承上，既侧重于对内在精神的理解，又非形式上的生搬硬套，既不是"传统"的翻版，也不是"历史"的移植，而是站在现实社会和文化发展的角度，对于传统文化进行重新审视。

还有一些博物馆从地方传统建筑风格中汲取营养并运用到博物馆的设计之中。例如，1956年，上海鲁迅纪念馆在鲁迅公园建造了新馆舍（图1-88），纪念馆建筑为2层楼房，由著名建筑师陈植先生等设计。设计借鉴了江南民居的建筑形式，采用庭院式布局，青瓦白墙、马头式山墙、毛石勒脚风格简洁朴实、明朗雅致。1964年建成的韶山毛泽东同志纪念馆（图1-89），位于距毛泽东旧居500余米的引凤山下，背负群山，与旧居及其环境融为一体。这些博物馆建筑既有地方鲜明特色，其造型又切合博物馆主题，因此得到广泛赞誉。

图 1-87　中国美术馆

图 1-88　上海鲁迅纪念馆

（三）改革开放以来中国博物馆的发展

改革开放以来，中国的博物馆建设逐渐得以恢复，在吸收国外现代博物馆建设经验的同时，开始走上探索中国现代化博物馆的道路。博物馆面貌有了显著改观，新建、改建、扩建的博物馆层出不穷。随着博物馆数量的快速增长，博物馆的职能要求逐渐受到更多的关注，出现了一些侧重地域文化挖掘与展现的博物馆，这些建筑强调地方特色和民族风格，其形式与地域文化内容的主题相结合，达到既切题又美观的效果。例如，1986年建成的上海陶行知纪念馆（图1-90），整组建筑布局吸收了中国江南园林小中见大的手法，空间隔而不断，园

图 1-89　韶山毛泽东同志纪念馆

图 1-90　上海陶行知纪念馆

中有院。单体建筑设计则以江南民居为蓝本，青瓦白墙，造型小巧精美，朴实明朗。

始建于1986年的大理白族自治州博物馆（图1-91），采用仿唐式古建筑，并与白族"三坊一照壁""四合五天井"的民居建筑形式相结合。院落之间以长廊相连，建筑造型、建筑材料、装饰手法都借鉴了白族建筑传统，以突出地方民族风格。

象征性手法也是这一时期博物馆设计者所热衷运用的手法之一。1989年建成的潍坊风筝博物馆，其建筑造型模仿潍坊龙头蜈蚣风筝（图1-92）。1989年开放的西汉南越王墓博物馆整体布局以古墓为中心，古墓上盖覆斗形钢架玻璃防护棚，象征汉代帝王陵墓覆斗形封土（图1-93）。1991年建成的沈阳"九·一八"历史博物馆，建筑取形于

图 1-91　大理白族自治州博物馆

图 1-92　潍坊风筝博物馆及参考的风筝原形

台历的造型，正面后倾，底面1/3埋于地下，墙上弹痕累累犹如一座城门废墟（图1-94）。1993年建成的自贡彩灯博物馆（图1-95），其主体建筑造型犹如放大了的彩灯。1995年建成的上海博物馆（图1-96），建筑造型采取中轴对称，平视如中国古代的青铜宝鼎，俯视则上圆下方寓意"天圆地方"，展示一种天地均衡之美，实现了博物馆建筑的实用性与观赏性的有机结合。

图1-93　西汉南越王墓博物馆

图1-94　沈阳"九·一八"历史博物馆

图1-95　自贡彩灯博物馆

图1-96　上海博物馆

（四）21世纪中国博物馆的发展

21世纪，我国迎来了博物馆建设新的高潮，全国各地、各行业相继新建、扩建和改建博物馆。一方面，经过四五十年的使用，大多数建设于中华人民共和国成立初期的省级博物馆，都出现了与发挥博物馆职能和满足民众文化需求不相适应的情况，于是各省、自治区、直辖市纷纷进行省级综合性博物馆的新建或改建工程，建设现代化大型博物馆，如云南省博物馆、河北博物院、湖南省博物馆、南京博物院、四川博物院新馆、内蒙古博物院、广东省博物馆、山东博物馆、广西民族博物馆、浙江自然博物院新馆等省级博物馆相继建设。

苏州博物馆新馆（图1-97）由美籍华人贝聿铭设计，采用传统庭院和园林的要素，以假山、池水、曲桥、亭台、漏窗、松竹等传统符号，"古韵悠悠的苏州城是唐诗的故土，宋词的家乡；苏州园林的飞檐翘角，是吴门烟水的最佳载体"。苏州博物馆新馆建筑不与周围历史环境和文物建筑争高，避免体量和造型过于粗重高大，灰白色调与粉墙黛瓦相协调，体现出轻巧、灵便、精致的特征，与相邻的世界文化遗产拙政园，既浑然一体又相互借景、彼此辉映，既符合历史建筑环境的要求，又具有相对独立性。

宁波博物馆（图1-98）是首位中国籍"普利兹克建筑奖"得主王澍"新乡土主义"风格的代表作。馆舍的外墙由"瓦片墙"和"竹条模版混凝土"混合构建而成。"瓦片墙"使用了上百万块宁波城市房屋拆迁中回收的历代旧砖瓦，年代多为明清至民国期间，经50余名工匠历时200余天的手工砌筑，为博物馆"披"上了一件纹理清晰、式样别致的外衣，也"将宁波历史砌进了博物馆建筑"。"而竹条模版混凝土把竹子纹理留在外墙上，更突显了江南人文中的自然清新风格，无

图1-97 苏州博物馆新馆

图1-98 宁波博物馆

疑比用大理石、外墙漆更节约、更环保，也更有情调"。如图1-99所示，图中左边为瓦片墙，右边为竹条模板墙。宁波博物馆在馆舍建筑中大量使用当地材料，表现出因地制宜的特色，在整体风格上与周边环境相融合，具有浓郁的地域风情。

随着我国社会文化的发展，中国的博物馆建设也会不断发展，博物馆的建设应该将中国文化的"气与韵""形与意""神与魂"与博物馆有机结合，充分体现中国的民族传统、地方特色和时代精神，成为一个国家、一座城市或一个地区的最具特色的文化设施。

图 1-99　宁波博物馆外墙

第四节
博物馆基本功能分区和整体交通流线组织

一、功能分区

将博物馆的空间按使用功能进行分区，可将其分为公共区域、业务区域和行政区域。

（一）公共区域

公共区域是普通观众能够到达的区域，是外部职能区，它主要的功能区和用房类别是陈列展览区、教育区和服务设施区。

陈列展览区一般包括综合大厅、各个陈列厅、临时展厅等，还有展具储藏、讲解、管理用房。

教育区一般包括影视厅、报告厅、教室、活动室等。

服务设施区包括售票厅、休息区、贵宾室、卫生间、饮水区、广播室、医务室等，还有茶座、餐厅、商店等。

（二）业务区域

业务区域主要的功能区和用房类别是藏品库区、藏品技术区、业务研究用房区。

藏品库区分为库前区和库房区，库前区包括拆箱、鉴选、暂存、保管员、工作用房、包装、设备库等。库房区可以按照藏品的材质或者是艺术品的类别进行分类。按藏品的材质可以分为书画类、金属器具、陶瓷、玉石、织绣、木器等；按照艺术类别分为书画、雕塑等；自然类的博物馆里按照学科类别可分为哺乳类、爬行类、两栖类、鱼类、昆虫类等，或是无脊椎动物、植物、古生物类等；科技博物馆会有各种工程技术产品模型库、影像资料库等。

藏品技术区包括清洁、晾晒，干燥、消毒等，以及书画装裱及修复用房、鉴定实验室、修复工艺实验室、仪器室、材料库、药品库、临时库等。

业务研究用房包括摄影用房、资料室、美工室、道具制作和维修等。

（三）行政区域

行政区域主要的功能区和用房类别是行政管理区和附属用房。

行政管理区主要包括行政办公室、接待室、会议室、物业管理用房、安全保卫用房、消防设备室、监控室等。

附属用房主要包括职工更衣室、职工餐厅、设备机房、行政库房、车库等。

业务和行政区域主要是内部功能区域。

二、整体布局

博物馆的整体布局要求为：功能分区明确；景观布局合理；室内展区与室外展区统筹安排；公众、业务、行政三个区域既互不干扰又联系方便；人流、车流、物流合理组织；观众出入口与藏品、展品进出口应分开设置；藏品、展品的运输线路和装卸场地应安全、隐蔽，且不应受观众活动的干扰（图1-100）。

博物馆室外环境景观是博物馆的重要组成部分，应围绕博物馆主题设计，使其既能有利于室外展品的布置，又能满足公众休憩的需要。

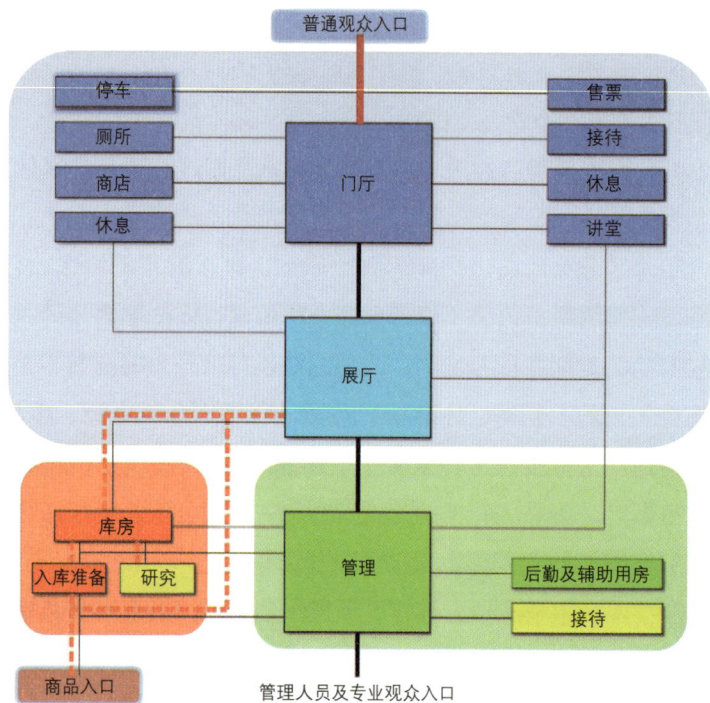

图 1-100　博物馆的整体布局

三、整体交通流线

博物馆的交通流线主要由公众参观流线、业务流线以及行政办公流线构成，三种流线应合理组织、避免交叉。

公众参观流线为博物馆交通主流线，应保证方向明确、整体顺畅。

业务流线主要考虑博物馆藏品及展品的运输流线，尽可能与其他流线分开设置，保证安全便捷，还应考虑藏品及展品装卸场地的停车及装卸要求。

行政办公流线主要靠近内部入口，既要便于与外来人员联系，又要有通畅的过道与陈列区、藏品保管区、文保技术区保持联系。

图 1-101 是按照博物馆功能区域的构成来进行交通流线的组织，可以看到博物馆一般有多个出入口，有普通观众入口、专业观众入口、工作人员入口和藏品入口。

普通观众的交通动线，首先进入门厅，门厅区域会有相应的售票、寄存等配套服务设施，以及餐厅、商店、银行等服务设施，然后经过过厅，过厅这里会有一些讲解服务和管理、安保用房，最后到达各个展厅，这些都属于博物馆的展示职能区域。普通观众还可以到达博物馆的教育职能区，包括学术报告厅、体验区、图书室、讨论室、教室等。

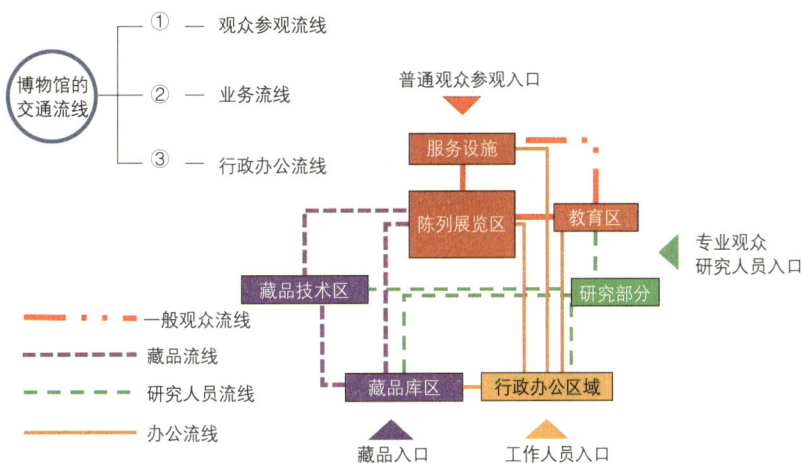

图 1-101　博物馆的整体交通流线

专业观众会直接到达VIP休息室，然后直接到达各个展厅，同时也可以到达一些鉴赏和研究区域。

工作人员可以直接到达办公区域，不用经过前面普通观众的售票、存包等程序。工作人员也可以到达教育区、展厅区和藏品区。

藏品在藏品入口经过拆装、周转站、消毒等流程，然后分到各个库房，也可根据展览的需要，运到展览准备室摆放到各个展厅。

图1-102是山东省博物馆的一层平面图，可以看到博物馆有三个主要出入口。朝南的是普通观众入口，观众经过室外的大台阶，来到普通观众出入口，在这里经过取票、安检、存包等程序进入博物馆大厅。然后到达博物馆的各个展厅。大厅中间有可以分流观众的用于垂直交通的大楼梯，大厅两侧也有电梯，把观众送到楼上各个展厅。同时观众也可以到达稍微靠北的报告厅和孔子学堂，这里是博物馆的教育职能区，可以开展学术讲座、进行影片播放等。再往北就是办公区域，这片区域是禁止普通观众进入的。

工作人员的主要办公区域在建筑的北侧，在北侧有工作人员的专门入口，不需要从南侧穿过整个博物馆。

藏品的入口在博物馆的东侧，这里可以直接将货车开到出入口，方便藏品和货品的装卸。藏品可以从这里进入博物馆藏品库区，也可以根据展览需要通过出入口旁边的货梯运输到各个展厅。整个库房区位于博物馆的负一层，普通观众无法轻易到达。停车区位于博物馆的地下二层。

博物馆的设计，功能分区明确，交通动线清晰，不会产生人流的互相交叉，方便管理和博物馆的运营。

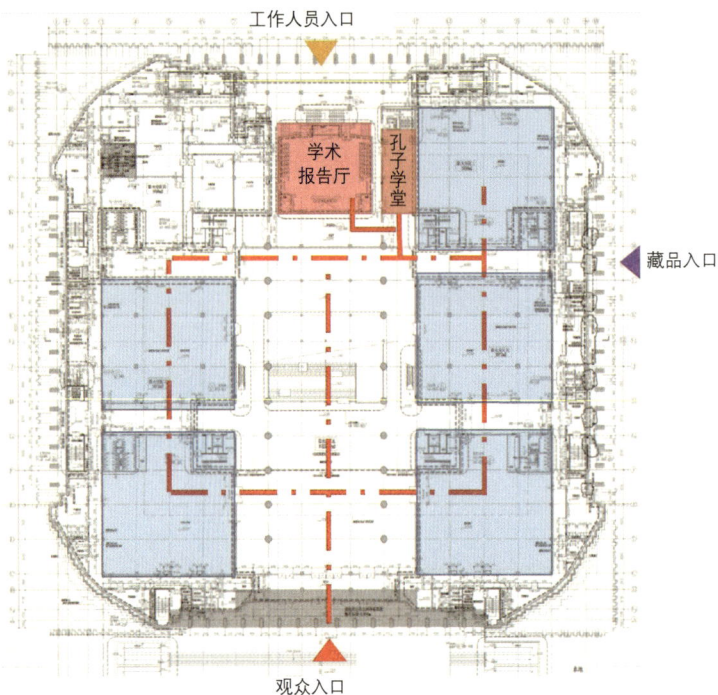

图 1-102　山东省博物馆一层平面图的三个主要主入口

第五节

博物馆经典案例

本节以英国大英博物馆、法国卢浮宫博物馆、俄罗斯艾尔米塔什博物馆、美国大都会博物馆世界四大博物馆和其他代表性博物馆为例进行介绍。

一、世界四大博物馆

（一）英国大英博物馆

大英博物馆（图1-103）又名不列颠博物馆，是一座位于英国伦敦的综合性国家博物馆，是世界上第一座对公众开放的国家博物馆，也是世界上规模最大的博物馆之一，有着9.2万 m² 的展览面积，还有接近2.2万 m² 的仓库用来保存未展出的藏品。馆藏品达800多万件，涵盖了200多万年的人类历史。博物馆目前展出的50000件展品，占全部藏品不足1%。

英国的汉斯·斯隆（1660—1753，图1-104）爵士是一位收藏家，1753年他去世时将个人的71000多件藏品捐赠给国家。在通过公众募款筹集到建筑博物馆的资金后，大英博物馆最终于1759年1月15日在伦敦市区附近的蒙塔古居（Montague House，图1-105、图1-106）成立并对公众开放。到了19世纪初，蒙塔古居的面积已经不够使用了。于是原蒙塔古居在19世纪40年代被拆除，取而代之的是由罗伯特·斯

图1-103　大英博物馆

图1-104　汉斯·斯隆

图1-105　蒙塔古居和花园的北面（版画，1714年）

图1-106　蒙塔古居的楼梯（蚀刻版画，1808年）

默克爵士（1780—1867）设计的一座方形合院式大楼（图1-107）。1857年，这座大楼与合院中间的圆形阅览室（图1-108）都已落成，组成了大英博物馆今天的主体建筑。图1-109左图是1880年大罗素街大英博物馆的南门，图1-109右图是近年笔者在大英博物馆的南门入口拍摄的照片，可以看到大英博物馆的外观依然保持着140多年前的面貌。博物馆沿街的外观是按照当时流行在欧洲古典主义复兴风格的希腊复兴风格而建造的，入口处可以看到非常有代表性的希腊柱式和三角形山花立面（图1-110）。由于空间的限制，1880年大英博物馆将自然历史标本与考古文物分离，形成了后来的伦敦自然史博物馆。1973年，博物馆重新划分，将书籍、手稿等内容分离组成新的大英图书馆。

　　图1-111是博物馆的顶视图，红色方框位置是入口建筑，中间绿色圆圈位置为大中庭位置，穿过入口建筑，直接进入大中庭（图1-112）。大中庭位于馆内中心，于2000年12月建成开放，是目前欧洲最大的有顶广场。广场的顶部是用3312块三角形的玻璃片组成的，中庭的设计使博物馆展示面积增加了40%。中庭是馆内的交通枢纽空间，连接了北东西三侧建筑空间，中庭作为核心交通空间的同时，也摆放了很多艺术珍品，如公元前350年土耳其古墓前的七吨多重石狮等（图1-113）。中庭的中部矗立着修复后的圆形阅览室。这座阅览室

图1-107　圆形阅览室建成前的博物馆内院

图1-108　建设中的阅览室大楼（1855年）

图1-109　1880年和近年的大英博物馆外观

图 1-110　希腊复兴风格的入口

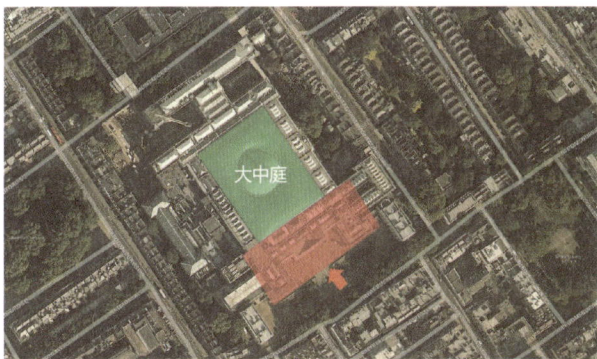

图 1-111　大英博物馆顶视图

图 1-112　大英博物馆大中庭内部

图 1-113　大英博物馆中庭的石狮

最精妙的建筑艺术体现在屋顶，是直径约为140英尺（约43m）的穹顶，设计灵感来自罗马的万神殿（图1-114）。

英国在20世纪通过战争和掠夺从中国、希腊、埃及等国获得诸多藏品。20世纪博物馆入藏的很大一批中国收藏品来自东方陶瓷学会的创始人之一及首任会长乔治·尤莫霍浦路斯（1863—1939）。他在20世纪30年代将其包括2000多件中国文物在内的大批收藏出售给大英博物馆。大英博物馆中现有中国藏品接近30000件，中国藏品在大英博物馆的33号展厅陈列。图1-115和图1-116分别为1955年和1977年

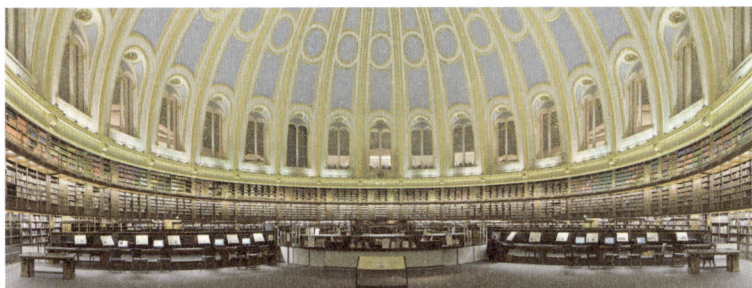

图 1-114　阅览室全景照片

图 1-115　1955年的33号展厅

的33号展厅，藏品的展示方式十分简单，甚至可以说十分简陋，对藏品的保护明显不够。1992年，在我国香港实业家、收藏家何鸿卿爵士的资助下，藏品的展示和保存方式才有了极大改善。2017年12月14日，经过整修后，33号展厅重新开放，照明和展示方式都有了更好的改善，展厅也命名为"何鸿卿爵士中国及南亚展厅"。33号展厅全长115m。一进入展厅，扑面而来的"中国红"成为中国厅的显著颜色（图1-117）。展厅迎面正对的是一套中国明代龙纹琉璃墙饰（图1-118、图1-119），一行黄龙、一行蓝龙，穿梭于莲花牡丹之间，这些琉璃曾是中国山西省的寺庙建筑屋脊上的装饰品。

图1-116　1977年的33号展厅

图1-117　何鸿卿爵士中国及南亚展厅

图1-118　中国明代龙纹琉璃墙饰

图1-119　中国明代龙纹琉璃墙饰近景照片

33号展厅没有采用按藏品分类的方法进行展出，而是按年代顺序展出藏品（图1-120）。从历史的角度来展示文物，希望观众能通过这些文物，认识中国的政治、社会、工艺创作等方面的演变。远古石器、商周青铜器、魏晋石佛经卷、唐宋书画、明清瓷器等标刻着中国历史上各个文化时期登峰造极的国宝在这里皆可见到（图1-121）。每一件

图1-120　33号展厅按年代顺序展出藏品

图 1-121 33 号展厅内景

都是稀世珍宝，不仅有着极高的艺术价值，有的展品存世仅有几件，甚至是孤品。大英博物馆的十大镇馆之宝中，有三件是中国珍宝，分别是《女史箴图》、敦煌壁画和大维德花瓶，这些藏品讲述着中国的悠久历史。

大英博物馆是收藏中国文物最多的海外博物馆，很多藏品都是国内难见的艺术珍宝。学者马未都先生在一档节目中谈到大英博物馆时感慨："250年来，大英博物馆数次改建、扩建，最终成了今天的模样，成为世界上屈指可数的超一流博物馆。中国文物自豪地占其最重要的一席，向全世界炫耀那久远文明的绚烂。我走出中国馆的时候蓦然回首，望见所有的中国文物都放射出智慧之光，让人热泪盈眶。"

馆内其他展区的藏品也都精彩无比，图 1-122 是古代亚述人首翼狮像，它们原本驻守在亚述王国的皇宫入口处；图 1-123 是复活节岛雕像，身高 2.4m；图 1-124 是 62-63 号"古埃及的死亡与来生"展厅的展品，采用通过木乃伊、棺椁、面具、肖像及其他陪葬品等种类丰富的文物配合说明性文字、图解，讲述了古代埃及的木乃伊制作、与丧葬有关的法术以及仪式的内容。

图 1-122 古代亚述人首翼狮像

图 1-123 复活节岛雕像

图 1-124 62-63 号"古埃及的死亡与来生"展厅

（二）法国卢浮宫博物馆

卢浮宫位于法国巴黎市中心的塞纳河北岸，始建于1204年，距今已有八百多年的历史（图1-125）。其间不断被改建与重建，文艺复兴的建筑样式、巴洛克风格、古典主义风格、洛可可建筑形制等都曾在卢浮宫的建筑史上留下印记。卢浮宫的改建史，展示了法国建筑艺术风格演变的轨迹，使这座宫殿具有世纪性的艺术价值，这座历史久远的宫殿建筑，不仅样式古典，规模宏大，而且内部装饰华丽。

卢浮宫曾是法国的皇宫，法国大革命之后，归为国民所有，并于1793年8月10日作为博物馆正式对外开放。经过将近200年的岁月打磨，卢浮宫日趋老化，交通动线不畅，观众要苦苦搜寻才能找到其中一个狭小的入口。而且卢浮宫内极为缺乏贮藏室、修复实验室等博物馆必需的辅助空间，已经远远跟不上时代发展的需要了。于是1981年，在当时法国总统密特朗的主持下，法国大规模地扩建和改造卢浮宫，著名华人建筑师贝聿铭负责卢浮宫的改造设计，他为卢浮宫设计了金字塔形的玻璃入口，金字塔采用菱形的透明玻璃组成，保证了地下空间能有充足的采光，同时又不会被挡住地上观众欣赏卢浮宫建筑的视线。"金字塔"解决了博物馆人流集散和公共空间的采光，以及各个分区之间的交通问题。

1988年7月，卢浮宫全部修复完毕。图1-126是卢浮宫博物馆现在的平面图，整体建筑呈"U"形，建筑群分为三部分，分别是黎塞留馆、叙利馆和德农馆。中间为广场，广场中间为金字塔形的玻璃入口，今天，在卢浮宫博物馆超过73000m²的展厅里，展出了约35000件来自世界各地的历史文物与艺术瑰宝。这些展品来自不同地区、不同文化和不同时期，涵盖古代埃及艺术、古希腊和罗马艺术、古代东方艺术、中世纪文艺复兴和现代雕塑艺术、工艺美术及绘画艺术等。如

图1-125　卢浮宫

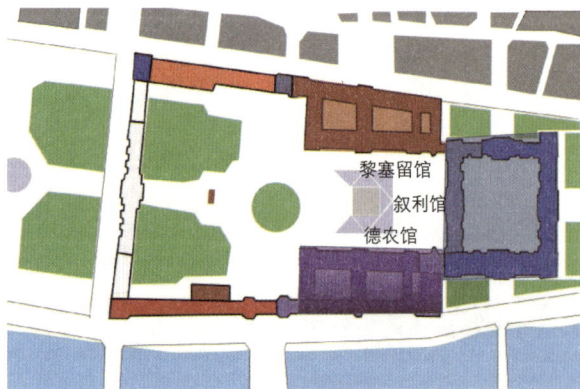

图1-126　卢浮宫平面图

图1-127 金字塔形入口内部

图1-128 中世纪的卢浮宫

图1-129 马利中庭和皮热中庭

果将博物馆所有馆藏文物汇集在一起，包括展厅文物、出借文物以及库房保存文物，数量将达到40多万件，这些藏品信息均可以通过卢浮宫的官网查询到。博物馆藏有被誉为世界三宝的《维纳斯》雕像、《蒙娜丽莎》油画和《萨莫色雷斯的胜利女神像》石雕。

顺着室外广场中间的金字塔形入口来到地下（图1-127），这里为主要人流集散中心，集中了购票、咨询、接待、餐饮等多种服务功能，观众可以选择三个馆中任意一个作为参观的开始。

在叙利馆的负一层（图1-128），观众可以参观中世纪的卢浮宫；观看菲利普二世·奥古斯都（1165—1223）时代修建的要塞的一部分。围绕古城行走，观众能感受卢浮宫悠久的历史，灯光的设置很好地烘托了展示氛围。

图1-129在黎塞留馆负一层，设有马利中庭（102号厅）和皮热中庭（105号厅），它们原是露天的庭院，卢浮宫改造时，贝聿铭给它们加上了巨大的玻璃盖顶，使之成为陈列大型雕塑的理想场所。马利中庭陈列的大型雕塑来自坐落在巴黎郊区的马利城堡花园。大部分是路易十四（1643—1715）定制于其统治时期末期的作品，占据中庭核心位置的马利骏马组雕塑制作于路易十五（1715—1774）执政时期。通高的空间，自然的采光，雕塑作品沐浴在自然光线中。

在叙利馆的0层345号展厅，观众可以观看著名的《维纳斯》雕像（图1-130），雕像展台位于该展区的空间中央，由玻璃栏杆保护围合，栏杆低矮并不影响参观。作为一座圆雕，这座雕像可四面欣赏，无论从哪个角度看，都具有统一而富于变化的美。

达·芬奇的传世之作《蒙娜丽莎》（图1-131）陈列在卢浮宫博物馆的德农馆1层711号展厅（议政厅）中，这个展厅是卢浮宫博物馆中最大的展厅，可接纳大量观众。

图1-132为大画廊，位于德农馆1层710号展厅。自从卢浮宫由王宫改为博物馆以来，这里一直是卢浮宫博物馆最具代表性的场所之一。

图1-130 《维纳斯》雕像

大画廊是卢浮宫博物馆的一条重要通道，历史悠久。如今，观众可以在这里欣赏到丰富多彩的卢浮宫意大利绘画藏品，这也是世界上最重要的意大利绘画收藏之一。

《萨莫色雷斯的胜利女神像》大约作于公元前190年，是卢浮宫最著名的雕像藏品之一。为了充分展现这一古希腊艺术杰作的巍峨气势和迷人魅力，博物馆将其设置在德农馆达鲁阶梯的顶层，胜利女神像位于楼梯尽头的最高处（图1-133），自然光洒在整个展览空间，观众在低处仰视雕像，女神像高高在上，居高临下俯瞰众生，令人仰慕。雕像的底座设计成战船的船头造型，胜利女神迎着海风，身体前倾，仿佛展翅欲飞，被海风吹拂的衣裙贴着身体，呈现出生命的飞跃之感（图1-134）。

图1-131 《蒙娜丽莎》绘画

图1-132 大画廊

图1-133 《萨莫色雷斯的胜利女神像》远景

德农馆1层700号厅的莫利恩厅也称红厅，之所以称为红厅是因为其墙面为红色。红厅里陈列着卢浮宫博物馆收藏的画幅最大的一批油画作品。《自由引导人民》画中展现的是巴黎人民夺取七月革命进行巷战的激烈场面。这件作品后来常被艺术家和广告人重新演绎，如今已成为象征为自由而奋斗的标志。红厅利用两侧墙面展览画作，长厅中央有的陈列雕塑，有的布置休息座椅，常常有学生、艺术家现场临摹展品。

卢浮宫博物馆自然光很好地引入展厅，这样可以使雕塑和画作展现出更为自然的展出效果。

图1-134 《萨莫色雷斯的胜利女神像》近景

（三）俄罗斯艾尔米塔什博物馆

艾尔米塔什博物馆位于俄罗斯圣彼得堡涅瓦河畔（图1-135），是俄国女皇叶卡捷琳娜二世于1764年创建的，该馆由5座建筑组成，分别是冬宫（1754—1762）、小艾尔米塔什（1764—1767）、小（旧）艾尔米塔什（1771—1787）、艾尔米塔什剧院（1783—1787）、新艾尔米塔什（1839—1852）。

1764年，叶卡捷琳娜二世从柏林购进伦勃朗、鲁本斯等人的

300多幅绘画存放在冬宫新建的侧翼"艾尔米塔什"（名字源自古法语hermit，意为"远离尘世的宫殿"），艾尔米塔什博物馆自此成立。1917年，冬宫与艾尔米塔什博物馆合为一体，称国立艾尔米塔什博物馆。

图 1-135 艾尔米塔什博物馆

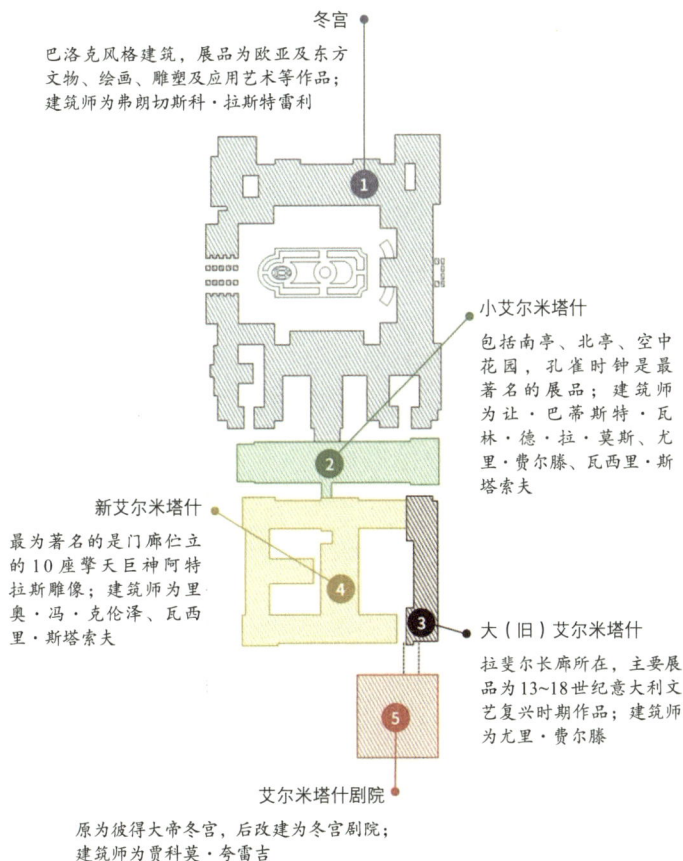

冬宫
巴洛克风格建筑，展品为欧亚及东方文物、绘画、雕塑及应用艺术等作品；建筑师为弗朗切斯科·拉斯特雷利

小艾尔米塔什
包括南亭、北亭、空中花园，孔雀时钟是最著名的展品；建筑师为让·巴蒂斯特·瓦林·德·拉·莫斯、尤里·费尔滕、瓦西里·斯塔索夫

新艾尔米塔什
最为著名的是门廊伫立的10座擎天巨神阿特拉斯雕像；建筑师为里奥·冯·克伦泽、瓦西里·斯塔索夫

大（旧）艾尔米塔什
拉斐尔长廊所在，主要展品为13~18世纪意大利文艺复兴时期作品；建筑师为尤里·费尔滕

艾尔米塔什剧院
原为彼得大帝冬宫，后改建为冬宫剧院；建筑师为贾科莫·夸雷吉

图 1-136 艾尔米塔什博物馆平面图

艾尔米塔什博物馆里珍藏的历史文物与艺术品，共约270多万件，主要是绘画、雕塑、版画、素描、出土文物、实用艺术品、钱币和奖牌等。藏品中的绘画闻名于世，从拜占庭最古老的宗教画到印象派，到现代的马蒂斯、毕加索的绘画作品等各时期主要画派画作应有尽有，共收藏15800余幅。该馆陈列分为原始文化史、古希腊、古罗马文化与艺术、东方民族文化与艺术、俄罗斯文化、西欧艺术史、钱币、工艺8个部分。展品按地域、年代顺序陈列于350多间展厅，展览线总长30km，有世界最长艺廊之称，图1-136为博物馆平面图。镇馆之宝有达·芬奇的《哺乳圣母》（图1-137），伦勃朗的

《浪子回头》（图1-138），米开朗基罗的《蹲下的男孩》（图1-139）雕塑，以及1772年建成的拉斐尔长廊和孔雀时钟等。

图1-137　哺乳圣母　达·芬奇　　　图1-138　浪子回头　伦勃朗　　　图1-139　蹲下的男孩　米开朗基罗

　　冬宫是意大利裔俄罗斯建筑师弗朗切斯科·拉斯特雷利受伊丽莎白女王委托而建造的，采用巴洛克风格，室内融入法国洛可可元素，历时8年建成。冬宫是圣彼得堡最大、最有特色的巴洛克风格建筑物，它的墙体颜色白绿相间，建筑本身就是一件巨大的艺术品。冬宫内部装饰精美奢华，用各色大理石、孔雀石、碧玉、玛瑙镶嵌，并以包金、镀铜装潢，还有各种质地的雕塑、壁画、绣帷装饰，使馆内面貌金碧辉煌（图1-140）。冬宫内的展品主要为欧亚及东方文物、绘画、雕塑及应用艺术等作品。

　　小艾尔米塔什包括南亭、北亭、空中花园，著名的孔雀时钟就陈列在此处（图1-141）。大（旧）艾尔米塔什是拉斐尔长廊的所在（图1-142），主要展品为13～18世纪意大利文艺复兴时期的作品。新艾尔米塔什最为著名的是门廊伫立的10座擎天巨神阿特拉斯雕像（图1-143）。

图1-140　冬宫内部约旦阶梯

图 1-141 孔雀时钟

图 1-142 拉斐尔长廊

图 1-143 新艾尔米塔什的门廊

（四）美国大都会艺术博物馆

大都会艺术博物馆（Metropolitan Museum of Art，简称 The Met）主馆位于美国纽约州纽约市曼哈顿中央公园旁（图 1-144），另外，还有位于曼哈顿上城区的修道院博物馆分馆，主要展出中世纪的艺术品，以及于 2016 年 3 月开放的布劳尔分馆用于展出现当代艺术作品。

大都会艺术博物馆藏有古代埃及、巴比伦、亚述、古希腊、古罗马、欧洲、非洲、美洲哥伦布等时期各地艺术真品 330 余万件。这些藏品多有赖于私人直接捐赠和博物馆下设的基金会购买。从收藏内容看，包括古今各个历史时期的建筑、雕塑、绘画、照片、玻璃器皿、陶瓷器、纺织品、金属制品、家具、武器、盔甲和乐器等，是名副其实的世界珍贵艺术品的收藏地。

大都会艺术博物馆由一群银行家、商人、艺术家于 1870 年发起构建，这些发起人期望博物馆能够给予美国公民有关艺术与艺术教育的熏陶。"为了在城市中建立和维持一个艺术博物馆和图书馆，为了鼓励和发展美术研究和艺术在生产和日常生活中的应用，为了增加相关科目的一般知识，也为了向公众提供教育和娱乐"。

图 1-144 大都会艺术博物馆鸟瞰

1871年，博物馆与纽约市商议后，得到中央公园东侧的一片土地作为永久馆址，博物馆自此不断扩建。博物馆于1872年2月20日首次开放，当时位于纽约市第五大道681号的一幢大厦之内。铁路职员约翰·泰勒·约翰斯顿将个人艺术收藏品提供给博物馆作为最早的馆藏，并且担任首任馆长。博物馆的藏品，由最初的罗马石石棺和大部分来自欧洲的174幅绘画组成，之后迅速增长并填满了可用的空间。1873年，博物馆从第五大道搬迁到第14街128号道格拉斯大厦，可是新馆址很快就不敷应用。由建筑师理查德·莫里斯·亨特所设计的新古典学院派的墙立面，雄伟的希腊柱使其更显富丽堂皇（图1-145）。至2007年，大都会艺术博物馆占地面积已达18.5万 m^2 ，是博物馆最初大小的二十倍。

图1-145　大都会艺术博物馆入口

在大都会博物馆琳琅满目的展品和展厅中，有一个中国庭院格外引人注目。如图1-146所示，为博物馆内的明轩，位于博物馆的二楼，占地460 m^2 ，建成于1981年，是以中国苏州园林网师园的殿春簃小院为蓝本建造的。当时博物馆购入了一套明式家具，于是想在博物馆内制造一座中国庭院来放置这套家具。该庭院由中国设计师设计，所有构件于中国国内制作，再运到大都市博物馆施工组装成现在的庭院，这是中美之间第一次"永久文化交流项目"。

图1-146　明轩

大都会博物馆中有一座完整的古埃及神庙——丹铎神庙（图1-147），这座神庙约建于公元前15年，完成于公元前10年，距今已有2000年的历史。其修建的年代正处于埃及被古罗马皇帝奥古斯都·恺撒统治时期。从大都会博物馆的玻璃墙外面，也可以看到这座神庙，它长25m，高8m，是大都会博物馆的镇馆之宝。20世纪60年代，埃及修建阿斯旺水坝的时候，威胁到许多古建筑，美国资助联合国项目

图1-147　丹铎神庙

图 1-148 药师经变 壁画

图 1-149 英国自然历史博物馆

图 1-150 电影《帕丁顿熊》剧照与英国自然历史博物馆

挽救了许多重要历史遗迹，为感谢捐助者，埃及把丹铎神庙赠送给美国，但希望神庙必须一直为公众开放。于是大都会博物馆修建了玻璃墙展厅，使观众在建筑外面也能看到神庙。

在中国藏品区，巨幅彩绘佛教壁画《药师经变》位于展区最明显的位置（图1-148），壁画长15.2m，高7.52m，来自山西省洪洞县广胜下寺，是元代壁画精品，距今已经有700多年的历史。画面正中，药师佛宝相庄严，坐于莲花座上，日光菩萨和月光菩萨侍两侧，周遭有8大接引菩萨和12神将。作品构图疏密相间，场面恢弘，构思精巧，色彩繁复，线描精细。虽然人物众多，但都神态逼真，刻画细致入微，形象地表现了药师如来及其随从所在的东方佛教净土的盛况，虽经700多年沧桑辗转而瑰丽依旧，堪称艺术珍品。1929年，广胜寺里僧人以1600块大洋，将《药师经变》壁画卖给了两个美国人，所得款项用于维修庙宇。1964年一位美国牙医以他母亲的名誉将壁画捐献给大都会博物馆，成为大都会博物馆最知名的中国艺术藏品。

大都会博物馆的藏品展出方式十分灵活，每个展厅都结合展品设置最恰当的表现方式。

二、其他典型博物馆

（一）英国自然历史博物馆

英国自然历史博物馆属于自然类博物馆，自然类博物馆主要展示自然历史的变迁，以自然科学为依托，对大自然各种现象和人类环境进行呈现与解读。

英国自然历史博物馆是1881年由大英博物馆分离出去的，1963年正式独立为英国自然历史博物馆。博物馆拥有藏品8000多万种，包括各种动植物和化石矿物的标本。图1-149为博物馆的外观。电影《帕丁顿熊》（图1-150）第一部中小熊与邪恶的标本学家斗智斗勇的场景就取自这里。

博物馆的外观是华丽的维多利亚风格，大量动物和植物形态的雕饰随处可见。4万多平方米的总建筑面积更是让博物馆成为欧洲最大的自然历史博物馆。

博物馆的建筑由当时年仅35岁的曼彻斯特建筑师阿尔弗雷德·沃特豪斯设计。设计师采用彩陶和铸铁作为主要建筑材料，利用铁作为支撑构件，实现了建筑空间内部大跨度的中厅设计，建筑的外饰面采用蓝色和浅黄色材质的陶砖，陶砖材质细腻、柔和，方便制作各种动物和植物形态的雕饰（图1-151），以突出博物馆自然历史的主题。19世纪的伦敦正处在资本主义高速发展的阶段，腐蚀性烟雾和酸雨使这个古都绝大部分石头建筑都变得面目全非，于是设计师采用陶砖作为装饰材料，外表光洁，易于清洁，又耐腐蚀，经历140年的风吹雨打，自然历史博物馆依然在阳光下闪着迷人的光泽。

图1-152是博物馆的平面图，因面积较大，所以展示空间根据展

图1-151　英国自然历史博物馆的外观

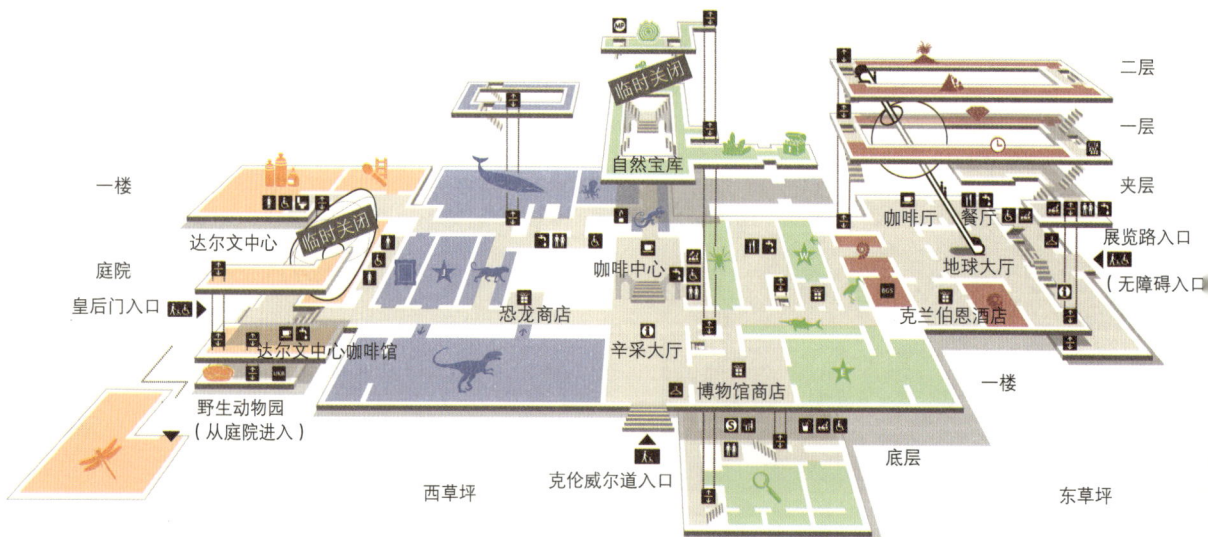

图1-152　英国自然历史博物馆平面图

示内容和主题的不同分为蓝区、红区、绿区及橙区。

博物馆的主要出入口有两个：一个位于建筑南侧克伦威尔街，另一个位于东侧的展览路。参观人流主要从东侧进入，一进馆是博物馆的红区部分，这里是一个多层建筑空间，为了方便观众参观，组织好人流动线，并将建筑的多层空间利用率最大化，在一进门的位置设置了一个自动扶梯（图1-153），将观众送至三楼，从上往下开始整个参观动线。扶梯穿过一个巨型的旋转地球模型将观众送到展厅，也暗示着人们即将进入地球内部去探索它的奥秘。大厅墙壁的四周设计了变幻的太阳系九大行星图和星座图来呼应自然历史博物馆的主题。在电梯口依次摆放着神话故事中开天辟地的众神雕像，最靠近电梯的一座雕像是一位现代宇航员（图1-154），这也是告诉观众：人类对自然界的认知是从神话走向科学的。

图1-153 英国自然历史博物馆入口

图1-154 英国自然历史博物馆电梯前的雕塑

红区三层的主要展示内容为：火山和地震展区、万变的地表展区等。主要展示火山和地震的运动过程，展现火山和地震的现场（图1-155）。同时向观众揭示这种蕴藏着巨大能量的过程是如何塑

图1-155 英国自然历史博物馆火山和地震展区

造我们的星球的。为了让观众体会地震的威力，特别设置了一个日本神户超市情境的小屋（图1-156），让观众身历1995年日本神户大地震的威力。观众在这里可以观看到这间超市当年真实的闭路电视录像，身临其境地体验模拟地震的震动。

由于建筑建造年代和建筑结构的原因，展示空间并不十分宽敞，但是设计者在空间中很好地组织了展示内容，采用灯箱、屏幕、投影、实物展示和观众互动等方式来传递展示信息。设计师特别注意对人体工程学的关注，在有限的空间里，观众离展墙会比较近，因此展示内容放置不宜过高，从图1-157可以看出，需要观众仔细阅读的文字内容都放在观众的视线范围之内，以方便阅读。展墙较高的位置设置的是标题文字和图片。为了照顾大多数的儿童观众，展厅实物展品的布置也考虑了展示高度（图1-158），以方便儿童观看。

从红区的三层沿着楼梯依次到达二层"地球宝藏""混沌之初"和一楼"不灭的印象""人类的进化"几个展区。

红区到绿区会通过沃特豪斯长廊，这条中央走廊的墙上，布满了各种海洋生物化石（图1-159），仿佛进入了海底的时光隧道一般。走廊引入了自然光线，所有的化石都覆上了玻璃保护层。同时在人体工程学的应用方面，需要观众观看解读的文字内容依然放在人视线可及的高度，化石则挂得比较高，使整个走廊显得比较有气势。

图1-156　英国自然历史博物馆地震小屋

图1-157　英国自然历史博物馆火山和地震展区的展示内容

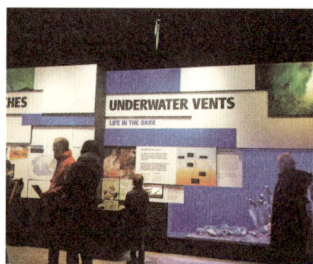

图1-158　展板的展示高度

图1-159　沃特豪斯长廊

绿区的主要展示内容有鸟、爬行动物、海洋爬行动物等。

在绿区和蓝区之间的中央辛采大厅（图1-160），让人印象最深刻的是悬挂在空中的一头巨大的真体蓝鲸化石。2017年之前，大厅一直展示的是一具梁龙的骨架复制品。中央辛采大厅的内部装饰设计也让人十分惊叹，78只南美洲卷尾猴攀爬在拱券之上，数不清的鸟雀飞翔在梁宇之间，古代巨大的蕨类植物化石、奇异的深海鱼类和软体动物、各种不同的花草植物点缀着大厅（图1-161）。

沿着大厅的楼梯向上，楼梯平台上端坐着进化论之父达尔文的雕像（图1-162）。站在二楼俯瞰整个大厅，精美的建筑设计、巨大的动

图 1-160　中央辛采大厅

图 1-161　中央辛采大厅的局部

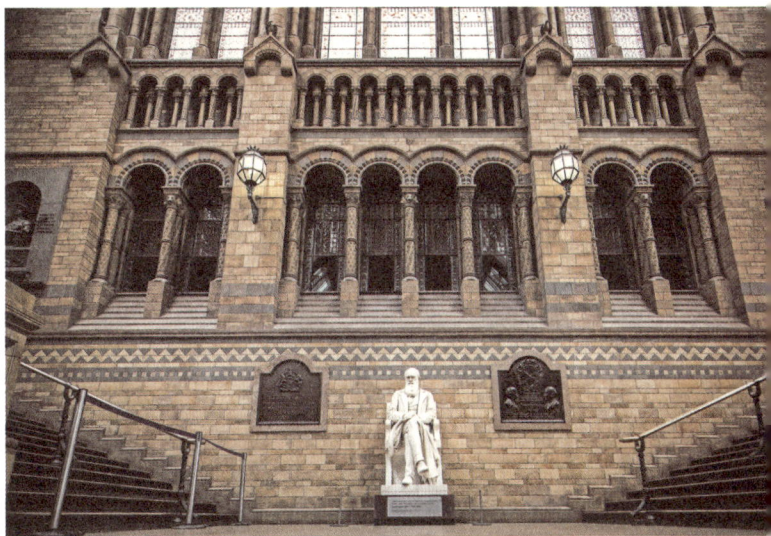

图 1-162　达尔文雕像

物骨骼，使人不禁感叹大自然的神奇与人类文明创造的伟大。

蓝区主要展示恐龙、鱼、双栖类、爬行类、自然的图像；哺乳动物、蓝鲸、海洋无脊椎动物。整个蓝区展品非常丰富。

在恐龙展区，观众可以欣赏到完整的恐龙骨骼化石（图1-163），通过高科技的复原图看到它们的模样，了解和研究恐龙的生活习性和演变过程。通过多媒体展项进一步感受恐龙生活的时代，1∶1尺寸的仿真恐龙能随着人的移动发出咆哮声，还有恐龙蛋孵化的模拟展项，多感官感受展品。

在蓝鲸展区，除了巨大无比的蓝鲸模型外，观众还可以观赏到其他动物，如猛犸象、河马这些体型巨大的陆地动物模型（图1-164）。

橙区是"野生生物花园"与"达尔文中心"，这里时常会举办一些免费的活动，非常受亲子家庭欢迎。

整个英国自然历史博物馆拥有丰富的藏品，合理的空间布局与展示设计。

图 1-163　恐龙展区

图 1-164　蓝鲸展区

（二）牛津大学自然史博物馆

1849年，牛津大学经过投票通过了建设新的博物馆的提议。1854年，牛津大学自然史博物馆（图1-165）开始建造，1860年正式开放。1860年6月30日，英国科学促进会在博物馆举办了年会，达尔文当时新出版的《物种起源》一书成为大家讨论的焦点话题。虽然无人记录讨论的具体经过，但世上从此留下牛津主教塞缪尔与伦敦生物学家托马斯之间激烈交锋的传说。这场被后世称为"大辩论"的争辩标志着从宗教统治的思想向科学认识自然界的转变。而这次辩论也开创了博物馆传播新兴科学思想的先例。目前，博物馆拥有超过700万件科学标本。

牛津大学自然史博物馆的设计为典型的维多利亚时期新哥特风格。入口为典型哥特风格的双圆心尖拱样式。进门便是巨大的恐龙化石（图1-166）。整个大厅主要以实物展示为主，各种巨大的化石骨骼直接矗立在大厅中，玻璃展柜也摆放着各种丰富的化石，同时起到分割大厅、组织参观动线的作用（图1-167）。

博物馆建筑中最为引人注目的部分之一是石质立柱（图1-168），博物馆首任馆长兼牛津大学地质学高级讲师约翰·菲利普斯设计了30根围绕大厅的立柱，位于底层和上层画廊。每一根立柱都用不同的英国装饰石材打造，顶端具有手工雕刻的"牛腿"，雕刻着牛津大学植物园的一种植物纹样。立柱的侧面也装饰着来自同一目植物的雕刻。

博物馆另一引人注目的建筑特色当属其玻璃屋顶，熟铁与玻璃组成的屋顶在当时是十分先进的技术（图1-169）。

图 1-165　牛津大学自然史博物馆

图 1-166　博物馆入口和内部

图 1-167　博物馆的展示陈列

图 1-168　博物馆的石质立柱

（三）德国柏林犹太人博物馆

前文中的几个博物馆都有着丰富的藏品，而德国柏林犹太人博物馆却不一样，它是一个历史类博物馆（图1-170）。馆内没有太多的展品，博物馆本身就是一个展品，它在博物馆展示设计领域一直饱受争议，因为博物馆的设计并不有利于展厅的设置和展品的摆放。柏林犹太人博物馆始建于1992年，是目前欧洲最大的犹太人博物馆，是建筑师丹尼尔·李伯斯金的成名之作。博物馆是纪念犹太人在德国近两千年的历史，特别是展示在德国纳粹统治下的悲惨境遇。博物馆展览内容不多，空间设计不是为了展出文献、绘画或是播放影片，主要是使用建筑本身的形态语言向观众讲述展示信息，将建筑与空间本身视作德国犹太人的历史故事，因此整个博物馆可以说是一个介于建筑和雕塑间的艺术作品。

图1-169　博物馆的玻璃屋顶

柏林犹太人博物馆建筑风格尖锐、棱角分明、打破规则，给人以破碎的印象。李伯斯金在整个建筑设计中，首先展现了柏林的历史与犹太人的历史之间的关系，他将柏林犹太人博物馆的大门设置在了柏林市立博物馆内部，作为柏林市立博物馆的一部分而存在，新老建筑的碰撞、两种秩序的交叠寓意着犹太文化与德国历史相互纠结并最终相融。从空中俯瞰建筑平面（图1-171），类似"闪电"的形式，设计师利用犹太的象征物——大卫王的六角形大卫之星的变形而得来，给人以强烈的视觉冲击力，表现出了破碎、尖锐、压迫、缺失之势，闪电寓意着速度，曲折的形式给人一种狰狞不安之感。建筑外表面由镀锌金属片覆盖，外墙的窗户设计成斜线状或不规则的形态，这些窗口线是设计师根据柏林地图上的一些犹太历史地

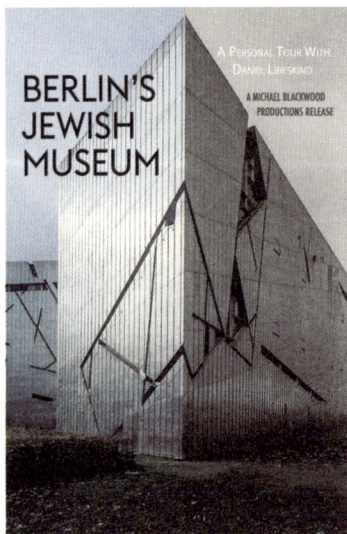

图1-170　德国柏林犹太人博物馆

图1-171　柏林市立博物馆和柏林犹太人博物馆鸟瞰

图 1-172 德国柏林犹太人博物馆的外观

点连接起来的，它们也被视为联结德国犹太人不同时期的象征，纵横交错的裂缝似乎也在宣泄着一种悲愤和呐喊（图1-172）。

这栋建筑没有前门。观众必须先进入柏林市立博物馆原来的巴洛克建筑，再走楼梯进入地下（图1-173），通过地下的三条通道才能进入犹太人博物馆。李伯斯金在其自传《破土：生活与建筑的冒险》一书中就这一问题解释道："因为从一扇传统的门是无法走进犹太人的历史，也无法走进柏林的历史。得循一条更复杂的路来了解犹太人在柏林的历史，来了解柏林的未来。需要深入柏林的历史，深入巴洛克时期，所以要先走进巴洛克建筑。"的确，犹太人所经历的一切，是不堪回首的，也是难以释怀的。就像这段历史不是亲身体验也无法真切感受到那样的痛苦一样。由老馆进入，经由狭窄漫长的路径、曲折流线所营造出的空间氛围，这才是犹太人的历史，也是设计师想要表达的主题信息。

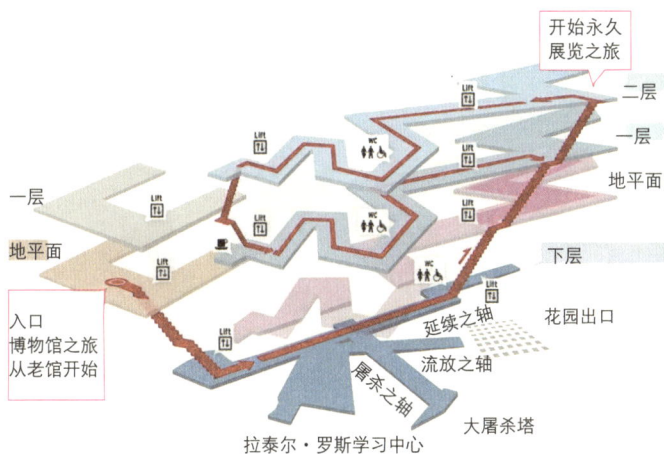

图 1-173 进入博物馆的路线及楼梯

在犹太博物馆的地下一层，李伯斯金设计了三条轴线，标注不同的记忆。三条轴线相互交叉，构成了丰富的地下空间（图1-174），并且各自暗示了柏林犹太人不同的命运，观众可以任选其一进行游览路线。图1-175为通往不同道路的岔路口，利用光带来指引。一条象征着死难的"屠杀之轴"指向大屠杀塔；一条象征着逃亡的"流放之轴"指向流亡花园；还有一条是"延续之轴"指向博物馆的内部展区。大屠杀塔里一片漆黑，昏暗、阴冷，空间中唯一的光线是从十几米高的顶上开了一道裂缝渗透进来的，但从底下几乎看不到这道裂缝，整个塔让人感受到受害者临终前的绝望与无助（图1-176）。大屠杀塔的设计利用建筑空间、光线使观众感受压抑、绝望的气息。

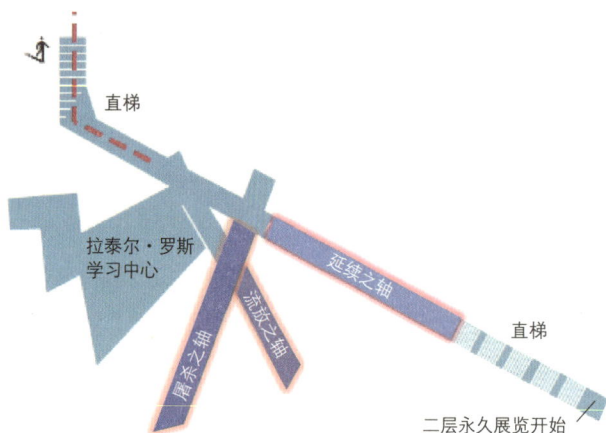

图 1-174 博物馆的三条轴线

图 1-175 通往不同道路的岔路口

第二条是通往霍夫曼公园的流放之轴，流放之地也称"流亡花园"（图 1-177），园中陈列着用 49 根空心水泥柱组成的倾斜的碑柱，两两之间间隔不到一米，仅够一人穿行，只能看见寸大的天空，地面的独特设计让观众印象深刻，地面被设计成具有 20° 的倾斜角，让人感到头昏目眩，步履艰难，表现出犹太人走出国境在海外谋生的艰苦历程。每根混凝土柱顶上均种植有树木，表达犹太人植根于国外，充满着新生的希望，但根却不能落于地面，仍在空中摇摆不定。

第三条通道为延续之轴，这条主轴贯穿着 6 个主要展厅。这些展厅主要采用玻璃展柜、吊挂展示图像等陈列方法，墙上的光带贯穿整个展区（图 1-178）。其他展示区域有电子放映区、犹太人历史的照片墙展示，还有每一盏灯下倾听真实的犹太人故事的展项（图 1-179）。

通过展墙的窗口可以看见建筑中有五个封闭的空间，设计师将之称为"虚空"（图 1-180），观众只能透过一些洞开的窗口看见由内部顶上照下来的光线。最后一处是开放的空间，被称为"秋之落叶"，

图 1-176 大屠杀塔内部

图 1-177 流亡花园

图 1-178 展厅内部

图 1-179 展厅内部的展品

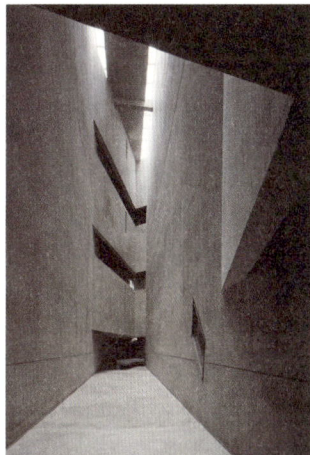

图 1-180 "虚空"空间

"落叶"由一个个酷似人脸的圆形铁铸成，张嘴瞪眼，无声地呐喊着（图 1-181）。观众步行其上，人脸碰撞发出声音，一步一呻吟，走过惊心动魄，不断地唤醒着观众对犹太人被残害的记忆。这里利用视觉和听觉，延伸人们的参观感受。

整个博物馆的空间是设计师与观众的一番对话，与平铺直叙地向观众展示历史纪念物的博物馆完全不同，犹太人博物馆的整个空间更具有活力、张力，是一种新的展示方式。

（四）苏州博物馆

苏州博物馆成立于 1960 年，馆址为太平天国忠王府，位于拙政园西侧，新馆由著名的建筑师贝聿铭设计，2003 年始建，2006 年开馆，建筑面积 19000 m^2，堪称古典与现代结合的经典范例，充分体现了中式山水园林的几何之美与意境之美。苏州博物馆新馆建筑本身就是一件非凡的艺术品，它的亮点有四点：一是建筑造型与所处环境自然融合；二是空间处理独具匠心；三是建筑材料考究和内部构思的精巧；
四是最大限度地把自然光线引入室内。

苏州博物馆新馆不仅在职能上完全满足了博物馆收藏保管、展览
等要求，在空间和形式表现上也体现出苏州文化的韵味，在交通流线
的组织设计上，采用了合理的空间序列以达到简单明确的导向作用，
使博物馆的空间与交通流线高度流畅。

苏州博物馆新馆的建设非常敏感，在设计之初，人们很担心新建
的博物馆会损坏原本由拙政园、忠王府、狮子林等建筑和园林所形成
的文化历史环境。很难想象一座现代化的建筑要以何种方式来融入这
充满文化意蕴的环境之中，但贝聿铭所设计的苏州博物馆新馆交出了
一份令人满意的答卷，苏州博物馆新馆完美地与东侧的忠王府和拙政
园融为一体（图1-182）。

1. "中而新、苏而新"与"不高、不大、不突出"

作为集中展示苏州悠久历史、文化底蕴和现代建筑成就的苏州博
物馆新馆。继承和创新地采用了"中而新、苏而新"的设计理念，追
求和谐适度的"不高、不大、不突出"的原则。

"中而新、苏而新"的设计理念，意为"既是苏州的，也是世界
的；既是传统的，又是现代的。"体现出贝聿铭对传统文化的推崇和
创新意识的主张，苏州博物馆新馆的设计便充满了传统与创新之间的
相互关系。现代的建筑技术手段将传统文化元素挪为己用，保留了传
统文化的意蕴。

"不高、不大、不突出"让博物馆自然地嵌入环境中。"不高"体
现在设计对地面上的建筑高度进行了严格的控制，为充分尊重所在街

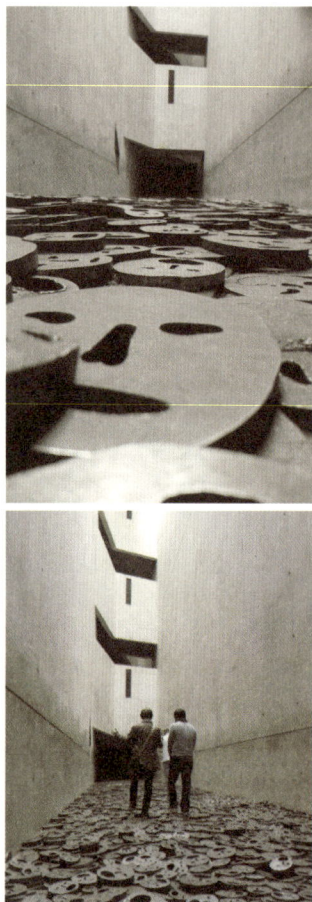

图1-181　"秋之落叶"

图1-182　苏州博物馆新馆鸟瞰

区的历史风貌，新馆采用地下一层、地面一层为主，主体建筑檐口高度控制在6 m之内，中央大厅和西部展厅设计了局部二层，高度16m，未超出周边古建筑的最高点（图1-183）。"不大"体现在将各个职能空间分散布局，巧妙地结合庭院对空间进行组织与围合，并不以大体量的建筑外观来引人注目。"不突出"体现在近似于正方形九宫格的总体规划上，让博物馆能够和拙政园、忠王府融为一体，与苏州古城棋盘式的城市肌理符合。同时，博物馆屋顶倾斜的角度与周围建筑保持一致，使其悄无声息地成为这座历史文化名城的一部分，毫无违和感。

博物馆大门的设计也并不十分宏大（图1-184），大门为玻璃重檐两面坡式金属梁架结构，既能体现苏州古建筑常用的屋檐，又区别于苏州古建筑门楣的小巧精致，显得大气而儒雅。既含有传统建筑文化中大门的造型元素，又以现代材料赋予其崭新的风格。

2.空间布局

苏州博物馆新馆建筑群坐北朝南，主要由展厅、公共空间、行政办公区和库房等功能分区组成，绿地占地率为42.4%。如平面图1-185所示，新馆的建筑群分为三大区域：中部为入口、前庭、中央大厅和主庭院；西部为博物馆主展区；东部为辅展区和行政办公区，这种以中轴线对称的东、中、西三路布局与东侧的忠王府格局相互映衬。

博物馆的空间组成是比较复杂的，但在空间序列的布置中却有着明显的秩序。一进入博物馆，位于中轴线上是八角形的中央大厅，中央大厅位于入口内的前庭与后庭山水园之间，其前后进出口及东西两侧伸展开去的天窗廊道，是连接博物馆各个功能区的枢纽。大厅空间设计巧妙，借鉴苏州传统建筑立贴式梁架结构，材料则采用现代钢结构，屋顶的框架线由大小正方形和三角形构成，框架内的玻璃和白色天花互相交错，如一幅几何形绘画，透过玻璃屋顶，能够看到湛蓝的天空。

图1-183 中央大厅

图1-184 博物馆大门

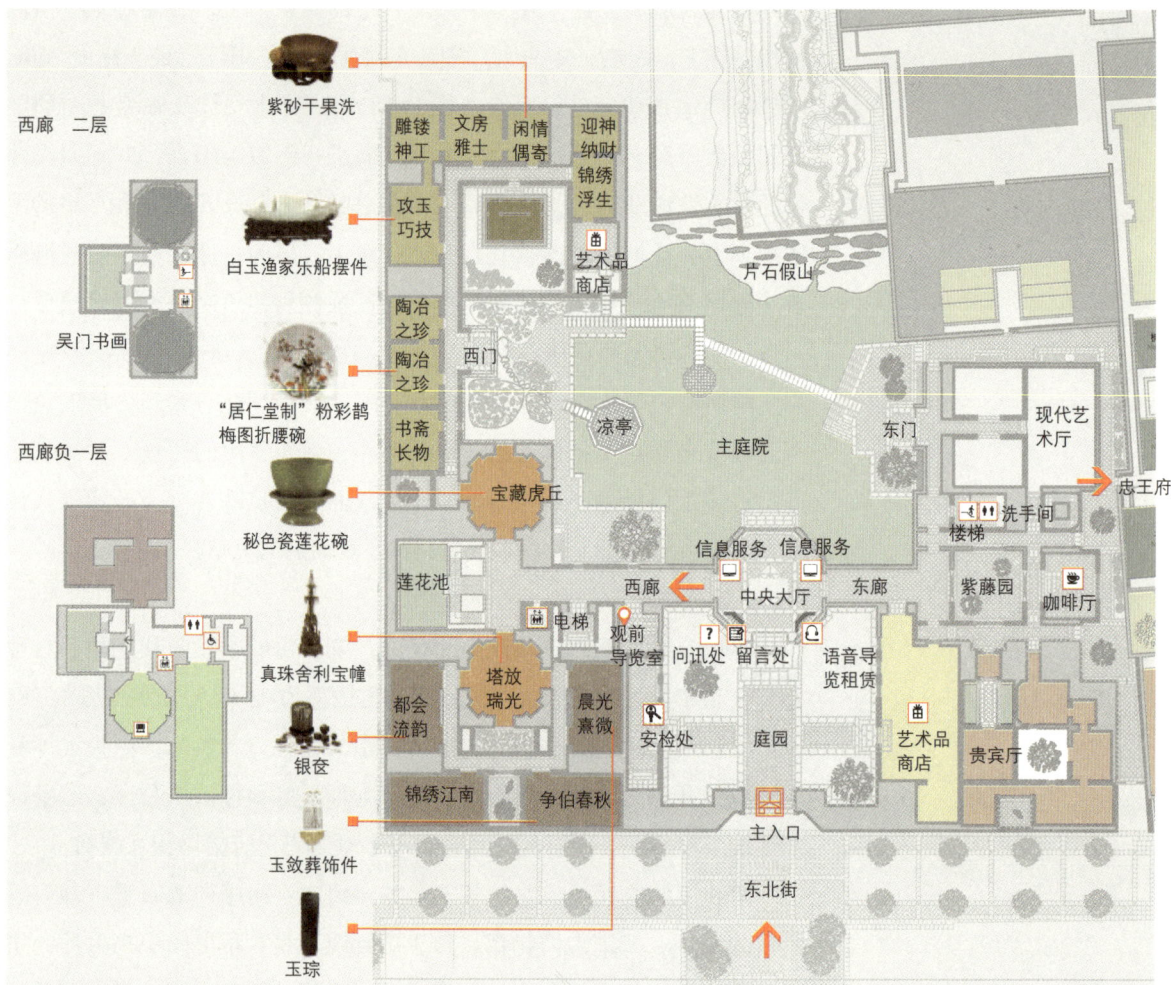

图 1-185　苏州博物馆新馆平面图

大厅西廊连接的是主要展示区，一层是基本陈列区，主要分为"吴地遗珍""吴塔国宝""吴中风雅"展区。

吴地遗珍展区分为"晨光熹微（图1-186）""争伯春秋""锦绣江南""都会流韵"四个分区。选取古代苏州最具代表性的历史时期和最重要的考古发现，展示苏州地区考古出土文物。设计并没有采用传统意义上的通史陈列，而是截取了苏州历史的四个精彩片段。在形式上，以质朴、凝重为特色，蕴涵深邃又平易近人。因为展示的是出土文物，所以在展厅的色调上没有使用白色，而是采用了与泥土颜色接近的土黄色系。但四个分区在色彩、氛围上又不尽相同。

吴塔国宝展区分为"宝藏虎丘"和"塔放瑞光"两个分区，南北对应的两个仿八角形砖塔形展厅，直观再现了苏州虎丘云岩寺塔和瑞光寺塔内发现的国宝级佛教文物的保存原貌，充溢着庄严圣洁的宗教情怀。在形式上，这两个展厅设计成了八角形的仿砖塔形，与塔身的八角形平面呼应。

　　虎丘塔出土的秘色瓷莲花碗、瑞光塔里的真珠舍利宝幢及绘有四大天王的内木函皆属国宝级文物，是苏州博物馆的镇馆之宝，分别单独放置于这两个展厅的中心，以示其圣洁、高贵。其中北宋的真珠舍利宝幢也属于出土文物，所以与"吴地遗珍"的四间展厅处于同一个空间序列上，这样既可以联系在一起，也可以独立展示，主次分明，使观众从西廊的参观路线走来一南一北，一目了然。在色调上也继续延用了吴地遗珍的黄色调子（图1-187）。

　　吴中风雅展区分为"雕镂神工""文房雅事""闲情偶寄""迎神纳财""锦绣浮生""书斋长物（图1-188）""陶冶之珍（图1-189）""攻玉巧技"等分区，或以器物品类为一室，或以器物用途为一室，或以复原场景为一室，全面展示了如明式家具、玉器、竹木牙角器、文具、织绣服饰等以"苏工"制作为代表的明清工艺瑰宝，这个主题是苏州博物馆馆藏文物中最具特色、最能出彩，也是最能吸引观众的，是与其他博物馆有着最大区别的地方。所以根据这些工艺

图1-186　吴地遗珍"晨光熹微"展厅

图1-187　吴塔国宝"塔放瑞光"展厅

图1-188　吴中风雅"书斋长物"展厅

图1-189　吴中风雅"陶冶之珍"展厅

品的特点，该主题分为了九个大小不一的展厅，面积为 $60\sim100m^2$ 不等，旨在更为真实而直观地突出古城苏州最具影响力的，彰显最具人文内涵的城市文明及文人文化。

地下一层主要是特展厅、影视厅、报告厅、藏品储藏库和各种行政管理和博物馆内部用房机械设备房、停车库及一些装卸区域。

二层为吴门书画展区（图1-190）。分期展示明中叶以来以"吴门四家"为代表的"吴门"画派及书家的书画作品，两个专门展厅以通透的空间和简练的形式传递了明代苏州文人雅士的风流情趣。

博物馆的东廊连接的是现代艺术展厅、咖啡厅、贵宾厅和艺术品商店。同时东侧有出口通往忠王府。

观众进入博物馆的主参观动线是中央大厅—西廊—西区的各个展区，参观完吴地遗珍、吴塔国宝、吴门书画、吴中风雅各分区后，往东进入中央庭院，参观极具特色的主庭院以后，进入东部展区，参观现代艺术厅后可往东去往忠王府继续参观或者穿过艺术品商店完成整个博物馆的参观。

图1-190　吴门书画展区

3. 粉墙黛瓦与屋顶造型

新馆色调以传统的粉墙黛瓦为元素，灰白的色调在延续了江南水乡民居特点的同时，也能够表现出庄严、肃穆、现代的特质。

屋面形态的设计脱胎于苏州传统建筑的飞檐翘角和细致入微的建筑细部，玻璃、开放式钢结构可以让天光进入室内。屋顶形体与几何图形的运用结合到一起，形成了一种奇妙的视觉效果。规则的三角形及大小不一的四边形组合在一起，构成高低错落的几何多面体，用抽象的手法再现了苏州古建筑的屋顶构架（图1-191）。其中的三角形提取了传统的比例与尺度，采用江南水乡瓦顶木屋架的模数比例：竖边取1，横边取2，并将这种比例延伸到亮窗、长廊、门框及庭院里的亭子等，从而与周边的苏州古民居高低错落的黛瓦屋顶交相辉映。

苏州传统民居所采用的小青瓦存在许多缺点，如密实度不够、耐久性差、容易破损等，在使用过程中一旦出现问题就需要维修，且维修成本较高，这种建筑材料显然不适用于博物馆的建筑设计。因此，贝聿铭大胆采用了一种黑色的花岗岩来表现"黛瓦"的意象（图1-192），这种材料在太阳的照射下是深灰色的，但被雨淋湿后就呈现出黑色，且坚固耐用，不易损坏，也与周围的苏州古建筑和谐统一。在高低错落的建筑中，用色泽更为均匀的深灰色石材做屋面和墙体边饰，与白墙相配，清新雅洁，耐人寻味。苏州传统的粉墙在贝聿铭的演绎下，早已不是单调的墙壁，而是一幅幅绝美的画卷。

图 1-191 博物馆的屋顶细节

图 1-192 博物馆的屋顶花岗岩

4. "以壁为纸，以石为绘"的主庭院

进入新馆中央大厅，观众可以透过正前方的透明玻璃看到主庭院的江南水景，而且庭院隔北墙直接衔接拙政园之补园（图 1-193），新旧园景融为一体。这种传统的庭院组合设计不仅满足现代建筑对于功能、景观的要求，同时赋予现代建筑以传统文化内涵。主庭院东、南、西三面由新馆建筑相围，北面与拙政园相邻，大约占新馆面积的五分之一空间。这是一座在古典园林元素基础上精心打造出的创意山水园，由铺满鹅卵石的池塘、片石假山、直曲小桥、八角凉亭、竹林等组成，既不同于苏州传统园林，又不脱离中国人文气息和神韵（图 1-194）。多条通往山水园的门径，使观众可以通过各个角度一睹现代版的江南

图 1-193 博物馆主庭院（局部）

图 1-194　博物馆主庭院（全景）

园林水景风光。

　　庭院北侧的创意山水墙，格外引人注目。这座在古典园林元素上精心打造出的创意山水园，借着拙政园的墙，"以壁为纸，以石为绘"，贝聿铭从宋代著名书画家米芾的山水绘画作品中受到启发，以墙角边低矮的黄石片假山来构造出一幅别具一格的山水画。高低错落排砌的片石假山，在朦胧的江南烟雨笼罩中，营造出了米芾水墨山水画的意境。在石料的选取上，以火烧的方法来加深人工切割后石片的颜色。白墙下的假山在清澈池水和墙外高耸绿树的映衬下，异常协调，也可谓是整个博物馆园林设计中的神来之笔。

5. 自然采光

　　"让光线来做设计"是贝聿铭的名言。在苏州博物馆新馆中，他对光的利用充分而具体，并产生了超乎想象的艺术效果。在采光方面，玻璃、钢结构可以在室内借到大片天光。屋面形态的设计也突破了中国传统建筑"大屋顶"在采光方面的束缚。玻璃屋顶使自然光线透过木质感极强的金属遮光条交织成的光影，洒落到博物馆的活动区域和展区（图 1-195）。六角形状或大型落地式方窗（图 1-196），比起苏州古典的装饰性花窗简洁许多，更有利于获得视觉感受，自然光线的完美导入，克服了博物馆人工采光所带来的一系列弊端。

图 1-195　光线洒入博物馆走廊

　　在视觉上，玻璃屋顶与石屋面相互映衬，令人赏心悦目。光线经过色调柔和的遮光条的调节和过滤所产生的层次变化，以及不同空间光线的明暗对比，仿佛能让周围的线条流动起来，令人入诗入画，妙不可言。

　　苏州博物馆无处不体现着浓郁的中国味道。抓住中国精神，真正理解传统文化，运用现代的科技传达中国的历史文化精神，这才是中国现代博物馆建筑和展示设计之路的根本。建筑、展示陈列、环境在这里得到了极高境界的融合，置身馆内，仿佛置身画中。

图 1-196　博物馆内落地方窗

（五）毕尔巴鄂古根海姆博物馆

说到毕尔巴鄂古根海姆博物馆，一定要跟弗兰克·劳埃德·赖特设计的纽约古根海姆博物馆加以区分。两个博物馆都是古根海姆基金会投资建设的，纽约古根海姆博物馆是赖特1943～1959年设计和主持建设的，1959年建成投入使用时赖特已经去世，纽约古根海姆博物馆外观是简洁的螺旋形混凝土结构（图1-197）。

图 1-197 赖特设计的纽约古根海姆博物馆

1.博物馆外观

毕尔巴鄂古根海姆博物馆由弗兰克·盖里设计，是解构主义建筑的代表作。它的外形设计就像一件抽象派的艺术品，由数个不规则的流线型多面体组成，上面覆盖着3.3万块钛金属片，在光照下熠熠发光，与波光粼粼的河水相映成趣（图1-198）。

博物馆位于毕尔巴鄂市旧城区边缘与内维隆河南岸，基底面积32500m²，建筑面积24000m²，其中11000m²用于展览空间。博物馆基底比城市平均海拔低16m，城市的主要入口之一——赛尔维大桥从建筑中横穿而过。图1-199是盖里画的博物馆设计概念草图，很难相信博物馆会从看起来像涂鸦的草稿中浮现出来。盖里说他设计时通常会不停地画这种草图，每幅都花15秒左右的时间，直到他觉得自己找到

图 1-198 毕尔巴鄂古根海姆博物馆外观

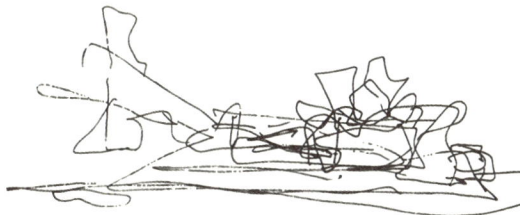

图 1-199 博物馆设计概念草图 盖里

了正确的设计。

最后完成的博物馆通过控制高度和材料的选用完美地融入整个城市。它的高度低于城市的基准。从河的方向看过去，它的形状像一条船，但从建筑的上面俯视，它又像一朵花（图1-200）。

在邻河的北侧，盖里以较长的横向波动的三层展厅来呼应河水的水平流动感。因为北向逆光的原因，建筑的主立面将终日处于阴影中，盖里巧妙地将建筑表皮处理成向各个方向弯曲的双曲面。这样，随着日光入射角的变化，建筑的各个表面都会产生不断变动的光影效果，避免了大尺度建筑在北向的沉闷感。在南侧主入口处，由于与19世纪的旧区建筑只有一街之隔，盖里采取打碎建筑体量来过渡尺度的方法与之协调（图1-201）。为解决高架桥与博物馆建筑冲突的问题，盖里将建筑穿越高架路下部，并在桥的另一端设计了一座高塔，使建筑对高架桥形成抱揽、涵纳之势，进而与城市融为一体（图1-202）。

2.博物馆内部空间

与博物馆外部变幻的曲面效果不同，博物馆的内容空间序列是十分明确的，内部空间共分三层，整个空间绕着建筑的中庭这个中心发散开，所有的零散体块最后都汇集于此。博物馆采用放射式的平面组织形式把三层共20个大小、形状不一的展厅连接在一起。中庭高度50m，贯通三层，拥有弯曲的体积和连接内外的大玻璃幕墙，中庭的设计被盖里称为"将帽子扔向空中的一声欢呼"，创造出普通的高直空间所不具备的、打破简单几何秩序性的强悍冲击力，曲面层叠起伏、奔涌向上，光影透过顶部玻璃顶倾泻而下。围绕着中庭，各层设置了曲折的走道，与中庭内的楼梯、电梯一起组成了室内交通主动线。楼梯和电梯的外表采用钛合金和玻璃材质，透明与不透明的材料，平面、折面、曲面在这里交替使用，也给中庭带来了虚实变换的雕塑效果（图1-203）。

从一层平面示意图可以看到（图1-204），一层设计了几个形

图1-200　古根海姆博物馆鸟瞰　　图1-201　古根海姆博物馆南面　　图1-202　博物馆穿越城市高架路

图 1-203　古根海姆博物馆内部

状自由的展厅围绕在中庭周围。这一层最引人注意的是 104 号厅
（图 1-205），长 142m，宽 27m，整个空间没有柱子，是盖里为美
国雕塑家理查德·塞拉的雕塑作品量身设计的展厅，展厅的尽头是
跨越城市道路的塔楼。二层平面以上（图 1-206），大部分的展厅采
用的是十分规则的矩形平面，这有利于后期的布展陈列，作为摆放
展品的空间，如果造型过于复杂，会分散观众对展品的注意力。同
时，盖里也设计了其他风格的特殊展厅来丰富空间变化，令观众惊

图 1-204　古根海姆博物馆一层展厅平面图

图 1-205　博物馆 104 号展厅

图 1-206　博物馆二、三层平面图

喜地穿梭在其中（图1-207）。

在采光方面，盖里利用不同体块间形成的缝隙作为天光的采光口（图1-208），形成温和却形态各异的光线。内部空间丰富的层次使室内光线如同幻境一般。

图1-207　博物馆展厅内部

图1-208　博物馆室内采光口

思考与练习

1. 2007年8月，维也纳召开国际博物馆协会第21届全体会议，通过的《国际博物馆协会章程》，其中对博物馆的定义是："博物馆是个为社会及其发展服务的，向公众开放，为了教育、研究和欣赏的目的，对有关人类及其环境的物质遗产和非物质遗产进行征集、保护、研究、传播和展出的非营利的永久开放机构。"对这个定义，你能解读出哪些内容？

2. 在苏州博物馆的设计案例中，有哪些值得学习的地方？

3. 谈一谈对博物馆几种分类的认识。

4. 根据本文博物馆案例的讲解，试着列举一家博物馆，从平面功能分区和展示设计方面，分析展示空间和展览动线设计的特点。

第二章
博物馆展示设计基础知识

第一节
博物馆展示设计与传播学

一、博物馆展示设计的定义

博物馆展示设计属于展示设计的范畴。展示设计的"展"，意为张开、舒张；"示"，则意为表明，把事物拿出来或指出来使别人知道。"展""示"合在一起就是说将某项内容展开，并使别人知道，实现预期的效果。人类通过展示来传达信息。设计的"设"字即设想，头脑中有想法；"计"字即计划的意思，把想法有计划地落地实现。"设计"是把设想有计划、有规划地通过某种形式传达出来并实现的过程。那么，展示设计就是指运用科学的组织策划和先进的设计手法，采用合理的造型手段、恰当的色彩及设计元素和特殊的采光照明等方式对某个空间进行创造，同时借助展具等设备设施，达到有效地向观众传达信息的目的，以期对观众的心理、思想与行为产生影响。

可以看出，展示设计并非简单地将展品摆出来给观众看，而是经过有计划、有目的的设计后，将信息有效传达给观众。

博物馆展示设计同样如此，需要经过有计划、有目的的设计，向大众进行知识、信息、文化和艺术的传播。结合展示设计的定义，博物馆展示设计即运用科学的组织策划和先进的设计手法，采用合理的造型手段、恰当的色彩及设计元素、特殊的采光照明等方式对博物馆的空间进行创造，通过展品的展示，以艺术的或科技的手段辅助展品，以展示设备为平台，依据特定传播或教育目的，使用特殊的诠释方法，按照一定的展览主题、结构、内容和艺术形式，进行观点和思想、知识和信息、价值与情感的传播。

博物馆展示设计包括对博物馆整体进行展示设计，也包括对某一个博物馆的某一个展览进行策划与设计。

二、博物馆展示设计与传播学

根据国际博物馆协会对博物馆的定义，可知博物馆与传播学具有紧密的联系，传播是博物馆重要的社会功能，因此，运用传播学对博物馆传播要素进行分析具有一定的现实意义。博物馆通过展览展示向大众进行教育和知识传播，博物馆展示融合传播学和教育学的知识，

图 2-1　哈罗德·拉斯韦尔

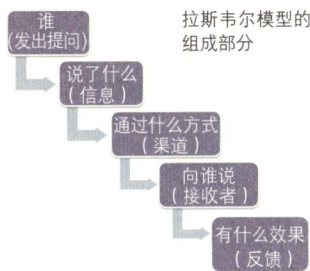

图 2-2　"5W"模式

它集学术、文化、思想、知识和审美于一体，通过精心的展览策划，实现物与人的对话，激发观众的想象，向大众进行信息和文化的传播。

（一）5W 模式

哈罗德·拉斯韦尔（图 2-1）是传播学四大奠基人之一，1948年，拉斯韦尔在《传播在社会中的结构与功能》（*The Structure and Function of Communication in Society*）的论文中，提出了构成传播过程的"五要素"，也就是著名的"5W"模式（图 2-2）。"5W"分别指：Who（谁）、Says What（说了什么）、In Which channel（通过什么渠道）、To Whom（向谁说）、with What effect（有什么效果），也即传播者（Who）、传播内容（What）、传播媒介（Which channel）、传播对象（Whom）、传播效果（What effect）。

1.传播者

传播者是传播活动的起点，负责搜集、筛选、加工与传达信息。博物馆的信息传播者包括博物馆建设者、运营者、策展人、政府等。

博物馆传播者作为博物馆信息传播活动的开端，是信息传播的发起者，在博物馆信息传播过程中起到非常重要的把关作用，促进博物馆信息的有效传播。同时，作为博物馆信息传播者，在进行信息传播过程中，更需要把控度，真正实现对信息的良性把控。

2.传播内容

传播内容是传播活动的中心，指传播的讯息内容，它是由一组有意义的符号组成的信息组合。在博物馆展示设计中，传播内容就是展览想要传递的信息和展示内容。

例如，上海自然博物馆拥有来自世界各地的 29 万余件藏品，传播内容包括"演化的乐章""生命的画卷""文明的史诗"三大主题板块十个主题展区的内容。

3.传播媒介

传播媒介是传播的手段，是信息传递所必须经过的媒介或需要借助的物质载体。常规的传播媒介如电视、报纸、网站，博物馆也是一种传播媒介。博物馆可以通过实体展览，吸引观众实地参观，通过展品、展板、展项及展示空间等传播载体来进行信息的传播；也可以通过线上展览进行信息传播，各大博物馆均有官网和线上博物馆，供观众在线浏览博物馆的藏品和展览；以及借助博物馆的文创产品等载体，进行信息的传播。

例如，上海自然博物馆在传播载体上，不拘泥于传统的文字、图片和实物展览，采用课程教学、视频演示、动手实验操作、角色扮演等方式进行信息的传播。同时官网制作得十分完善，观众可以在线观看各个展厅的简介。

在社交媒体时代的背景下，博物馆也在不断丰富新媒体传播渠道，如采用短视频、App、官方公众号等方式进行宣传，充分利用新媒体的传播效率高、覆盖面广、互动性强等优点。

4.传播对象（受众）

受众是传播活动的接收者和反馈源。不同知识结构和年龄层次的受众，对信息的接收量和接收方式是不同的。博物馆的受众就是指博物馆的观众，不拘泥于实际到馆参观的人员，所有线上展览和相关展览信息的获得者，都可以称为博物馆的受众。

不同的受众对自己所感兴趣的对象会有所不同，所以要根据博物馆的不同展览主题，调查受众群体的特点，选择更能被受众群体接受的知识传播方式和传播内容。例如，上海自然博物馆十分注重受众的细分，它将受众分为幼儿园、小学生、初中生、高中生、亲子和成人，针对不同的受众，开展不同类型的知识传播以及科普教育活动。幼儿园的传播内容相对简单趣味，例如，结合活动课程安排在探索中心的"牙齿三兄弟""换装舞会"等趣味内容。针对初中生的传播内容和教育活动有探索中心的"塑料的人体之旅"、大地探珍展区的"认识矿物"等，给初中生传播生态学、地质学的知识。

5.传播效果

传播效果是传播活动引起受众思想观念、行为方式等的变化。受众看完展览有没有收获，例如，自然博物馆可以帮助观众建立正确的自然观、科学观，使观众了解自然科学知识。

但是拉斯韦尔提出的"5W"模式，只考虑了传播效果，是简单的线性传播模式，没有设置提供受众反馈、交流的环节，传播者不能了解实际传播效果，从而无法体现传播的双向性和互动性。观众是信息的接收者，博物馆通过展览这个媒介传达信息给观众。为了了解信息是否被接收和理解，博物馆必须通过观众反应这个反馈渠道来完成传播过程。

后来学界对于传播学的认识逐渐深入，不断完善传播过程。引入了反馈（feedback）的概念，受众将一些意见信息送回给传播者，形成一个传播循环。

（二）信息编码与解码

信息想要进行传播，必须将信息内容进行编码，将其变成有意义的符号组成信息组合，才能将想要传播的信息准确地传达给观众。信息的编码，包含着人们以文字、图表、声像、色彩等符号对一切信息作出的系统的、形象的、逻辑的表述。在传播过程中，将信息转换成符号的过程，就是编码。

解码也称译码，是把传递的信号重新还原成信息。具体说来，就是把信号、符号译成他们所表达的思想内容，是指完全或者基本上还原为本来的信息。解码过程就是意义互现的过程。

博物馆的展示设计过程就是设计师的编码过程。设计师根据展示目标、设计创意和表达主题的需要对展览进行设计，将展示信息依托展品和展示空间的载体，以特定的风格和形式进行组织和解释，进行科学和艺术的加工与编码后，转化为信息符号进行信息传播，这属于对信息的编码。展示设计的信息编码手段是多样的。设计师可以通过各种手段来设计不同的信息符号，如通过展品和各种空间造型进行信息编码，也可以用平面信息编码形式来进行编码，包括各种文字、图形、图像、色彩等。

这些展示的信息编码被观众解读，还原为信息的含义。展示信息最终形成的效果则取决于观众自身的观念、知识构架和环境，这是观众自身对信息进行"解码"。观众由于身份不同，他们会根据各自不同的信息需求，对展示设计中的信息编码进行选择性地接触，会参照自己已有的知识及经验进行参照解码，观众会选择感兴趣的和能够理解的信息进行深入了解，进而完成全部信息接收的过程。

因此，设计师在做博物馆展示设计的时候，要尽量贴近观众的经验和视角进行设计和信息的编码，取材既符合设计主题也要使观众易于接受和理解。同时设计信息编码时要尽量吸引观众的注意力，塑造富有个性的信息符号和编码。博物馆展示设计和做艺术创作不同，要想达到传播的效果，展示信息的编码就要易于被观众接收，不应该是过于曲高和寡的。

2015年米兰世博会日本馆，为响应"给养地球——生命的能源"的主题，诠释东方健康的生活方式与理念，也同时展示日本当代的饮食文化，设计选择与食物有关的元素作为展馆的设计信息符号，使用筷子作为展馆的 Logo（图2-3），3双筷子又是米兰世博会英文"EXPO"的首字母"E"的变体。这里使用了视觉符号的模仿与重组手法。日本馆内展示利用影像、电子技术介绍了"一汤三菜"等日本传统饮食文化及日本田园风光，其中最具人气的展项是使用筷子触屏，制作自己的和食菜单的体验型展示（图2-4）。很明显，筷子是一个编码符号，观众通过视觉和体验直观感受和接触到了这一编码，然后将

图2-3 2015年米兰世博
会日本馆 Logo

其解码，以理解设计师想要传达的关于日本饮食文化的内容。

　　日本馆的围墙是使用木材制成的三维立体网格，这个视觉信息符号的灵感来源是日本国内传统寺庙兴隆寺及其斗拱结构（图2-5），将斗拱结构变形重组形成展馆围墙的组成元素。这样的设计就是使用了视觉信息符号的联想，通过抽象的手法将视觉信息符号与实物相联想，让参观者一眼望去就会联想到日本古老的建筑及其历史文化。同样木质的材料也会让参观者联想到自然、生态，进而联想到自然农作物。这样的设计带有日本明显的地域特色，又与米兰世博会的主题相吻合。在世博会这样的背景下，参观群体来自世界各国，所以选择筷子和斗拱这两种极具东方特色的元素作为信息编码，有利于设计主题与设计信息的传播。

图 2-4　日本馆用筷子作为交互工具的多媒体展项

　　首都博物馆的"王后·母亲·女将——纪念殷墟妇好墓考古发掘四十周年特展"中，作为女性视角的展览，展厅色调以暖色为基调，用金色珠帘和红色帷幔勾勒出具有女性特征的空间（图2-6）。每个单元主题都使用大量的金色珠帘做装饰，显示妇好身为皇后宫廷生活的一面。根据每单元内容选择商代典型的文物纹饰、甲骨形制等设计元

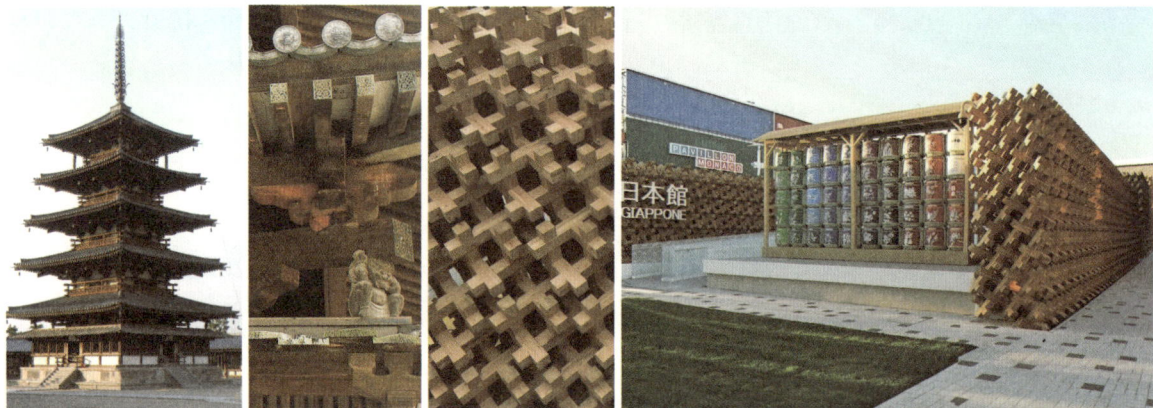

图 2-5　2015 年米兰世博会日本馆用斗拱作为造型元素

图 2-6　"王后·母亲·女将"特展用珠帘和帷幔做视觉符号

素，表现商文化崇信鬼神的传统和蛮荒的风情氛围。这样的空间表达，是设计师根据设计主题对想要传播的信息内容做的信息编码，取材符合设计主题也使观众易于接受和理解，塑造了富有个性的信息符号和编码。

成功的博物馆展示设计应该是设计者顺利地传达出设计理念与设计信息，观众也能够顺利地解读出相关理念与信息。设计者对信息正确的编码和观众对信息正确的解码才是设计成败的关键。

（三）博物馆的信息传播模式

20世纪中期以来，博物馆由传统的"以物为本"转向"以人为本"，逐渐形成以观众兴趣为引导，以展示为媒介的信息传播模式。在传播学的视角下，博物馆的展览展示是一种媒介，展览的每一个主题好似一部部不同的电视剧，各自讲述着不同历史时期的文化故事。

博物馆展示设计用传播学的信息传播原理进行解析，是将博物馆的信息传播者、博物馆展示内容、参观观众以及传播媒介等要素在一定时空范围内进行设计、配置和整合。设计师需要做的工作是根据展览需要传达的信息内容，按照展示设计的规律与方法进行演绎表现，形成有效承载并传递展示信息的展示手段与形态，把展示信息有效传达给观众（受众），形成影响并得到有一定反馈的全部过程（图2-7）。通过各要素之间的相互作用，达成将博物馆想要传播的信息准确传达给观众的传播目的。

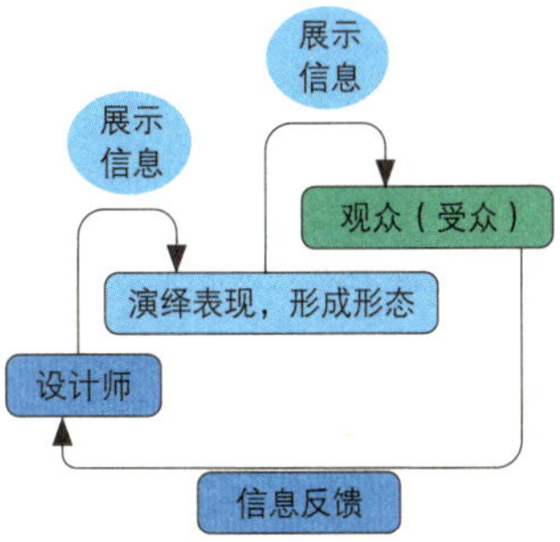

图 2-7　博物馆展示信息传播过程解析

第二节

博物馆展示设计的原则

博物馆展示可以发挥博物馆在建设优秀传统文化传承体系、弘扬中华优秀传统文化、丰富人民精神文化生活中的重要作用。

博物馆展示是一项基于传播学和教育学，集学术文化思想知识和审美于一体，面向大众进行知识、信息、文化和艺术的传播载体。博物馆展示是博物馆开展社会教育和公共服务、实现社会职能的主要载体和手段，展示陈列是博物馆工作的核心内容，博物馆通过文物、标本等藏品的组合陈列展示，以艺术或科技的辅助展品为辅助，以展示设备为平台，依据特定传播或教育目的，使用特殊的诠释方法，按照一定的展览主题、结构、内容和艺术形式，进行观点和思想、知识和信息、价值与情感的传播。结合国家文物局《关于加强博物馆陈列展览工作的意见》，在进行博物馆展示设计时，要坚持以下五项原则。

一、坚持公益属性

博物馆举办的展览，要始终坚持社会效益第一的原则，积极培育和践行社会主义核心价值观，普及科学知识，弘扬科学精神，清晰地诠释博物馆的教育目标、理念与思想，着眼于中华文明和整个人类文明的发展，反映人类最美好的目标理想和价值追求。行业类博物馆和民办博物馆的展示陈列要面向广大公众，从较为单一的行业发展历史、企业文化、个人收藏展示，提炼升华为表现中华文明和人类文明相关领域的共同成果和价值共识。

二、突出科学品质

深入挖掘文物、标本的丰富内涵，反映最新研究成果，增加文化含量，创造导向正确、主题突出，具有丰富语境、观点和故事的展示陈列。

三、强化教育功能

紧密结合素质教育，与教育部门特别是中、小学校完善联系机制，丰富面向或配合学校教育的展示陈列，以博物馆之长补学校教育之不足，真正使博物馆成为学校教育的"第二课堂"。常设陈列应特别清晰地标识适合未成年人认知、欣赏的重点文物、标本，充实符合青少年认知习惯的文字说明。见证历史的展示陈列在弘扬爱国主义的同时，应更加重视体现文物、标本的美学价值和审美教育作用，强调对人的审美能力的培养和训练。

四、规范设计制作

努力实现形式设计与内容设计和谐统一，突出展示陈列的真实性和知识性。科学运用具有较高艺术水准的辅助展品和声、光、电等现代科技手段；避免与文物、标本及展览内涵无关，花费超常、牵强附会的设计制作；杜绝无历史和科学事实依据的虚拟场景、蜡像或幻影成像等形式；杜绝不必要的装饰性设计和刻意的文化符号叠加。

五、提高策展能力

博物馆要不断完善基本陈列和展览，确保展示陈列与博物馆使命相一致。借鉴国内外先进经验，创新运行机制，探索实行策展人制度。发扬学术民主、艺术民主，适应社会文化生活的新特点和人民群众的新期待，强化展示陈列策划的观众导向原则，将知识性、趣味性和观赏性有机结合起来，增强展示陈列的表现力、吸引力、感染力。

另外，2005 年国家在《博物馆管理办法》中也提出了相关原则：

（1）与本馆性质和任务相适应，突出馆藏品特色、行业特性和区域特点，具有较高的学术和文化含量。

（2）合理运用现代技术、材料、工艺和表现手法，达到形式与内容的和谐统一。

（3）展品应以原件为主，复原陈列应当保持历史原貌，使用复制品、仿制品和辅助展品应予明示。

（4）展厅内具有符合标准的安全技术防范设备和防止展品遭受自然损害的展出设施。

（5）为公众提供文字说明和讲解服务。

（6）陈列展览的对外宣传活动及时、准确，形式新颖。

第三节

博物馆展示设计的特点

博物馆展示的理念正在从以"物"为中心转变为以"人"为中心，把满足公众需求作为一个重要标准。博物馆展示除了实物性、直观性等特点外，还应将知识性和教育性、科学性和真实性、观赏性和趣味性相结合。博物馆展示设计的特点具体表现在以下三个方面：

一、多学科知识的融合

博物馆是集多学科知识形态于一身的文化设施，没有扎实的学术研究成果和一定的文物藏品积累，难以建成一座理想的博物馆。

博物馆展示设计集多种学科于一体，要求设计师需要具有博物馆学、历史学、建筑学、心理学、设计艺术学等学科知识。博物馆的展示设计还会涉及空间设计、平面设计、电气设计、结构设计、多媒体设计等方面的知识；在制作工艺方面，涉及装饰装修工艺、雕刻油漆工艺、绘画雕塑工艺、金属制造工艺、文物保护技术、安全防卫技术等知识。因此，对设计师的综合素质要求较高。

（一）设计心理学、设计艺术学、传播学

参观博物馆是向观众提供高品位、高质量的展览与传播知识、传播信息的过程，不同于在课堂上听课，观众在获得知识的同时还希望获得一份美感和享受。博物馆展示就是要为人们提供一个具有美学属性的空间，营造高雅的人文景观与优美的环境，让观众赏心悦目，既学到知识，又能放松情绪。所以设计师需要了解和掌握设计艺术学、设计心理学、传播学的相关知识，充分考虑人们在博物馆中的行为活动与心理需求，为观众提供舒适的空间环境，使观众在宽松的空间氛围中完成博物馆特有的知识之旅，将设计信息更好地传递给观众。

上海电影博物馆采用光与影、黑与白电影元素来进行展示，切合展览主题（图2-8）。展览主要反映上海电影的一百年，整个展览，展示内容和表现形式完美结合，同时充分考虑观众的感受，黑白光影所塑造的整体氛围很容易将观众带入电影的世界，而不只是干巴巴地去展示文物。上海电影博物馆的参观路线是从四楼逐渐往下，观众进入电梯直接上升到四楼开始参观，在上升的电梯中，观众将会看到老电影片头的从十到一的倒数（图2-9），寓意着参观之旅的开始，观众开始进入另一个维度：电影的奇幻世界。一出电梯，星光大道的设计，粉丝的欢呼和摄影师的闪光灯，让观众体验了一把明星的感觉（图2-10）。上海电影博物馆为观众提供了舒适的、参与感极强的展示空间环境，观众在这个空间氛围中似乎真的置身于电影的世界中。

（二）建筑学

博物馆在建时，往往采取先建设馆舍，再设计展示陈列的方式。由于在建筑设计时没有充分考虑展示陈列的特殊需要和具体要求，这

图 2-8　上海电影博物馆的展示设计

图 2-9　电梯里的倒数计时

图 2-10　一出电梯的星光大道设计

样就很容易造成博物馆的建筑空间布局与展览要求不相适应的问题。有的博物馆的展厅中间建有多根柱子，对观众视线形成严重遮挡；有的博物馆展厅高度、宽度、纵深尺度比例不合适。所以设计师必须了解建筑学的相关知识，在进行博物馆展示设计的时候，能将这些问题合理地解决。

综上所述，博物馆展示设计对设计师的知识面要求很广，设计师需要不断学习以充实自己。

二、博物馆展示不等同于普通装饰

博物馆展示设计不是任意的艺术创作行为，而是受博物馆使命、博物馆学理论、博物馆藏品、展览主题和博物馆观众的制约。博物馆展示工程也不同于普通建筑装饰工程，如果由普通的装潢装修公司承担形式设计和施工，难以达到令人满意的效果。

（1）博物馆展示是以学术研究资料和文物标本为基础，展示设备和技术为平台，辅助艺术形式为切入点，高度综合的专业性和前沿性极强的工作。它也是一项思想性、科学性和艺术性很强的艺术工程，是一项面向大众的知识、信息和文化传播工程。因此，博物馆展示工程与侧重环境美化和装饰的普通建筑装饰工程有着本质上的不同。

（2）进行博物馆展示设计时必须对展览内容文本及其学术资料、文物标本有一个再研究的过程，即在对展示传播和教育目的、展示主题和内容以及特定展示空间研究的基础上，对展品和展示内容素材进行取舍、补充、加工和组合，同时运用形象思维，塑造出能鲜明、准确地表达展览传播和教育目的、展览主题思想和内容的艺术形象，还要善于处理文物的安全环境。因此，博物馆展示工程与普通建筑装饰工程的内容和工作规律有着本质上的不同。

（3）博物馆展示除文物标本外，大量采用艺术水准较高的辅助艺术品和具有相当技术含量的科技装置，例如，地图、模型沙盘、景箱、场景、蜡像、壁画、油画、半景画、全景画、雕塑多媒体、动画、幻影成像、影视、观众互动装置等。它们往往不是市场上的通用品，而是需要专门委托设计和制作的。普通建筑装饰工程中虽然也有艺术创作，但是这些艺术创作往往不以知识、信息和文化传播为主要目的，可以无学术依据地发挥和演绎。

图2-11为上海电影博物馆一楼影片《乌鸦与麻雀》中的模拟拍摄场景。《乌鸦与麻雀》是昆仑影业公司1949年出品的一部讽刺喜剧，

影片以上海一幢石库门民居里四家人的邻里关系，折射出"乱世之末"的市井生相，是20世纪40年代中国现实主义电影的标志性作品之一。展区用情景再现的手法，以蜡像人物生动还原了郑君里、赵丹、孙道临等老一辈电影人在片场进行拍摄的情景。

图2-11　拍摄场景还原

　　图2-12为上海电影博物馆四楼大师风采展区，为观众展示了14位上海电影大师的工作和生活场景。观众可透过展柜中的塑像、道具和文物，了解他们电影生涯的不同侧面，近距离触摸他们的人生志趣、电影情怀，以及他们的生活甘苦和艺术激情。

　　所有的这些艺术创作必须有依据，不能随意臆测和猜想。

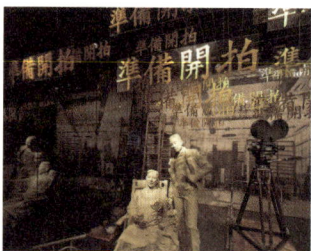

图2-12　工作场景还原

　　（4）一般普通建筑装饰工程中大部分是基础装饰工程，主要是展示空间的吊顶工程、地面工程、墙体基础装饰工程以及展览的基础电气工程，艺术创作内容较少。但是，博物馆展览工程的绝大部分工程量是艺术工程，包括各种艺术辅助展项和科技装置及其软件的研发。展示设计是一种创造，博物馆展示强调内容与形式的统一，要有主题鲜明的展示内容设计，要靠新颖的形式设计和精致的展览制作将展示信息传递给观众。一般普通建筑装饰工程中艺术创作工程量很少，而博物馆展示工程则完全相反，也就是说在整个博物馆展示工程中，占工程量绝大部分的是艺术设计和创作活动。一般来讲，普通建筑装饰工程的工程量仅占整个博物馆展示工程量的25%左右，其他都是艺术工程，包括展柜、展示道具、展示照明在内的设备也讲究艺术性。从工程量中艺术创作的比重来看，博物馆展示工程也不同于普通建筑装饰工程。

　　在制作博物馆展览过程中及竣工后因质量问题已经发生多起文物展品损毁的安全事故，所以博物馆展示设计不等同于普通装饰，一定要端正设计和工作态度。

三、博物馆展示设计要体现人文关怀

　　博物馆展示设计必须关注社会弱势群体的需要，关注残疾人的需要。无障碍博物馆是现代化博物馆建设的重要内容之一。有关统计表明，我国大约有6000万残障人士，其中听力和言语障碍者占34.3%，智力障碍者占19.7%，肢体残障者占14.6%，视力障碍者占14.6%，精神障碍者占3.8%，多重残障者占13%。所谓无障碍环境是指为保障以上残障人士以及老年人、孕妇、儿童等弱势群体的安全通行、便利使用而设立的各种设施和提供的各种服务，其中包括交通无障碍、建筑无障碍、信息无障碍和文化无障碍等。在交通无障碍和建筑无障碍上，考虑门的宽度、通道的宽度，设置坡道、电梯，无障碍卫生间等设施设备，方便使用轮椅的观众通过（图2-13）。信息无障碍是指任何人（无论是健全人还是残障人士、年轻人还是老年人）在任何情况下都能平等地、方便地、无障碍地获取信息、利用信息。

例如，上海自然博物馆优化"无障碍自然之旅"，开发出"上海故事"展区手语讲解及"非洲秀""人类之路"等科普影片解说，惠及听力语言障碍、视力障碍等特殊人群。来到上海自然博物馆"上海故事"展区参观的听力障碍观众（图2-14），只要通过微信扫描展项旁的手语讲解二维码，即可观看相关展品详细的手语讲解视频，获得丰富的科普知识。

图 2-13　为使用轮椅的观众提供无障碍设计　　图 2-14　为听力障碍的观众准备的手语讲解

第四节

博物馆展示设计的常用术语与定义

结合中国国家文物局发布的《博物馆展览内容设计规范》和《博物馆陈列展览形式设计与施工规范》，在进入博物馆展示设计之前，需要了解博物馆展示设计的常用术语与定义做出诠释，以便在接下来的学习中，更好地展开设计工作。

一、策展人

策展人（curator）又称展览策划人，在展览项目中担任构思、组织、管理并起核心作用的专业人员。这个角色融合了制作人、展览策划、教育工作者、管理者以及组织者的身份。策展人还需要负责编写文案以及其他的展览辅助内容，还要同媒体与公众打交道，接受采访、发表讲话，或者参与展览资金的筹措活动。

如果空间允许，建议在展览合适位置展示策展人和策展团队名单。图2-15为清华青岛艺术与科学创新研究院的展览入口处张贴的策展人员和设计人员的名单。

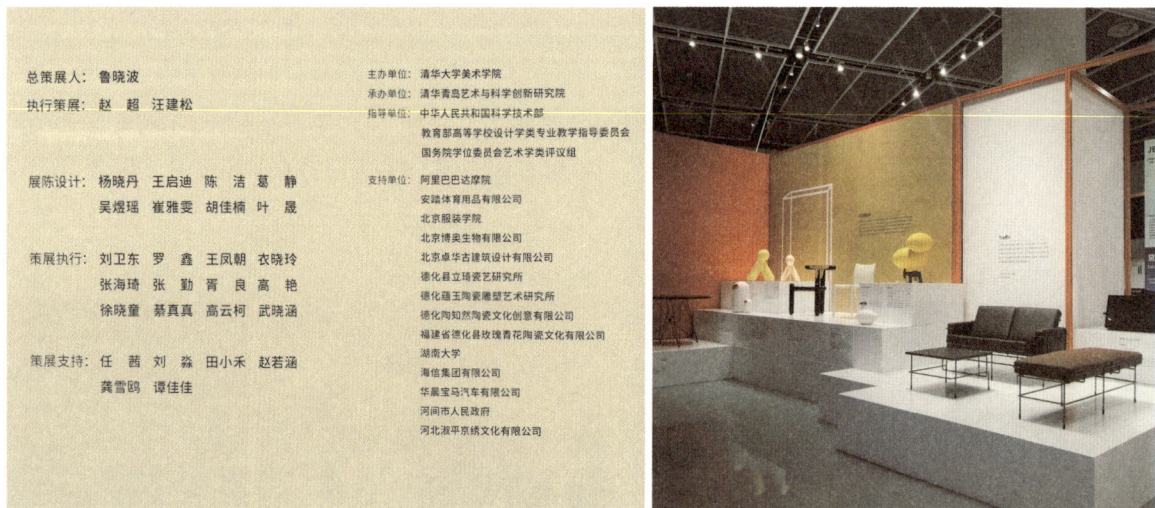

图2-15 展览团队名单及展览空间

二、展览主题

展览主题（exhibition theme）是展览主要内容的概括，是整个展览的精髓所在，是展览的指导思想、宗旨、目的、要求等最凝练的概括与表达，贯穿整个展览过程的演绎核心。

例如，首都博物馆展出的"伟大征程——庆祝中国共产党成立100周年特展"，展示了中国共产党从建党到建立新中国的伟大历程。展览主题即"伟大征程"。

再如，首都博物馆展出的"万年永宝——中国馆藏文物保护成果展"，汇集10个省区市、23家文博单位的50余件（套）文物及相关辅助展品，其中不乏国之珍宝，也有近年来重要的考古发现，还有不少精美复原件。展览全面展示我国馆藏文物保护的最新成果，展现文物保护的中国理念和中国实践。"万年永宝"为整个展览的主题，"万年永宝"，何以永保万年？引出我国馆藏文物保护事业取得的成果。展览分为"万年""慧眼""巧手""芳华""永宝"五个章节。这五个名称也是五个展览章节的"主题"，全面展示我国馆藏文物科学认知、保护修复、工艺复原、预防性保护的最新成果（图2-16）。

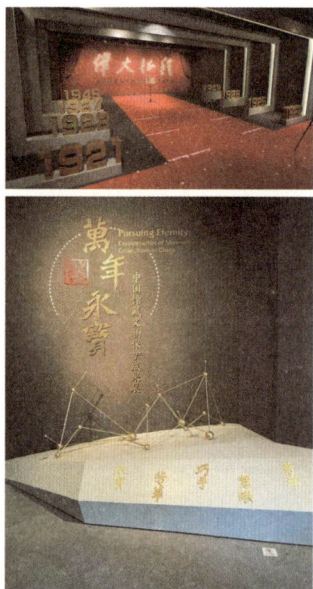

图2-16 首都博物馆"伟大的征程"（上）"万年永宝"（下）主题展

三、目标观众

目标观众（target audience）是指预期设定的展览主要观众群体。

四、展览大纲

展览大纲（exhibition outline）是展览内容的主要构架（图2-17）。

序　厅　秀山丽水 ……………
第一部分　生态丽水 ………
　第一单元　古陆丽水……
　　一、古老地貌………
　　二、古生物乐园……
　　三、"丽水浙江龙"
　第二单元　秀润山川……
　　一、林海奇珍……
　　二、灵秀瓯江……
　　三、丰蕴矿藏……

第二部分　千秋处州 ……
　第一单元　溯古寻源……
　　一、好川之光………

图 2-17　丽水博物馆大纲（节选）　陆建松（复旦大学）

五、展览文本

展览文本（content text）是展览内容设计的完整文件，包括与展览主题相关的较具体的详细介绍，如展览方式、民俗、地理位置、历史等内容。

六、展览名称

展览名称（exhibition title）即展览标题，是展览主题的提炼，一般放在展览开始的位置（图2-18）。

七、前言

前言（introduction）又称序言，是简要阐释展览主旨的文字内容（图2-19）。

图 2-18　展览主题名称

图 2-19　首都博物馆常设展览
"古都北京·历史文
化篇"前言板

八、展品

展品（exhibits）是展览所展示的物品，一般是指实物展品。例如，博物馆收藏的文物类藏品和自然标本类藏品（图 2-20）。

图 2-20　"古都北京"展览的展品

九、辅助展品、展项

辅助展品、展项（supplementary exhibits）是用于替代实物展品的复制品、仿制品和模型等，以及用于辅助解读和说明展陈内容的各种沙盘、模型、图版、艺术品、装置、多媒体等展示手段和项目的总称（图 2-21）。在科技、军事等类的展览中，往往以模型、装置、艺术品等辅助展项代替展品。

十、展具

展具（exhibition equipment）是展览中使用的展柜、展台、支架和其他与展品存放、安置、保护相关用具的总称（图 2-22）。

图2-21　"万年永宝"展览中使用的多媒体幻影成像展项

图2-22　故宫博物院使用的独立式玻璃展柜以及沿墙通柜

十一、展品组合

展品组合（a group of exhibits）是体现相互关系的一组展品。图2-23为山东工艺美术学院的民艺馆，采用展品组合的方式，展出农事用具；图2-24为上海自然博物馆采用展品组合的方式，展出少数民族的服饰和文化。

图2-23　山东工艺美术学院的民艺馆展品组合

图2-24　上海自然博物馆一组展品组合

十二、展品说明牌

展品说明牌（labels）是单件展品的名称和说明文字，布置在展品附近，帮助观众认识、解读展品的标牌（图2-25）。

十三、展板

展板（exhibition panels）是展示与展览相关的文字、图表等信息的版面（图2-26）。

图 2-25　展品说明牌

图 2-26　上海自然博物馆的图文展板

第五节

博物馆展示设计的基本工作程序

博物馆展示设计与布展工程是一项复杂的系统工程，不仅程序多、专业性强、涉及面广，而且其运转有自己内在的规律。博物馆展示设计要确保展览内容的科学性、艺术性以及展览设计制作工艺的严肃性、技术的可靠性、造价的合理性，必须确立科学合理的工作程序，并对每个程序提出明确的、规范的管理要求。

一、博物馆展示的主要工作程序

一项完整的博物馆展示项目主要包括以下 8 个工作阶段。

（一）策划选题

博物馆展示设计一般是从策划选题开始，也就是想要举办一个展览开始，首先要确定的就是将要举办的展览选题是什么。选题是否合理关系到展览的成败，是相当关键的一步。

策划选题的第一步是初拟选题，研究展览的动机、社会需求、收藏基础、学术基础等因素，结合博物馆现有藏品资源特点和目标宗旨，提出选题。

第二步是选题确认。根据博物馆的宗旨、特色，经管理团队讨论，确认选题。

第三步是确定策展人。选题确认后，需要确定策展人，策展人在展览团队中起核心作用。接着根据策展人的建议，组建内容设计团队以及包含相关业务人员参与的团队。

（二）工程立项阶段

工程立项阶段的主要工作包括起草立项报告、编制经费预算、工程进度、效益分析、经费筹措和建立组织班子。

（三）内容设计

内容设计主要是展示大纲与展示文本编写工作。根据展览选题，完成从前期准备、展示主题、展示大纲、展品确定到展览文本和延伸设计的整个流程。这个阶段非常重要，将在第三章展开讲述具体内容。

（四）形式设计

博物馆展示设计的形式设计阶段，重点在艺术造型设计，负责向观众表达所有的展示内容和信息。运用艺术设计手法，将展品、空间和环境有机地结合，构成具有视觉冲击力和吸引力的博物馆展示设计。形式设计阶段包括概念设计、深化设计阶段。

1.概念设计

概念设计是根据展示内容设计的要求，对展示主题和展示效果进行总体把握，提出初步意向性的设计方案。以艺术表现为主，兼顾可行性，既有感性和探索性特征，又是设计原则的体现。包括设计理念、平面图、动线图、轴测图、效果图等的设计，辅助展品设计、展示道具设计、展示灯光设计、版面设计、多媒体规划等。

2.深化设计

深化设计是对概念设计的扩充、修改、完善和具体化，应与概念设计保持一致。涉及施工图、各种设备、多媒体设计等环节的落地，包括空间中各处造型、色彩、平面设计、标题版系统、展品标牌、辅助展品展项、展具、照明设计、文物保护等。图纸包括两类，效果图、艺术创作等属于表现性图纸，平面图、立面图、节点图等属于施工图纸。

（五）工程委托与招标阶段

工程委托与招标阶段的主要任务包括施工单位资质认定标准、施工单位资质认定、编制委托或招标文件、委托或招标、施工方案评审和优选、签订合同。

（六）制作与施工阶段

制作与施工阶段的主要任务有制作与施工组织、工艺和技术要求把关、进度控制、预算控制等。

布展阶段的主要任务是甲乙双方配合完成展览设备和大型辅助展品的安装、实物展品和辅助展品的布置、展览和安保协调、按需调整展览的设计和工艺。

在整个制作和施工阶段，还需要进行监理和决算、验收、审计等工作。监理的主要工作任务包括监理人员的资格审查和组成、确立监理标准、技术监理、经济监理。决算阶段主要任务是严格按计费标准逐项进行。验收阶段主要任务有验收人员的资格和组成、确立验收的标准和内容、按验收的标准或合同规定的要求进行验收。

审计阶段主要任务是由国家审计部门按《博物馆展览设计与施工计费标准》独立进行审计。

（七）展览开放阶段

布展完成，观众入馆参观，意味着展示工作转入开放和评估阶段。一方面是将展览工作人员长时间艰苦努力工作的成果奉献给观众观览，另一方面是博物馆开始对成果的成功度进行定量化的评估。

开放期间需要维护管理，除了检修机电设备外，还要保持环境清洁。若有需加保护的展品，则要掌握因温度、湿度、照明、震动和灰尘等致伤展品的问题。

关于展览效果的评估工作，可以采用两种途径：一种是观众调查，通过问卷、访谈、行为观察等方式来了解观众的实际接受信息程度。另一种是邀请馆外专家学者来馆考察座谈，从专业角度对展示工作发表意见。评估工作的目的在于总结成功的经验，使以后的工作不低于当前的水平，同时从中发现存在问题，为修改和调整工作提供依据。相对而言，观众调查的结果是比较客观的，也是一种自我检验。

（八）撤展或修改与更新

展览开放后接受实际检验，从中了解工作中的失误或不足，并针对存在问题加以修改调整。从某种意义上来说，博物馆展示总是处在未完成的境地。因为博物馆的工作必须跟上社会的发展和变化，及时反映科学研究的进步，并顺应人们日益增长和变化的文化需求，要与社会共同进步，而不能停滞不前。另外还有一些属于"硬件"的原因，如展示陈列设备老化、损坏乃至建筑的改建和扩建等。

整个项目工作程序中的设计部分，包括策划选题及内容设计和形式设计部分是博物馆展示设计中的重点。

二、5W2H 法与博物馆展示设计基本工作程序

可以用设计程序与方法中的 5W2H 法来理解博物馆展示设计基本工作程序。

第一个 W 是"Why"，为何做？为什么要做博物馆展示？也就是确定展览的传播目的是什么。大部分博物馆展示的目的是公益教育，包括宣传中国传统文化，也有一些地方博物馆的开展目的是宣传地方，促进经济与旅游业发展；有的企业博物馆开展的目的是想推广企业等，展示的传播目的不同，下一步展示内容设计的方向也会完全不同。

第二个 W 是"Who"，谁来做博物馆展示设计，以及展览给谁看。谁来做设计：就是需要确定策展人和内容设计及形式设计的人员。给谁看就是展览的观众是谁？传播学中称为受众。博物馆的受众有可能只针对某一类人群，如青少年儿童，有可能只针对某一个行业，或可能针对所有的大众。必须从年龄、性别、职业、社会角色、收入等各个方面来对博物馆的观众进行分类和调查，受众不同，参观博物馆的需求也就不同，接下来的内容设计方向也将不同。

第三个 W 是"What"，说什么？即前文中的内容设计阶段。传播目的和博物馆的受众范围，决定了博物馆展示的内容设计的深浅程度。如给专家展示简单的科普层面的内容，给上级领导展示过于趣味化的不够严肃的内容，给孩子们展示特别学术化的内容……这样的内容设计都是错误的，达不到预期效果。

例如，日照科技馆原名丁肇中科技馆，建馆时的传播目的是向公众集中展示丁肇中教授探索物质世界的科学实验，以及在探索物质世界过程中所表现出来的科学精神，引导人们亲近科学巨匠，以启迪科技智慧、启发创新思维。它的传播目的决定了它的展示内容：以丁肇中教授成长和科研历程为起点，以他探索物质世界的科学实验、科学研究与发现为主要内容。日照科技馆的常设展览的展示内容主要是展示丁肇中教授对世界物理学发展产生巨大影响的六个著名实验，分别是测量电子半径实验、重光子实验、发现"J粒子"实验、发现胶子实验、L3实验、AMS实验（图2-27）。

再如，青岛海信探索中心，展览的主要受众是各个年龄段的儿童，所以科技馆根据不同年龄层次的受众，设计了不同深度的与科学内容

相关的展示内容。科学启蒙馆的受众可以从 3 岁儿童开始，科学发现馆的受众是青少年和成人。如图 2-28 所示，根据不同年龄段设置的展区，无论色彩和空间造型都贴合展示内容，以适应不同年龄层的儿童探索需求，观众通过参观和互动，都能得到教育和收获。

图 2-27　日照科技馆外观及内部展项

图 2-28　青岛海信探索中心"生命的奥秘"展区和"科学发现馆电磁知识"展区

所以，展览的传播目的和受众决定了展示的内容。在做内容设计的时候，要根据受众的不同来设计传播内容的深度、广度，是不是需要明显的故事性和趣味性或者是简单的学术性的科普。

另外两个 W 是"When"和"Where"，关注的是展览的时间和地点。

第一个 H 是"How"，也就是采用什么样的形式来进行展览？是形式设计阶段。

展示的内容决定了展示的形式。确定好展示内容的深度与广度以后，接下来就是展示空间的形式设计，包括平面参观动线、空间造型、多媒体展项的应用等。

第二个 H 是 "How much"，关注的是造价和施工，也就是博物馆的展览怎么施工和建设？是工程招标与制作及施工阶段。

三、对博物馆展示设计人员的要求

作为设计人员，以上各个项目的工作都会接触到。一项博物馆展示项目工作程序复杂而且系统，跟普通的装饰工程是完全不同的设计过程，学术性、逻辑性很强。由于涉及博物馆的教育职能，所以必须保证展览内容的思想性、科学性和知识性。如果展览面对的是普通的观众，也必须做到展览的趣味性和艺术性。同时所有的展览制作和布展必须内容与结构严谨、施工安全。

在整个设计过程里有两个非常重要的阶段，即内容设计和形式设计，前者也常称为内容策划阶段。策划类似于影视剧的编剧，负责给观众讲故事，故事的脚本精彩，最后完成的博物馆展示效果才可能出彩。所以内容设计应该进行展览的主题提炼，准确设定展览的传播目的，合理规划展示内容的逻辑结构也就是展示故事线，编写文本与展示说明文字等。

由于博物馆的展示必须具有一定的学术依据，在正式的博物馆项目中，最好能根据选题聘用相关的学术专家，他们就类似于历史剧的学术顾问，可以是历史学家、考古学家或科学家。他们熟悉展览相关的学术资料和学术问题（研究成果和文物标本），为展览的学术性、科学性和真实性把关。

形式设计阶段，需要学习设计美学的知识，精通各种计算机辅助设计软件，能够顺畅地进行空间形态表达，可以准确、完整和生动地表现内容设计的内容。可以进行展览的空间规划与设计、图文版面设计、展品展项设计、多媒体规划与设计、展柜和展示道具设计、照明设计、展览的色彩和氛围设计等。

四、现有博物馆展示设计过程存在的问题

目前博物馆设计行业现存问题是内容设计和形式设计部分的工作比较割裂。大部分情况下，内容设计缺乏合理的统筹与规划，并由普通的设计人员来做。但普通的设计人员缺乏对内容设计的严谨性和重要性的认识，没有为展览确定明确的传播目的，也缺乏严谨的展示内容逻辑结构组织，使得内容设计的成果表现简陋，粗略的展示大纲和

展品清单，无法很好地指导接下来的形式设计工作。

也有些重视内容设计的甲方会聘请相关方向的专家学者担任内容设计，但专家学者可能将展示文本做成学术著作，内容设计只重视学术性，而不考虑展览的落地和观众的接受程度。使形式设计的设计人员在短时间内很难对展览内容理解与准确把握，结果根据自己的常规做法来做空间设计，导致自说自话的问题，展览效果依然不尽人意。

所以，设计时必须将内容设计与形式设计紧密配合，不能将内容与形式设计割裂开。博物馆展示设计的选题、策划、内容到形式设计的全过程，不仅是形式设计和效果图绘制的讲述，而是在内容设计阶段，就能够根据选题确定展览目的，凝练展览主题，编写展览大纲与脚本，确定展品展项。在形式设计阶段，能够合理组织平面布局和参观动线，利用美学原理合理进行形式设计，并将其通过平面图和效果图等形式加以设计表现。

博物馆的展示设计是融科学性、艺术性与技术性于一体的设计过程，也是一项系统的、综合的工程。一个好的博物馆展示项目不是单靠单独个人的努力就能成功的，需要内容策划、形式设计、施工工程等各项人员的配合与共同协作。

综上所述，要做好博物馆的展览，必须做好以下各个方面的工作。

（1）收集、整理和研究与展览主题、内容有关的学术资料，以及展品、辅助展品等资料的收集和整理。便于展览建立在客观、真实的学术研究基础之上。

（2）做好展览内容文本策划设计。

（3）做好展览空间规划。

（4）做好展览形式构思与设计。

（5）做好展览的制作与布展。

（6）保障展览的筹建资金。

（7）合理安排工程的时间进度，留有充裕的时间来完成展览工程，避免因筹建时间不足而导致各种问题的出现。

第六节

展品与展项

博物馆的展品包括实物展品与非实物展品两种。两者共同组成博物馆的主要信息传播媒介。博物馆展示设计中提到的展品一般是指实物展品，非实物展品在博物馆展示设计中一般称为辅助展品。

一、实物展品

图 2-29 镶宝石金带饰

实物展品是指自然界与人类社会中各种历史的与现实的物品，包括文物、标本、化石、科技成果、当代艺术品、非物质文化遗产及其衍生品。它们蕴含着反映自然生活和人类生活的信息，是人类活动及人类与自然关系的见证物，是人们理解自然生活与人类生活最重要的信息载体，在博物馆展示中扮演着叙述自然及人类生活故事的角色。

图 2-29 为山东博物馆收藏的镶宝石金带饰，为明 1368—1644 年间饰物，嵌宝石 33 颗，带饰通长 16.7cm，重 395g。于 1970 年山东省邹城市明鲁荒王墓出土。在首都博物馆"直挂云帆济沧海——海上丝绸之路特展"中作为实物展品展出。

展品和藏品的区别十分明显，每家博物馆都会有自己的馆藏藏品，当这些藏品在展览中展出时，即为展品。

实物展品一般都具有永久性收藏价值，因此在展出时必须考虑相应的展品保护措施，使用展柜等各种方式，防止自然因素（灰尘、紫外线、温湿度等）或人为因素（触摸、碰撞、偷盗等）致伤展品。

实物展品通俗来讲即"真品"。在以往博物馆以"物"为本的时期，实物展品在博物馆展示中是绝对的主角，不可撼动。随着博物馆界逐渐实现了"从物到人"的转变，博物馆不仅重视物，还开始重视观众，因此增添了许多为了吸引观众、同时便于观众理解展示信息的非实物展品，也就是辅助展品展项，特别是在信息定位型展览中运用非实物展品比较多。

美国博物馆研究者史蒂芬·康恩在 2010 年出版的名为《博物馆是否还需要实物？》一书在公共历史学界引发过一场不小的震动。但是如果博物馆没有实物，全部使用复制品，会有损博物馆本身的原真性、权威性和严肃性。

博物馆展示还是要以实物展品为主要展示手段来传递展示信息、塑造展览艺术形象，这也是紧扣展览主题思想的有效方法。实物展品，既是人类社会历史的见证、社会生产力发展的标尺，又是展览主题思想体现的要素，它是任何艺术形式所不能取代的。

但如果只靠实物展品，很难构成一个内容丰富的展览。只有辅以必要的照片、图表、模型、绘画、雕塑、多媒体与文字说明等辅助展项，展览才能达到展示效果。

二、辅助展品、展项

辅助展品、展项是配合展览主题和展览信息传递的需要，辅助展示的物品和展项，包括沙盘、场景、图表、照片、模型、多媒体展项等，也可以说是非实物展品，它是指为了更完整、更系统、更形象、更深入地展现由实物展品所叙述的故事而专门制作的展品。

有些实物展品由于体量原因，无法搬来展览，如山岳、河流、海洋等，无法原封不动地搬来展出，只有依靠艺术创作的手段，将它们拍成照片，绘成图画，或者制成模型、雕塑，甚至拍成电影、录像等作品来辅助展出。这种辅助展品，是生活的翻版或缩影。

许多在现实生活中没有实物，无法展出的展览，有了辅助展品，展出就成为可能。例如，各种天体展览、海洋展览、微生物展览等。只要有了辅助展品，从宏观到微观，都可展现在观众面前。

无论是实物展品还是辅助展品，它们都以自己的特点在不同的展览中发挥作用，一般说来，它们之间是互相弥补和互相映衬的。

辅助展品可以细分为以下几种。

（一）复制品

在可用馆藏文物数量有限、文物自身展览条件差、保存要求高等特殊情况下，有必要根据展览需求制作并使用一定的复制品等作为辅助展品展出。复制品并不是文物的替代品，而是起到辅助展览的作用，是忠实再现客观事物的二维或三维的辅助展品。在展示展览中使用复制品主要有以下几种原因。

（1）有些实物收集不到，但却可能有相关的照片、图纸、文献记载流传下来，根据这种间接信息材料复制出来的东西，可以充当辅助展品。例如，文献记载东汉科学家张衡曾发明了世界上第一台测定地震方向的地动仪（图2-30），其灵敏度相当高，并曾成功测定了公元133年在陇西发生过的一次地震。博物馆根据文献对地动仪形制和原理的记载，做成地动仪复制品并放在通史陈列中展出，形象地展现了古人的高度智慧。

（2）一些等级较高，又对展出环境相对敏感，出于文物保护的原因，有些不宜公开展出或较长时间展出的文物，复制品就可代为发挥作用。例如，2002年国家文物局发布了《文物出国（境）展览管理规定》，河北省博物院的金缕玉衣和长信宫灯都在其中，这些文物极其珍贵，展出的温湿度变化等因素都会对文物造成一定损坏，为了减少安全隐患，更好地保护文物，河北省博物院"大汉绝唱——满城汉墓"

图2-30 地动仪复制品

图 2-31　长信宫灯和金缕玉衣

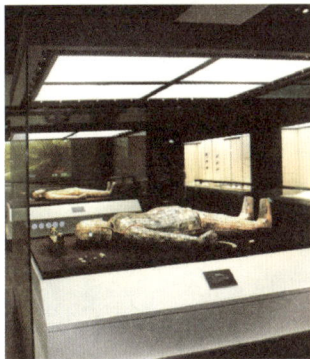

图 2-32　青铜酒具复制品

图 2-33　后母戊鼎的复制品

展览就以复制品代替原物展出（图2-31）。还有一些是不可移动文物，无法搬迁到博物馆展厅来的情况，经常也会采用复制品代替原物展出。

（3）出于传递特殊信息的要求而使用复制品。如在地质标本陈列中，有时想要向观众传递岩石标本重量的信息，这用形态是难以传达的，与其在说明牌上标写重量，不如制作相同重量的复制品放在柜外供观众亲手掂量。

在2016年的首都博物馆"王后·母亲·女将——纪念殷墟妇好墓考古发掘四十周年特展"中，为了让观众亲身体验一把商朝人的"饮酒之风"，感受青铜器的重量，博物馆按照1：1的比例使用玻璃钢制作了5件与展柜里的青铜酒具一模一样的复制品。其中最轻的一件镂空铜觚也重达1kg多，最重的则有9kg重。观众亲手捧一捧，就能感受到商代人的生活状态（图2-32）。

由此看来，复制品虽然在研究者眼中没有什么价值，但用在博物馆展示传播中却有一些独到的长处。

（4）欲展出的实物并非本馆藏品，但在展示中又占据重要地位，就需要相应的替代品，由于国别地域的原因不能借展，或即便短期借展，到期也要归还，所以就要通过复制品展出。这种情况在我国的博物馆展示中经常出现，地级博物馆的很多重要文物在1959年后都划拨给了中国国家博物馆，而很多地市、县的重要考古发现出土的实物也在省考古所或上级博物馆中，很难调拨文物，所以地方博物馆在制作展示陈列时只能采用复制品的方式展出。图2-33为安阳殷墟博物馆内展出的后母戊鼎的复制品。原器于1939年3月在河南安阳出土，是商王祖庚或祖甲为祭祀其母戊所制，是商周时期青铜文化的代表作，现藏于中国国家博物馆，是迄今世界上出土最大、最重的青铜礼器，享有"镇国之宝"的美誉。现为国家一级文物，2002年列入禁止出国（境）展览文物名单。

除上述原因外，在实际展览中，还有特殊情况需要使用复制品，如雕塑、石刻等原物重量太大，展厅地板承重有限，从安全角度考虑，往往也会使用复制品代替原物展出。

（二）模型

当展示所需的展品属于无法获取真品的事物（如星系结构、地球内部结构等），或者实物体积过于庞大或过于微小时，即可用模型进行三维显示。模型犹如立体的图解，其制作比例可以是原大，也可以是放大或缩小的。根据展示需要，有的是模仿真品外形，有的则脱离原物外形，只要使观众理解模型本身所负载的信息即可，因此在表现形态上富有很大的可塑性。

模型可以模仿真品外形，包括地形模型、建筑模型、民宅模型、古建筑模型、古生物模型、小动物的放大模型、船舶模型、汽车模型、飞机模型等。

模型也可以脱离原物外形，包括各种系统模型（如原子结构、基因组合、天体运行，图2-34）和剖面模型（如古塔、墓葬、房屋、汽车、船舶、隧道、火山、人体）等，以说清楚信息原理为主要目的。

模型的优点在于能够强调特征，显示内在相互关系或空间相互关系，以及显示质感和形态信息，将一些日常生活中见不到的现象呈现给观众，它既有形象成分，又有抽象成分，使观众一目了然。例如，体积太大观众不可能看到的地球模型、平时无法看到的动物骨骼模型、普通人肉眼无法看到的分子结构模型、建筑缩比模型，包括再现某个民族聚落的建筑模型、不可移动建筑的微缩模型等，都有独到的长处（图2-35）。

在展出缩比模型时，为便于观众理解真品实物的实际大小，应附加尺度比例。不标写尺度比例，观众无从想象原物的大小。民族聚落的模型可通过其中用人物模型尺度来进行尺度想象。

图 2-34　地球结构模型

（三）照片

如果展品的体积过大或过小，或者即使存在，却收集不到的物品，例如，因为时间原因消失的事物、过于遥远的地区或海底的事物、宇宙的事物等不可获取实物的时候，但是又具有展示价值，就可通过照片形式加以展示。如安阳殷墟妇好墓出土的三联甗底部有镂空，展示文物时并没有将底部呈现给观众，在后边的照片中，特意将中间的甗的底部露出，让观众一目了然（图2-36）。

图 2-35　天坛建筑模型

图 2-36　三联甗照片与实物

（四）图解资料

在展示中，除纯粹让人们阅读的文字资料之外，所有用二维表达形式制作的展品均为图解。几乎所有展览都少不了图解资料。它们可以用线条、颜色描绘事物的形象，用绘画手法处理文字和资料，也可以用具体数字或比例图样来说明展出内容，制作一些数字相关的图表资料等。这些图表具有形象的鲜明性，使观众容易了解，便于记忆，更便于比较。

图解不如照片写实，但图解能够将意欲传播信息的要点通过符号化的形式传递给观众，并能展示现实世界中无法获取实物资料和照片的信息。如图2-37为上海自然博物馆展出的自然界万物谱系图。图2-38为用图画形式表现人类演化的进程图。一般情况下不能看清楚的事物信息也可以采用图解的展示方式加以表现，如人体内血液的流动，食品的消化过程等知识。可以说，图解在帮助信息传播上发挥着重要作用，它比文字具有更广泛的可读性。

数字类的图解资料也就是图表，能鼓动人心，使人受到教育。但展览中的图表，不同于一般的统计图表，它不是枯燥乏味的资料，而是生动活泼的形象。它将主题思想明确地表现在画面上，画面引人注意，让人得到启示，从而完成了自己的展示任务和目的。图2-39为"奋进的山东——庆祝中华人民共和国成立70周年"的展览序厅中，为表现70年来山东发生的翻天覆地的变化，采用一系列数字相关的图表来进行直观的数据表现，图表相关数据清晰直观，比简单的文字表述更为生动、直接，同时十分美观。

图 2-37　自然界万物谱系图

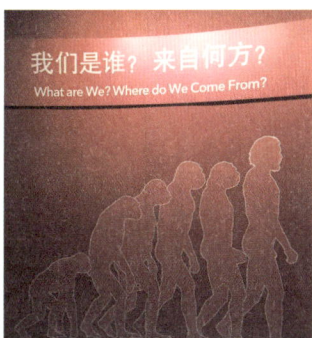

图 2-38　人类演化进程图

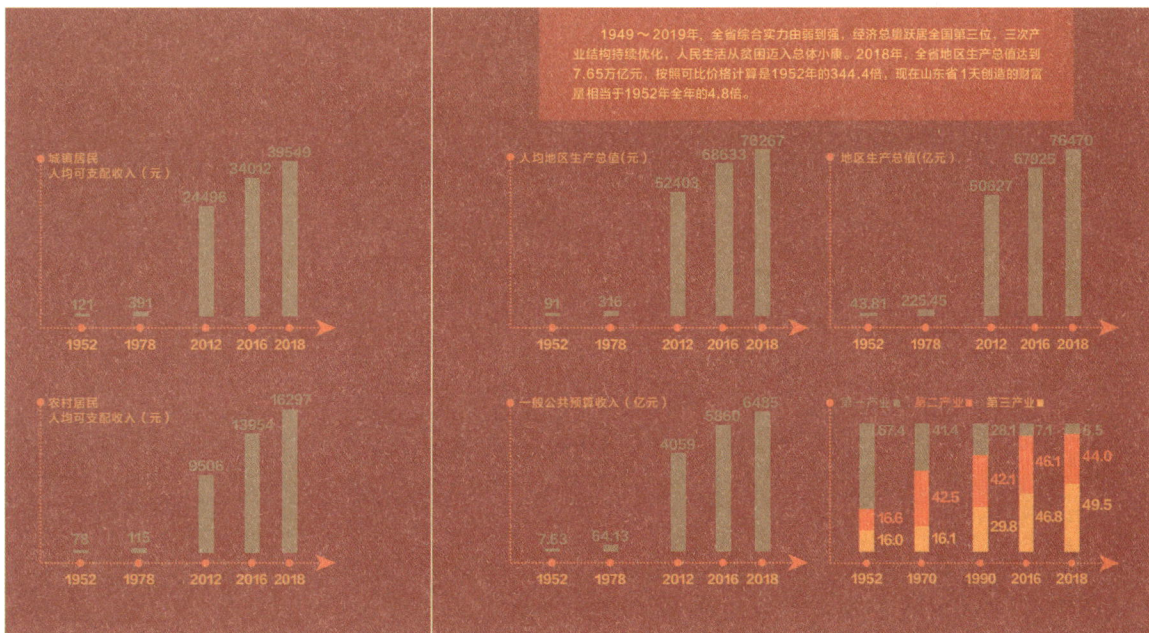

图 2-39　数据图表

图解的设计，要用简练的手段加以艺术的表现，使复杂的内容化为简单、直观的易于观众观看的内容表现方式。使枯燥、乏味的数字变为美观的图形，使难于了解的内容成为清晰的便于观众理解的图解，使抽象的内容变为形象的展示。同时图解既突出了展示内容，也装点了展示空间。

（五）绘画类辅助展品

博物馆经常使用绘画来表达展示内容，有艺术类和科学类的绘画，当简单的实物展品无法说明展示内容时，就可以采用绘画来诠释。绘画类别包括各种画种，如油画、中国画、壁画。还有使用绘画和其他辅助展品组合在一起的全景画、半景画，场景还原中也经常使用绘画作为背景画等。

艺术类绘画的故事性很强，如济南英雄山上的战役纪念馆，济南战役是华东野战军在解放战争时期第一次攻克具有坚固设防的大城市的攻坚战，展馆中展示了很多当时的实物展品，但是其中一幅名为《基石》的油画作品，吸引了很多观众驻足观看。这是油画家陈国力根据解放济南内城攻坚战中一个真实事件在1982年创作的作品（图2-40），描写的是一位承担攻城爆破任务而身受重伤的解放军战士张云清，在生命危急之际，拖着被炸断的伤腿，用肩膀牢牢支撑起被战火损坏的云梯，成为战友登云梯攻城墙的坚强柱石。画面刻画细致，以小见大，展现了革命战士的奉献精神。令观众不禁驻足，想象那段历史。可见绘画作品可以带来实物展品无法实现的场景感，更容易让观众产生共鸣。

图 2-40　基石　陈国力

霍尔果斯准噶尔巨犀生活在晚渐新世，化石发现于甘肃临夏。现在这里的气候干燥少雨，并不适合巨犀生存，渐新世时期这里的气候较温暖湿润，树林也较丰富。霍尔果斯准噶尔巨犀没有犬齿，属于植食性动物。

图 2-41　霍尔果斯准噶尔巨犀　科学绘画

科学绘画可分为生态画、标本画、示意图等。此类绘画的重点是科学性，往往是为了说明某一特点内容而设计的。例如，在自然博物馆中，绘出各种恐龙的形态和生活环境（图2-41），搭配实物的化石，更能诠释展示内容。上海自然博物馆在做图文展板设计时，大部分添加了"科学绘画"的元素，根据具体科学内容的需要专门定制了一千五百多幅绘画，表现展品的形象或是科学的解析图。既有惟妙惟肖的生物科学肖像，也有分丝析缕的科学解析图，以满足信息传达的需求；既有欧洲经典风格，也有中国古典风格，以适应不同展区的氛围。这些科学绘画可以使展示空间的图文版图文并茂，提高了亲和力，而且大大增加了图文版的信息量（图2-42）。

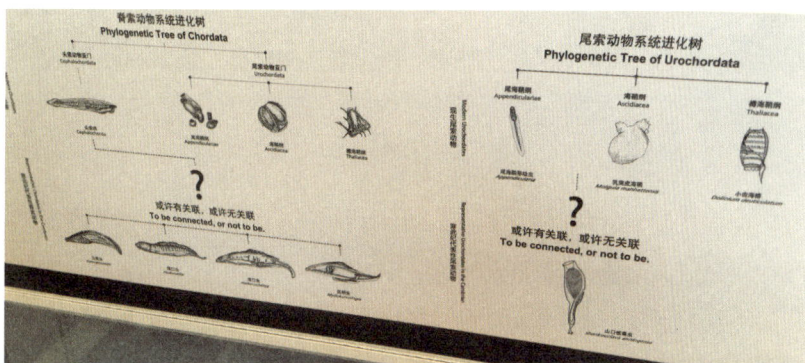

图 2-42　上海自然博物馆科学绘画

（六）全景画与半景画

全景画是绘画和地面塑型、多媒体声光电技术相结合的辅助展品。常用来表现重大历史题材。在圆形的空间里，运用360°的巨幅圆筒形画面与地面塑型结合为一体，并配以立体声音响效果及特技灯光等多种表现手段，再现历史上某一特定事件的特定场景，给观众创造出身临其境的现场感和超越时空的艺术氛围，常用来表现战争的大场面。需要注意的是全景画为了使观众有较好的观看效果，面积都比较大。

例如，济南战役纪念馆建有单独的全景画馆，该馆是圆形穹顶建筑，内径42m，周长128m，高18m，地面塑型区1260m²，配置的战车、武器等模拟塑型作品近百件，巨大的立体画面与地面塑型复原景区衔接得天衣无缝，地面塑型和实物模型从画面一直延伸到观众脚下。观众顺着螺旋楼梯，步入展馆中间的旋转平台上，仿佛置身在战场中济南城墙外面的一个高台上，可以看到远处的城墙，城墙旁边的战士，地面还保留着炮火的痕迹。随着旋转的座椅，同时配以投影影像、灯光音响技术，观众近距离感受济南战役攻坚战斗的激烈场景，给人身临其境之感（图 2-43）。

半景画，简单地说就是全景画的一半，一般为 150°~180° 的弧形画面，也是将油画、地面塑型等表现元素相结合，配以投影、灯光烘托各种气氛的辅助展品。图 2-44 为苏州革命博物馆大型多媒体半景画演示项目《阳澄烽火》，借助声、光、电等多种演示手段与 1000m² 的巨型油画、500m² 的场景模型完美结合，细致还原了抗日战争时期发生在阳澄湖地区的"洋沟溇战斗"。

图 2-43　济南战役纪念馆全景画馆外观和内部

图 2-44　阳澄烽火

全景画、半景画都是用写实的绘画技法进行创作的，需要严格遵照透视法则，也需要把握好观众跟画面的距离，一般不能太近，距离画面需要 10 多米的距离，前面的空地根据透视关系布置地面的塑型场景。这种辅助展品需要处理好画面的比例、尺度和远近虚实的关系，增强空间感与现场感，使观众有身临其境的艺术感受。

（七）场景还原

场景还原是指选取某一历史场景或某一自然生态的场景加以仿制，生动地再现某个事件或环境的真实情景。场景还原相对而言没有半景画、全景画场面那么宏观浩大，它甚至可以是以微缩景观的形式，复原展示内容需要表现的一些情景。题材是多元化的，如古人类的生活场景、军事战斗场景、工厂车间场景、某间办公室复原场景等。还原可以跟背景画结合，也可以脱离绘画，只做空间的再现。图 2-45 为济南战役纪念馆中济南战役作战指挥办公室的场景还原。图 2-46 是济南战役纪念馆中，对攻城场景进行的还原，再现战争的激烈场景。

场景还原需要结合展示内容，既有学术资料作为背景，不可胡编乱造，也需要根据故事需求进行艺术化处理，使场景拥有氛围感和故事性。

场景还原如果需与背景画结合，近景人物、动物与景物通常采取 1∶1 的比例制作，再整体缩小比例关系，向中景和远景过渡。远景的背景画不但承担了营造、烘托氛围的功能，还成为场景的延伸。场景

图 2-45 济南战役作战指挥办公室场景还原

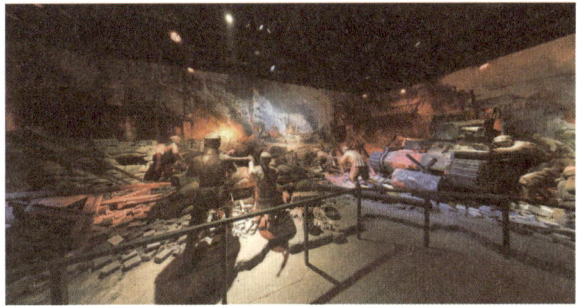

图 2-46 济南战役纪念馆攻城场景还原

还原也可以是一个古代街巷、古建筑的复原。它的优点是具有临场感，观众可以近距离接触或步入场景，体验置身其中的真切感受。

例如，武汉自然博物馆中，将标本与场景相结合，再现动物生存的自然景观。图2-47为"野牛家园"和"北极霸主"展区，场景的远处为动物生活的环境画面，近处是动物生活场景的植物、地貌，再搭配动物标本，这种场景再现的展示方式使观众更能融入场景。

图 2-47 武汉自然博物馆"野牛家园"和"北极霸主"展区

再如，中国农业博物馆的"中华农业文明陈列"中，多使用场景还原来表现展示内容。图2-48为"中华农业文明陈列"余姚河姆渡遗址场景还原，向观众展示我国原始社会母系氏族时期的繁荣景象，呈现距今约7000年前，属于前南方长江流域的水田稻作农业系统的典型。当时人们的主要粮食作物是水稻，家养猪、狗、水牛等牲畜；妇女纺纱织布，男人伐木盖屋、烧荒辟地、灌水育田的生活状态；遗址中发现了大量干栏式建筑的遗迹；堆积厚度达40～50cm的稻谷、稻壳、稻叶和稻秆；当时使用的骨耜、石耜等水田耕作农具以及木铲、木杵等木质农具；河姆渡出土世界上已发现的最古老的栽培稻之一的碳化稻粒等内容都通过场景还原进行了表现。

图2-49采用了场景还原与实物展品相结合的方式，还原表现了魏晋时期果木嫁接技术的场景。场景中的农学家是贾思勰，他编写了我

图 2-48　余姚河姆渡遗址场景还原

图 2-49　"中华农业文明陈列"果木嫁接场景还原

国现存最早、最完整的古代综合性农书《齐民要术》，书中记载了当时北方旱作农业的先进技术，总结了我国公元6世纪前劳动人民从事农、林、牧、渔、副业生产的丰富经验和发明创造。其中还有专门的介绍梨树嫁接的具体方法的篇章内容。

山东省博物馆"非洲野生动物大迁徙展"，在有限的空间内再现了一望无际的非洲草原场景。使用角马的标本、逼真的场景，辅以远处非洲草原的蓝天、白云与远山，结合投影播放着角马过河的影像，再现了角马群奔向马拉河与奔出马拉河两个场景（图2-50）。让观众仿佛真正站在马拉河畔，目睹这一壮观的景象。

（八）雕塑

博物馆展示设计中常见的雕塑形式有浮雕和圆雕两种。按照材料来分，有泥雕、石雕、根雕、玻璃钢雕塑或者陶瓷雕塑等多种类型。

浮雕是在平面上雕出凸起的形象的一种雕塑，是雕塑与绘画结合的产物。浮雕一般附属在墙面上，既有平面性，又具有一定的体量感和起伏感，视觉效果突出。如章丘博物馆序厅，迎面是一幅大型汉白玉浮雕壁画墙（图2-51），表现的是以章丘当地特有的人文造型元素与特色自然形象元素相结合构成的壁画主题，展示了章丘深厚的历史文化底蕴。

图 2-50　"非洲野生动物大迁徙展"角马群奔向马拉河（左）与奔出马拉河（右）场景

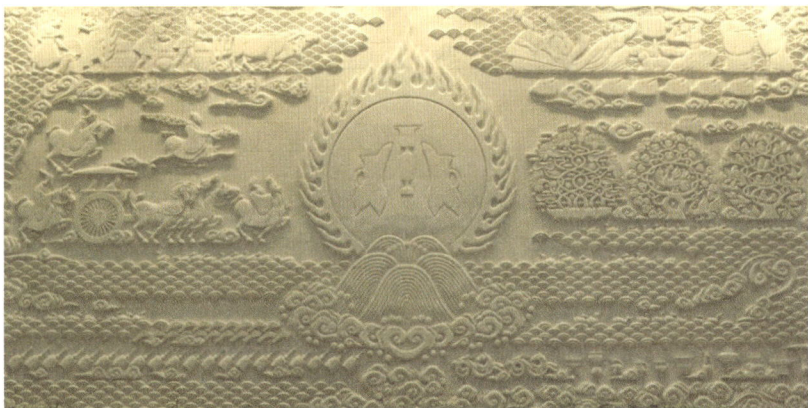

图 2-51　章丘博物馆序厅浮雕墙

　　雕塑有人物雕塑、场景雕塑和艺术雕塑等类型，常用在博物馆的序厅，用来点明展示主题，较小的雕塑也可以放在展厅内。雕塑语言的综合使用，可以使所要表现的对象在主次、空间、虚实方面得到很好的表现与呼应，达到主题突出、内容丰富、层次和谐的艺术效果。

　　中国农业博物馆的"中华农业文明陈列"序厅中陈列着一组群雕，群雕中的五位人物是中华民族的"农耕五祖"（图2-52），传说中是他们发明了华夏的原始农业，所以进厅就点明中华农业文明的展览主题。伏羲"教民养六畜，以充牺牲"，又结绳为网，用来捕鸟打猎，教会了人们渔猎的方法；神农氏选出了"五谷"，发明了古代的翻土农具，可看作犁的前身，教会人们农业生产，使我们的祖先结束了漂泊流徙的状态，过上了定居的生活；黄帝率领他的子民在中华大地繁衍生息，形成了男耕女织的生活方式；嫘祖传说是黄帝的元妃，也是养蚕制衣的发明者，被尊为我们先祖女性中的杰出代表；大禹"三过家门而不入"的故事妇孺皆知，他带领民众防除水害，并指导他们恢复和发展

图 2-52　"农耕五祖"雕塑

农业生产，使大家过上安居乐业的生活。

在济南战役纪念馆的序厅，有一个巨大的金属方形雕塑高挂在空中（图2-53）。方形的外观象征着在济南战役期间国民党军队重兵设防的济南城，雕塑呈现出倾斜态势，代表当时的国民党统治已成摇摇欲坠之势。雕塑中间巨大的撕裂口给人一种突破感，雕塑前方巨大的军号和一抹红色，寓意济南战役吹响了解放战争的号角，代表中国共产党的红色政权即将染遍全国。雕塑撕裂的位置放映着影片，将科技与艺术相结合。

（九）沙盘

沙盘是根据地形图、航空照片或实地地形，按一定的比例关系制成的模型，具有立体感强、形象直观、制作简便、经济实用等特点。沙盘一般包括地形沙盘、建筑沙盘、数字沙盘等类型。现在常用的沙盘常常结合多媒体技术，而不是简单的静态沙盘。

地形沙盘采用微缩实体来表示地形地貌特征，并在模型中体现山体、水体、道路等实物，主要表现地形数据，使人们能从微观的角度来看宏观的事物。图2-54为西湖博物馆序厅展出的西湖全景沙盘，通过沙盘将三面云山一面城的西湖整体格局直观呈现。

日照城市规划馆中，摆放着比例尺为1∶2000的日照市总体规划沙盘（图2-55），沙盘完全再现了日照的地形地貌，建筑和道路等实况。同时配有通电发光装置，可以与竖向的大投影屏幕配合，讲解日照的城市发展规划，例如，讲到交通，相应部分的灯光就会亮起，展示效果十分直观明了。

数字动态沙盘是将3D技术运用于沙盘中，既保留传统实物沙盘的基本功能，又使用屏幕来演示动态图像，从而获取更加丰富的演示效

图 2-53　济南战役纪念馆序厅雕塑

图 2-54　西湖博物馆序厅西湖全景沙盘

果。如济南战役纪念馆中就采用了数字沙盘来讲述济南战役中各路解放军进攻济南的路线。随着讲解，相应的地点灯光就会亮起，效果较为直观（图2-56）。

图 2-55　日照城市规划馆日照市总体规划沙盘

图 2-56　济南战役纪念馆数字沙盘

（十）微缩景观

微缩景观一般是按一定比例缩小后制成的展示模型。这种展示形式在自然景观类展示中经常被采用，因为自然类景观或历史事件景观会因为内容多或者范围大而不便展示，缩小后的展示模型更精致和表现全面，调动了观众观看的注意力，展示的效果也会更好。

图2-57是中国农业博物馆"中国传统农具陈列"中的南方春耕场面的微缩景观。景观中有正在水田中耕犁田、耙田、耖田的农夫，有

图 2-57 南方春耕场面微缩景观

图 2-58 景箱

正在拨秧插秧的农妇和担秧的人们，展现了一幅生动的南方早春田园耕作景象。

（十一）景箱

景箱是指采取一种箱体的手法，把实物、人物、景物按一定比例缩小，按照仿真的形态布置，形成一种微缩景观的辅助展品。它的特点是空间小、封闭性强，具有舞台化的效果。在自然、历史、民俗等类型的博物馆中普遍使用。如图2-58所示，青岛电影博物馆使用的景箱展项，它被设计在墙面上，配以灯光，展示第一台投影仪出现的场景，其舞台化的场景展示效果，让人印象深刻。

第七节

多媒体展品展项

多媒体展品展项属于辅助展品的一种，随着新技术的兴起，现代博物馆展示中越来越多地加入了声、光、电等多媒体新技术。依靠多媒体技术可以设计很多辅助展品展项，常见的多媒体辅助展品有音频资料和视频资料等，由于其应用的广泛性，以下对其进行详细讲述。

一、音频

在博物馆展览中，可以采用语音解说、自然声响、人工声响等方法来帮助展示信息的传递。语音解说是通过讲话来传递展示信息；自然声响是由生物的发声、动作所产生的声音；以及风、雨、浪、地鸣、喷火、雷鸣、树断、火焰燃烧等自然现象的声音；人工声响包括语言、歌谣等人声和用乐器奏出的声音、人类动作所发出的声音以及汽车、飞机等机器所发出的声音。这些声响都可以用在场景模拟或各种多媒体展项中，帮助传递信息。

在展示中使用的音响媒体，除了博物馆出租的便携式导览器、收听解说的耳机，还可在展示空间中采用聚音罩、定向音箱等设备。定向音箱，也称定向喇叭、定向扬声器等，就是利用声学技术，使原本向四面八方发散的声音，能够像聚光灯一样只向一个方向传播，实现"定向传音"（图2-59）。

例如，荷兰鹿特丹历史博物馆内有关1940年空袭事件的展区中，刺耳的飞机盘旋声，激烈的轰炸声，市民们在炮火废墟中的哭喊声，还有孩子们稚嫩绝望的声音，令人尤为惊心。

上海电影博物馆的"星光大道"利用体感技术让置身此外的观众听到虚拟粉丝的欢呼与闪光灯的咔咔声，感觉像得到明星一般的待遇，这对观众的参观热情和对主题的关注度均能起到很好的提升作用。

图 2-59　上海电影博物馆聚音罩

二、视频

视频综合了音响和画面，十分适于表现动态事物，以及由于展出技术的原因不能实物展出的展品，可以丰富展示空间的信息传递方法。视频资料在制作上通常要委托给多媒体制作公司，设计师必须监制视频资料的拍摄制作，甚至要提供影视脚本。制作这类材料需要较大的资金成本，因此在文案策划时要慎重，只在必要时才考虑使用，重点要放在实现展示的传播目的上，因为质量差的影视材料还不如高质量的图解更有效。多媒体设备需要有经费的长期投入，以保障设备长期良好运转，如果在展示中，多媒体设备不能正常使用，容易引起观众的反感。

视频的展示方式有投影、幻影成像、显示屏等多种方式。

（一）投影

投影由投影系统和投影布组成（图2-60），利用投影边缘融合技术，可实现大尺寸的视频画面呈现。边缘融合技术就是对多个投影机投射出的画面进行边缘重叠，经过融合技术处理校正后，呈现出来的画面效果与一台投影机投射的画面效果一样，高分辨率、没有缝隙（图2-61）但要注意投影环境的光亮程度，过于明亮的环境会导致画面不够清晰。

投影有正投影和背投影两种投影方式。正投是常见的普通模式，一般把投影放在幕布前面的高处，要考虑投影机安置的位置，尽量不在观众视线内，也不能让观众挡住投影的光线。图2-62是青岛电影博物馆中一条悬挂在展厅中的"街区"，将青岛各个时期的电影院创新性

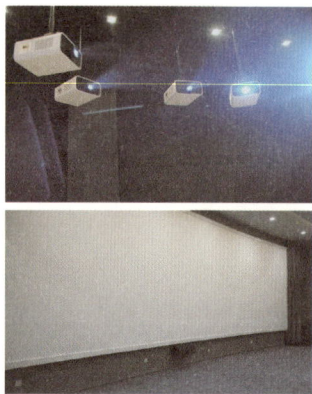

图 2-60　投影机和投影布

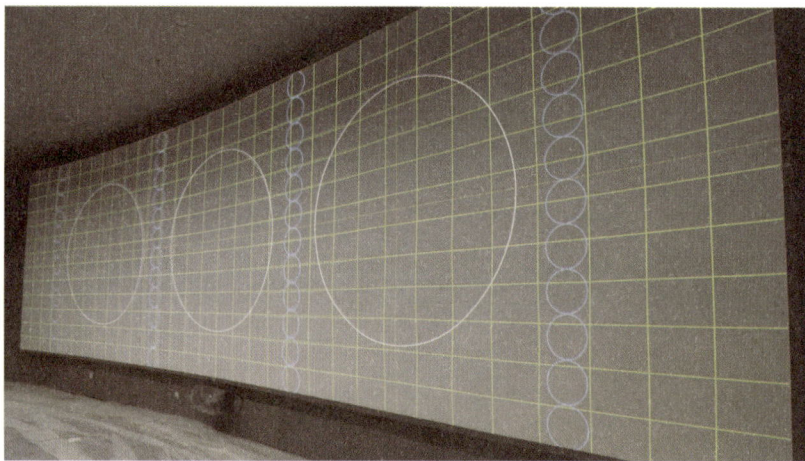

图 2-61　正在调试的三台投影机画面

图 2-62　正投展示

图 2-63　使用背投的圆形展
台播放影片

地"搬"到一起，采用投影将各种动态的画面投射到街道和建筑的白膜上，利用行驶的汽车等各种动态的影像，让整个历史鲜活起来。

背投投影机在幕布背后，人在正面观看，此类型投影机对幕布要求比较高，要用透视幕（图2-63）。背投要考虑投射的距离是否足够。

利用投影技术的展项有大尺寸拼接融合投影、沙盘投影、场景还原投影融合、360°环幕、弧幕投影（图2-64）、幻影成像、电子翻书、地面投影互动（图2-65）、球幕投影、3D及4D动感影院、水（纱）幕投影等。

电子翻书是利用投影和感应造成书本空中翻页的互动效果（图2-66），仿佛是一本电子的投影书。

图2-67为我国台湾2010年花博会梦想馆展厅，其主题为"共融"，是一个360°环幕互动剧场，播放名为"森呼吸"的影片，影像视角从荷塘水面开始，慢慢上升，穿过云层，来到空中，在云层间快速穿梭，最后将观众带到一个充满魔力的神奇森林，此时开始人与自然的互动交流，观众站到环幕边的光圈中，深深地呼吸，环幕投影中的小树苗会随呼吸慢慢长大。这种非接触式生理讯号感测技术，不用接触身体，就可以感受到人的呼吸、心跳、脉搏参数。观众将手放在树干上的蝶蛹之上，蝶蛹化为蝴蝶飞舞而起，意在表达人与大自然和谐共鸣会产生巨大的能量。

图 2-64　弧幕投影

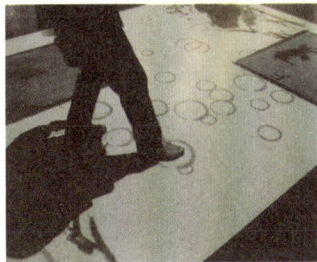

图 2-65　地面投影互动

图 2-66　电子翻书

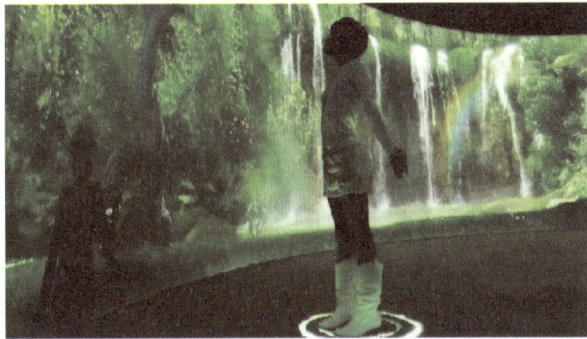

图 2-67　360°环幕互动剧场

（二）幻影成像

幻影成像是一种将"实景造型"与"幻影"结合的光学成像，是投影的一种应用。实景造型是布景箱中的模型，将拍摄的人物影像投射到实景造型的箱体中，就形成了"幻影"成像。它可以用来展示故事，利用玻璃的透射、反射方式，通过与模型、多媒体技术相结合，将视频画面悬浮在一个实景中（图2-68）。幻影成像展示系统的设备主要由立体模型场景、成像介质、影视播放、音响及控制系统组成。

如图2-69所示，为表现历代的畜牧兽医技术不断发展的部分，就使用了幻影成像展项。主要讲述明代杰出的兽医喻本元、喻本亨兄弟，两人自幼学习医术并一直在家乡一带行医的"喻氏行医"故事。

图 2-68 幻影成像

图 2-69 幻影成像"喻氏行医"

（三）显示屏系列

博物馆展示中常用的显示屏有LED、触摸屏、互动感应桌面等。

1.LED

LED是一种电子屏幕（图2-70）。一般用来显示文字、图像、视频等各种信息。LED指发光二极管。用"P"代表两个发光点之间的距离，如P16的点间距为16mm，P20的点间距为20mm。数值越大还是数值越小画面越清晰呢？数字越小，代表两个灯珠之间的距离越小，清晰度也越高，相应的价格也会越高。P3（3mm）显示屏的最佳可视距离是3.5～10m，P4显示屏的最佳可视距离是5～13.5m。在博物馆中使用LED屏幕，根据视距最好使用不高于P3的LED屏幕。室外使用，P值可以大一点。LED在博物馆中经常用来播放影片，不受周围环境的光亮影响（图2-71）。

2.触摸屏

触摸屏常用于查询系统，在观众查询信息时出现相关展示内容信息，可以对自己感兴趣的内容选择性查询，无人触摸时为自动播放信息（图2-72）。

图 2-70 LED 电子屏幕

图 2-71 上海世博会山东馆鲁班锁造型 LED 屏

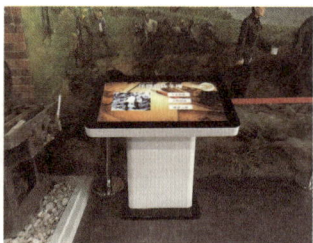

图 2-72 触摸屏

3.互动感应桌面

互动感应桌面也采用了触摸屏，在互相不影响的状态下，支持多人在同一个桌面上同时参与互动游戏（图2-73）。

图 2-73　互动感应桌面

三、多媒体应用案例

（一）"山水觉——神会黄公望、山水新演绎"新媒体艺术展

"山水觉——神会黄公望、山水新演绎"新媒体艺术展是一个综合应用投影和屏幕的展览。《富春山居图》曾经在台湾故宫博物院合璧展出，博物院另辟展区，设置了"山水觉——神会黄公望、山水新演绎"之新媒体艺术展。主要使用各种多媒体展项，将中国山水绘画与当代视觉艺术相结合，将古典文化与互动体验融合，给观众创造了多维度、丰富愉悦的参观感受。山水觉展览包括五个展项，分别为"山水化境""画史传奇""写山水诀""听画"和"山水对画"。

"山水化境"为最主要展项，展项制作比上海世博会中国馆《清明上河图》的制作更为复杂。《清明上河图》采用13部投影仪，投射《清明上河图》的影片，观众无法与之互动。而"山水化境"展项尺寸达42m×1.8m，使用42台投影仪。设计者通过软件将几千幅实景照片进行选择拼贴，最后形成了《富春山居图》的实景效果图，将浙江博物馆《剩山图》与台北故宫博物院《富春山居图》无缝接合。

整个展项由两部分组成，上半部分是数字版《富春山居图》，通过计算机动画制作，细腻地刻画了时间的流动、四季的变幻，落雨、雷鸣、乍晴，光影变化，落叶飘动（图2-74）。下半部分是曲水流觞，潺潺流水，落叶飞花，配以影影绰绰的山景倒影，水面漂浮着白色的酒杯，营造了古时文人们吟诗聚会的意境。观众可以向画作远处的人

图 2-74　"山水觉——神会黄公望、山水新演绎"新媒体艺术展"山水化境"多媒体展项

物打招呼，呼喊"喂——"，画中的八个人物会有不同的回应，砍柴的柴夫会转头看向你，垂钓的渔夫会向你挥手然后钓上一条肥肥的鲤鱼。观众还可以捧起下面曲水流觞中的酒杯，水面颤动，画作里也会发生变化（图2-75）。

"画史传奇"是一个触摸屏式多媒体互动展项，此展项以中国水墨的长卷形式结合历史时间讲述《富春山居图》的历史故事，观众可以将手放置到画卷中代表时间的印章上，画中的人物便会动起来，通过观看动画，让观众了解《富春山居图》的故事（图2-76）。

"写山水诀"是触摸屏互动展项，观众先了解中国山水画的笔墨技艺，再用拼贴的方法触摸屏幕创作自己独一无二的水墨山水画，领略多媒体绘画的趣味（图2-77）。

"山水对画"展项利用幻影成像技术和台湾特色的布袋戏相结合，以《富春山居图》的作者黄公望为中心，介绍和他有关的几个情景故事。观众将代表不同故事的书卷放到相应位置（图2-78），投影就会播放对应的影片，由布袋戏偶诉说文人山水的起承，生动逼真（图2-79）。

（二）Teamlab 团队案例

以整个展示空间作为信息的载体，以数字多媒体作为展示手段，将整个博物馆展示空间作为一个"展品"，给观众更多的沉浸式体验，

图 2-75　曲水流觞

图 2-76 "画史传奇"展项

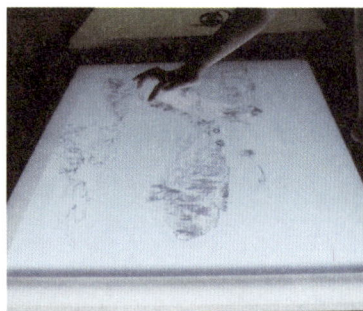

图 2-77　"写山水诀"展项

图 2-78　"山水对画"展项采用书卷操纵

图 2-79　"山水对画"展项幻影成像画面

是现在多媒体技术在博物馆展示应用中的又一个探索方向。

日本的Teamlab设计团队的作品非常具有代表性，利用数字媒体艺术使整个空间成为"展品"。作品《在人们聚集的岩石上，注入水粒子的世界》中，用数字多媒体装置营造出沉浸式的空间体验。展厅内的墙面可以接收多个全景式无缝投影机的动态画面，地面上设置了凸起的岩石形状，"因人存在的岩石"在虚拟的三维空间中立体再现，水从高处流下，根据岩石的形状模拟水的运动，并描绘出瀑布。水用无数水粒子的连续体来表现，计算粒子之间相互影响的关系，接着根据这些水粒子的移动在空间中描绘出线。而这些"线的集合"形成了瀑布。观众站在空间中或触摸作品时，就会成为能够改变水流的岩石，可以改变"水"的流向，传感器可以定位观众的位置，捕捉其行为，使投影机的画面可根据观众的行为即时变换。此时，空间中没有一件传统意义上的展品，有的只是观众沉浸在空间中的多重体验。在数字多媒体艺术的介入下，观众可与"展品"对话（图2-80）。

在米兰世界博览会日本馆的展览中，Teamlab团队设置了大型交互展示空间。整个空间如一个布满荷叶的荷塘（图2-81），当观众在"荷塘"中穿梭时，"荷叶"会缓慢散开，一条"锦鲤"会随着观众的步伐缓缓游弋，虫鸣、蛙声此起彼伏，抬头望去，远处的白鹤从空中飞过，观众仿佛置身于夏日的田野中。数台感应器实时捕捉观众在空间中的行为，并反馈到各级影像中。数字多媒体技术使展示内容与观众之间建立起互动关系，提高了信息传播的有效性和趣味性。

四、线上虚拟展览

虚拟展览也是辅助展品的一种，观众可以通过登录虚拟展厅来了

图2-80　Teamlab团队作品

图2-81　米兰世博会日本馆中的多媒体交互展项

解展览或文物的相关情况。虚拟展览也称虚拟展厅或者网上展厅，它是数字博物馆的组成部分，以实体展览为基础，利用三维虚拟技术将展览及其陈列品移植到互联网上进行展示、宣传与教育活动，突破了传统意义上的时间与空间的局限。虚拟展览不是现实世界中实体展览的简单复制，而是实体展览社会价值的补充和扩展。虚拟展览的出现，使更为广泛的观众群体能够在网络平台上真实感受到展览及展品，同时，实体展览所无法实现的一些展品互动也可以借助虚拟展览得到有益的补充。如山东博物馆的"考古山东"虚拟展览（图 2-82），以整个实体展览的施工平面图纸为基础，利用 3DMax 软件建模，将展厅实景照片作为材质在 3DMax 中进行渲染，然后使用 Vrml 脚本编辑软件添加交互功能，最终通过 Dreamweaver 网页编辑软件在 Web 上封装输出。输出的软件可以在山东博物馆数字展览栏目中浏览。"考古山东"虚拟展览完全还原展厅的原貌，观众可以通过键盘和鼠标在三维模型中遍历所有展品，并且具备简单的漫游和互动功能，漫游读取快、画面流畅、真实感强，使用效果良好，观众可以通过网络详尽地参观展厅，认识展品，了解展示内容。

图 2-82　"考古山东"线上虚拟展览

第八节

展示道具

　　博物馆展示道具通常称为展具，是博物馆展示的落地依靠。博物馆展览中使用的展具包括展柜、展台、支架和其他与展品存放、安置、保护的相关器具，可使用金属、木材、玻璃、塑料、复合材料等材质，大的如支架、展板、展台，小的如积木、摆件、挂件、各种衬物与器皿等。在展示设计时，根据不同性质展览的陈列要求，在符合审美标准的情况内选用各种展示道具。展示道具的选用与质量，直接影响展示工作的进行和展出效果。展具应坚固和美观，尽量轻便，且因其有直接或间接接触文物展品的可能性，材料和施工要执行文物保护方面的规定，以保证使用安全。

一、展柜

展柜是展览中承载和保护展品的专业设备，适应观众参观需求，有效保护柜内展品安全。展柜应安全、坚固、便于使用，非固定展柜应便于移动。

使用展柜的目的一是不损伤展品，二是方便观众观看。展柜设计必须遵循实用与审美相结合的原则。展柜直接服务于文物展品，是博物馆藏品公开展出时的保管器具，因此必须满足安全防范的各项要求，如防盗、防火、防虫、防尘、防潮、防光害等。展柜必须具有良好的展示功能，各个部位的尺度比例均须符合人体工程学的原理，使观众参观时感觉舒适；陈列展柜的开门方位、方式、构造也必须符合使用方便性的原则。

按照展柜空间位置的不同，大致可分为沿墙通柜（图2-83）、独立柜、坡面柜、入墙柜、悬挂柜等类型。沿墙通柜一般有多种样式，有带有背板样式的，也有两侧透明玻璃的展柜（图2-84）。独立柜也称中心柜（图2-85），大多为独立式的，适合展示相对重要的展品，有时根据需要也可将若干独立柜拼合使用。坡面柜桌面有一定的倾斜度（图2-86），适合展示书法、绘画等纸质历史文件以及其他片状或扁平形状的物品，或需近距离观赏的小体积类的文物。入墙柜是凹陷

图 2-83 沿墙通柜

图 2-84 两侧透明玻璃的展柜

图 2-85　独立柜

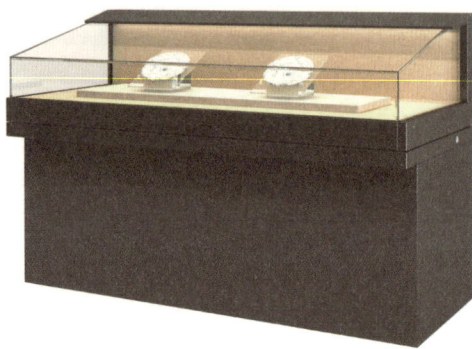

图 2-86　坡面柜

进墙里面去的展柜（图2-87），其凹陷深浅程度依据展柜的实际需要而设定，门的开启方式也根据需要选用。悬挂柜通常安装在墙壁上（图2-88），观众可近距离观赏展示物。

　　博物馆通常使用的展柜为中规中矩的方形展柜，但有时为了美观或特殊传播的需要，也会制作使用异形柜。

　　展柜的材料与施工均应精密、规范、安全、无害。五金锁具等配件应牢固可靠，单扇柜门应有两把以上的锁具，锁具位置尽量隐蔽，一锁一钥，编号管理。

　　根据文物保护要求，必要时展柜应具备恒温、恒湿、防有害气体、防振动（包括地震和其他振动）破坏等文物保护功能。

　　展柜内部一般分为展品放置空间、灯具电器安装空间和其他设备空间三部分，相互应独立分隔。展柜的加工一般分为定制成品展柜和现场加工展柜。

　　成品展柜是专门的研发生产企业根据博物馆的需求进行标准化制

图 2-87　入墙柜

图 2-88　悬挂柜

造的陈列展览用柜。陈列展览形式设计可根据展示效果和展品的等级、体量要求对展柜进行功能和外观设计。应做到外观规整；密闭良好；承重安全；柜门开闭便捷、顺畅、安全；灯具电器空间应可独立开闭；大型展柜的现场组合安装应做到专业施工，组件齐全，无变形和破损，不应有现场加工改制，安装施工后应及时调试检验。

二、展台、支架

展台是在展品裸露展出时放置展品的台座（图2-89）。展品如果没有展台，直接放在地上，会显得不起眼，没有分量。只有展品离开而且高出地面，才能突出而显眼。所以凡是实物展品，都应放置在展台上，即使是那些能够独自摆立在地面上的展品，如桌子、凳子、机器等，也需要用展台来衬托和突出。

支架是直接卡、托和固定展品的特殊用具，是将展品保持在最安全且便于观众观看的高度上的支撑或固定装置，在展柜里也常采用小型支架。

图 2-89 展台

展台和支架需要根据展品尺寸和造型做设计和定制。一般来说，体积较大的展品应使用矮展台，小型的展品（如佛像、陶器等）则适合使用较高的墩柱式展台。有些展台还需要根据展品的特征进行设计定制。

为了确保展品的放置更加美观、安全，需要支架来做依托。要根据展品的特点，选择不同类型的支架。支架材料种类和加工方式多样，常见材料有金属、木质、玻璃和亚克力等（图2-90），同时也会使用钓鱼线（图2-91）、细软管等辅助材料固定展品。由于支架是与展品直接接触，所用材料应对展品无腐蚀、伤损和污染，不应与展品发生粘连、绞缠等现象。金属类支架多用于大型石雕、碑刻类展品的辅助站立和固定，应在金属构件与展品之间放置衬垫材料，避免硬接触对展品造成损伤。亚克力类材料易老化、碎裂和变色，特别是热弯和黏接加工情况会威胁使用安全性，长期展览中不宜使用。

图 2-92 为四川博物院的某展品支架，独具匠心的设计，将瓷器底部的款识和花纹通过倾斜的镜面反射到观众眼中。

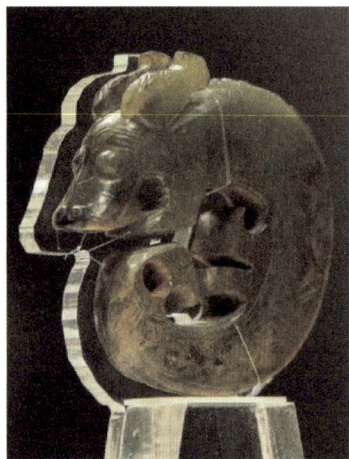

图 2-90　亚克力支架

图 2-91　钓鱼线固定展品

图 2-92　展品支架设计

三、挂具

挂具主要是指需要悬挂展示的展品所使用的金属挂钩、挂绳、挂索、金属扎孔挂带等专门用具。使用中应经查实、计算或实验，确定所选挂具对于被挂展品的重量具有两倍以上的承载力。所选用挂绳以表面涩滞、无伸缩性为宜，绳结应为死结。钢丝挂索需选择优质正规厂商产品，使用前应逐个检查锁扣的可靠性。

思考与练习

1. 博物馆展示设计与普通装饰设计项目有哪些区别？

2. 谈一谈辅助展品在博物馆展示设计中的作用。

3. 要做好博物馆的展示设计，必须做好哪些方面的工作？

第三章
博物馆展示的内容设计

第一节

博物馆展示内容设计的原则与流程

博物馆展览是为广大普通观众服务的，应以大多数观众的文化水平和欣赏能力为基准。当今的观众，获取知识、信息的方式已和过去不同，他们再也不会耐心地去阅读所谓系统的知识了，而是喜欢听故事，希望从故事情节中获得相关知识和信息。因此，展览首先要让观众耳目愉快，要感染观众，在观众爱看之后再把知识、信息传达给他们。要汲取一些博物馆以往展览的经验教训，不能用学术性取代知识性，用专业性代替普及性，造成博物馆门庭冷落的现象，过于专业化的展览势必失去大多数观众。博物馆的展览要强调知识性、通俗性、普及性，但是"通俗"不是"庸俗"，更不是"低俗"。所谓"通俗"，即经过精心制作和深入浅出的阐释，使普通观众在高雅的殿堂中增长知识、陶冶情操、提高文化素质。

一、博物馆展示内容设计的原则

在进行博物馆内容设计的时候，我们需要把握以下六个原则。

（一）导向原则

内容设计需要反映、揭示人类文明各个阶段认知的能力、方法和成果，传导正确的历史观和价值观。博物馆展示的主题思想、内容和传递的信息，首先必须符合我国宪法所规定的基本原则和制度，符合各种法律法规，才能为弘扬社会主义核心价值观，为人类的发展和社会的进步提供正能量。

（二）科学原则

内容设计要有科学的理论和依据作为支撑，能体现本领域先进和稳定的知识体系，坚持科学性和客观性，以科研成果作为展览的学术支撑，准确揭示展品内涵，尊重历史事实，杜绝主观臆造，不能歪曲历史故事及历史人物。

（三）传播原则

内容设计要适应公众认知的特点，传递易于理解和接收的信息。

（四）创新原则

内容设计需符合社会和博物馆事业发展的阶段性要求。展览要新，必须努力从选题、视角、结构、情节、文字等方面进行创新，选题要有特色，倡导展览的原创性和多样性。

（五）审美原则

内容设计需注重语言、故事、展品等组成部分的艺术性，符合观众的审美需求。

（六）系统性原则

内容设计是一项系统工程。这个系统是若干个相互联系、相互作用的要素构成的有机整体。进行内容策划时不能孤立、片面、静止地考量各个要素，而是需要运用系统思维全面考虑每一个细节。根据博物馆的地域、类型特点，紧扣博物馆宗旨使命和馆藏文物特色，切合学科学术和社会文化环境进行综合考虑，确定内容设计，特别是要对文物藏品进行深入的研究分析。

以上是内容设计和策划的原则。在进行博物馆展示内容设计策划时，设计师要熟悉与展览主题、内容有关的各种专业知识，研究并思考其学术和文化内涵；同时也要懂得教育学、传播学、心理学和设计美学的知识，要关注社会、现实、民生和观众需求；博物馆展示内容设计也是一项文化创意活动，要有开放的思想和意识；要有较高的博物馆学修养和人文涵养，掌握生活常识并有一定的生活阅历；应具备宽广的视野和丰富的文化想象力，善于把握观众的需求，善于从常见或普通的素材中发掘出令观众感兴趣的内容和话题，找到富有新意的切入点；要熟悉博物馆展览信息传播的规律，还要熟悉博物馆展览表述的基本方法和手段。全方位地了解博物馆展览的主题，以及需要传播的主题信息，才能更有针对性地进行形式设计与表现，方便观众理解展示的内容。

二、博物馆展示内容设计的流程

博物馆展示内容设计的流程如图3-1所示。主要包括：选题提出、前期准备、展览大纲、展品确定、展览文本、延伸设计、衔接与归档七个阶段。

（一）选题提出阶段

选题提出阶段的主要工作步骤包括初拟选题、选题确认、策展人确定3个步骤。

（二）前期准备阶段

前期准备阶段的主要工作内容包括观众调查、资料收集、资料研究3个步骤。调查研究是对展览选题的范围、展示内容、展品以及观众的基本信息、文化背景、参观预期等进行调查，收集并研究观众的兴趣点和审美需求。同时围绕展览选题，进行资料收集工作，广泛收集相关藏品信息、论著、图片等资料。然后对收集的资料进行深入研究，并以此作为展览内容设计的学术支撑。

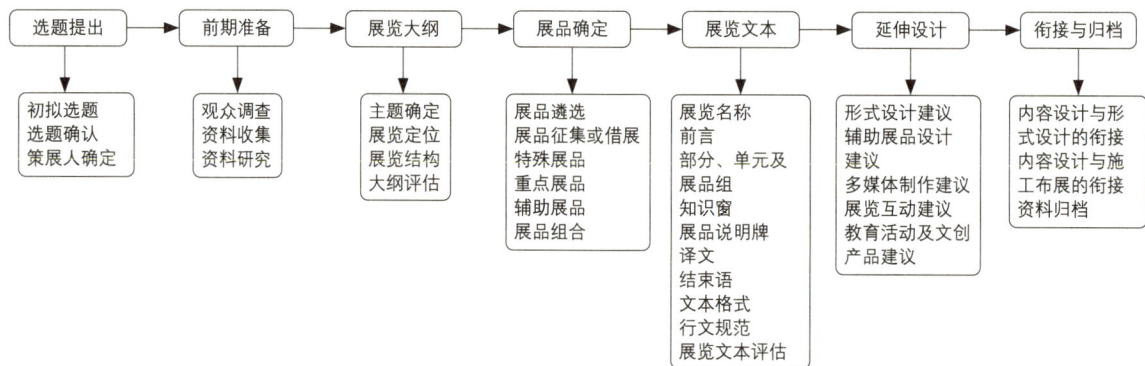

图 3-1　博物馆展示内容设计的流程

（三）展览大纲阶段

这个阶段的工作主要有主题确定、展览定位、展览结构和大纲评估。

1.主题确定

展览主题体现着展览的立意和表现角度，是展览的生命力所在。

2.展览定位

展览定位即展览内容面对的观众、专业性，如是科普类、艺术欣赏类还是教育学习类，是面对专业观众，还是普通观众，是成人还是儿童类。明确定位，才能更好地做好接下来的工作。

3.展览结构

展览结构也就是支撑展览的内容框架，起着疏通思路、安排内容和搭建结构的作用。展览结构应符合整体性、逻辑性、关联性、层次性、均衡性等特点。

展览结构一般分为三层，即部分、单元、展品组或展品。各部分、单元、展品组或展品有机联系，统一并服从于展览主题。部分和单元需拟定标题，标题应能体现展览主题和内容，标题文辞风格应相互统一，同一层次的标题应对仗，整齐美观。

4.大纲评估

展览大纲完成以后，需要进行大纲评估工作。由专业人士对展览大纲的主题、定位、结构等方面进行评估。如通过，则进入下一阶段。如未通过，则修改大纲或取消选题。

（四）展品确定阶段

确定展览大纲后，进入展品确定阶段。此阶段主要有展品遴选、展品征集或借展、特殊展品、重点展品、辅助展品、展品组合的确定等工作。展品确定包括实物展品的遴选和非实物展品的设定。

1.展品遴选

根据藏品的调研工作，遴选符合展览主题的藏品作为展品。评估藏品的现状是否适宜展出。

2.展品征集或借展

如果馆藏展品达不到展览要求，可视情况征集或从其他收藏机构借展一定数量的展品。需要借展的展品，应依据国家相关法规及行业标准，办理借展手续，签订借展合同，确保包装、运输以及点交过程安全规范。

3.特殊展品

特殊展品是指地图、宗教、民族以及人体、器官等特殊展品的遴选，此环节要严格按照国家相关法律法规和博物馆职业道德规范执行。

4.重点展品

重点展品是指挑选可以承载重要传播目的的展品作为展览重点。重点展品应具有典型性和代表性。重点展品应置于展览的重要位置，或以独特的形式展示。

5.辅助展品

根据展览需要，拟定一定数量的复制品、模型、沙盘或创作书法、绘画、雕塑等作品作为辅助展品。辅助展品要与展览主题密切相关，制作精良，艺术效果良好。辅助展品的使用应恰当、适度。

6.展品组合

展品组合是指通过研究，寻找展品的相互关系，设定展品组合，从而诠释展览主题。展品组合要科学、合理、美观，便于传递展览信息，易于观众观赏和接受。

（五）展览文本阶段

展品确定以后，进入完整的展览文本的编写工作，文本也称脚本。文本的主要内容包括展览名称和展览。

1.展览名称

展览文本编写首先要确定展览名称，展览名称是展览给观众的第一印象。一个展览吸引观众，展览名称起着关键性的作用。

展览的名称，顾名思义即展览的名字，要求既能准确概括整个展览的内容，又不能过于平淡、直露，含混不清，甚至拖泥带水，都会使名称失去应有的魅力。一个富有艺术性的名称，有时会使展览别开生面，甚至起到画龙点睛的作用。展览名称的字数不宜太多，音节应该响亮，最好能一目了然，铿锵有力。由于展览是大众艺术，名称要深入浅出，雅俗共赏，既不能怪僻玄奥，也不能晦涩难懂。总之，展览名称应准确反映主题，简洁凝练，高度概括，富有文化底蕴。

展览名称分为两种：一种是复合标题，即主标题加副标题。主标题一般提炼展览的精神内核和文化内涵，副标题说明展览的时间、范围、类型、特色等较为具体的内容。例如，北京故宫博物院的"千里江山——历代青绿山水画特展"。另一种是单一标题，如南京博物院的"江苏古代文明"展。

图3-2为国家博物馆举办的一些展览的名称，多数为复合标题，如"海宇攸同""镜里千秋""舟楫千里"等，这些主标题简洁凝练，显示展览主题及文化内核。

图3-2 国家博物馆举办的一些展览的名称

2.展览文本

展览文本内容应准确可靠、简练易懂。展览文本包括目录、正文和附件。目录需要表示出前言、部分、单元、结束语及附件等内容，并标注页码。正文包括前言、部分标题及课题文字、单元标题及单元文字、展品组及展品说明、展品说明牌及译文、结束语等内容。

（1）前言。前言主要阐述展览主题、重点内容和文化内涵等内容。要求篇幅精短，一般不超过500字（图3-3）。

（2）部分、单元及展品组。部分、单元及展品组就是展览内容结构。展览内容结构一般由部分、单元、展品组或展品等多层级构成，对应的是展览一级、二级、三级标题版（图3-4）。各部分有各自的标题，标题下有一段提炼该部分展示内容和文化内涵的文字，称为"部题文字"或"部题说明"，一般不超过250字。各单元也各有自己的标题，标题下有一段介绍该单元展示内容和特色的文字，称为"单元文字"或"单元说明"，一般不超过150字。展品组或展品的介绍文字应体现展品组合关系及展品价值，一般不超过100字。

图 3-3　首都博物馆"山宗·水源·路之冲：一带一路中的青海"展览前言和标题版

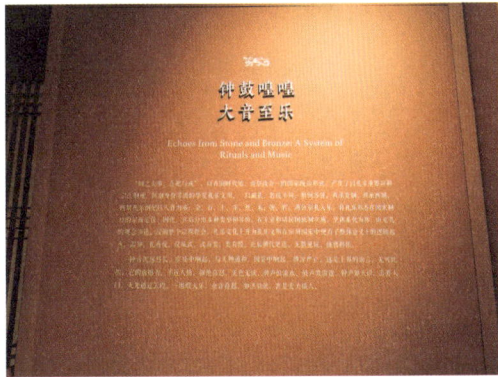

图 3-4　国家博物馆"天地同和——中国古代乐器展"第二部分标题版

（3）展品说明牌。展品说明牌是说明展品的相关信息，应该以满足公众了解、认识展品的要求为出发点。与博物馆的空间相比，展品说明牌只是"方寸之间"，尽管如此，说明牌在博物馆中却是不可或缺的一部分。

展品说明牌一般包括展品的名称、年代、尺寸、来源、收藏单位等信息。对较为特殊的展品，要做相应的说明。如书画、碑帖、服饰要注明质地；不易识别的纹饰或文字要进行解释；创作的展品要注明创作时间、作者等。

随着科技的进步，展品说明牌也出现了二维码等现代化的形式。展品说明牌在展厅中一般跟随着展品摆放，不离左右（图3-5、图3-6）。

（4）译文。举办重要或涉外展览时，通常应将展览名称、前言、部分标题及课题文字、单元标题、展品说明牌等配上译文。译文应根据展览举办地的实际需求而定，以英语为主。在少数民族地区举办展

图3-5 首都博物馆"望郡吉安"展览展品组和展品
说明牌

图3-6 国家博物馆"天地同和——中国古代乐器展"
展品及其说明牌

览，应增加当地少数民族文字译文。坚持文字精练、内涵准确、用词优美等原则。

图3-7为首都博物馆的"重生：巴洛克时期的西里西亚——波兰弗罗茨瓦夫国立博物馆馆藏精品展"，包括标题文字和重要展品的说明都使用了中文和英文两种文字。

（5）结束语。展览的结束语包括展览的总结、寄语、感谢等内容，一般不超过300字（图3-8）。

图3-8为国家博物馆"天地同和——中国古代乐器展"的结语。

3.附件

展览文本的附件包括展品清单、内容设计团队名单、延伸设计建议、专家座谈会纪要等。

4.文本评估

展览文本完成以后，可进行展览文本评估工作，评估整个文本能

图3-7 展览中使用译文

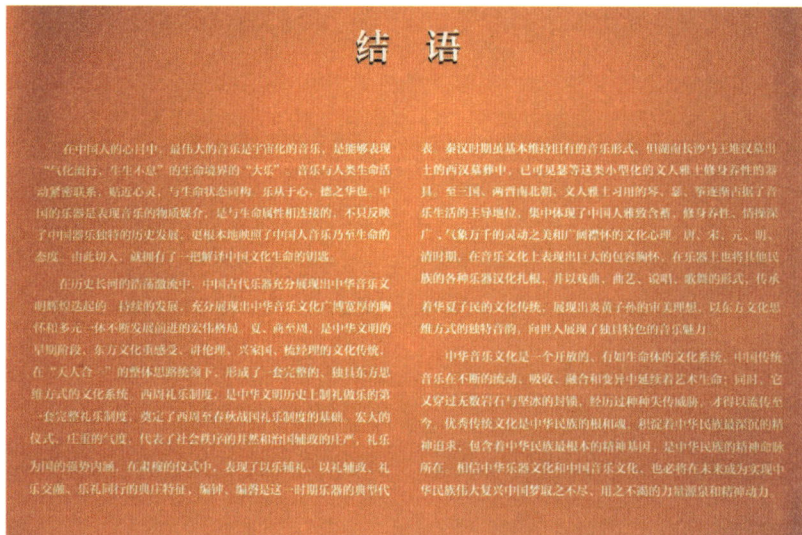

图3-8 国家博物馆"天地同和——中国古代乐器展"结语

否准确阐释和体现展览主题并为观众所喜爱。由专家组评估展览文本的结构是否合理，文字是否精练，与展品是否契合，是否具有可操作性，对形式设计、教育活动、文创产品开发等方面是否起指导作用。展览文本可提供给相关部门，作为展览图录和讲解词的基本内容。

（六）延伸设计阶段

内容设计最后，可以根据实际情况，提出延伸设计建议。延伸设计应基于展览文本，服务于展览主题。主要工作内容有形式设计建议、空间建议、展线建议、环境设计建议、辅助展品设计建议、多媒体制作建议、展览互动建议、教育活动及文创产品建议。

1.形式设计建议

形式设计建议主要是根据展览主题、展览所在地域的文化特点、观众需求及展品特色等因素，对展览色调、装饰元素、背景图案、环境氛围等设计提出建议。

2.空间建议

根据展览结构、展品组合及重点展品，对展示空间及空间关系提出设计建议。

3.展线建议

根据展览结构、展品特色、重点展品等因素，对展品位置和参观动线提出建议。

4.环境设计建议

对展厅温度、湿度、照明、安全等方面提出建议。

5.辅助展品设计建议

根据展览需要，提出辅助展品的设计建议，并指导实施。对辅助展品的参考原型、组合方式和制作要求等方面提出建议，并提供可参考的图片和资料。

6.多媒体制作建议

对展览中的多媒体制作提出建议和说明，并提供相关资料。

7.展览互动建议

对展览互动项目提出建议和说明，力图满足观众对趣味性、参与性、体验性的要求。

8.教育活动及文创产品建议

对展览宣传和推广等活动提出建议。根据展览主题、特色和重点展品等信息，对文创产品提出建议。

博物馆文创产品不是简单地定制，也不是在商品上加个标识（Logo）就能完成的，而是在对藏品和展品元素的合理研究基础之上，力求呈现博物馆展览的主题与故事，以艺术衍生产品的形式挖掘博物馆更多的社会价值和历史意义，彰显博物馆文化精神的创新传播。在内容设计完成后，内容策划师对展览的主题、重点展品有着非常清晰的认识，这些认识可以转化为对文创产品的设计建议，便于文创设计师把握文创产品研发的方向、风格与卖点。

如图3-9所示，为北京故宫的两款文创产品，其在保证产品实用性的同时，尝试挖掘故宫背后的文化内涵。从传播学的角度来说，这属于大众传播的范畴，与博物馆的展览一样在传播博物馆的相关信息。购买文创产品的受众，无论是在物质层面还是精神层面，对有六百年历史的故宫有着强烈的文化认同感，文创产品成为拉近博物馆与受众之间距离的纽带。

图 3-9　北京故宫文创产品

（七）衔接与归档工作

1.内容设计与形式设计的衔接

内容设计完成以后，需要与形式设计进行衔接。在形式设计开始前，内容策划人员将展览文本和延伸设计提供给形式设计师，介绍展览主题、展示结构框架和特色，并在整个形式设计的过程中与设计师保持沟通。对特殊展品的展示方式和效果的期望应提前告知形式设计师，并根据形式设计师的反馈，对展览文本进行调整。

2.内容设计与施工布展的衔接

在施工布展开始前，内容策划人员应对施工布展人员介绍展览主题、结构和特色，并与施工布展人员保持沟通，确保展览主题得以贯彻落实。

3.资料归档

展览实施以后，应将展览文本、延伸设计、展览评估及相关文字、图片等资料进行整理，纳入展览档案。有条件也可以编写、出版展览报告。

第二节
确定选题与传播目的

一、确定选题

展览都要从确定展览选题开始。只有明确了办展方向，后续的工作才能有条不紊地开展，好的选题是博物馆展览成功的关键因素。为了形成一个好的选题，在筹备一个展览前必须对展览选题进行认真的研究与评估。展览选题需要考虑以下四个方面的问题：

（一）从科学性和藏品角度进行思考

选题要建立在科学性和有展品支撑的前提下。博物馆的藏品优势是在确定选题时首先考虑的问题。博物馆是否有足够的藏品来做展览？展览是否有足够的学术支撑，展品形象资料以及学术研究资料是否足够，是否有扎实的学术研究成果做展览的学术支撑？

（二）综合分析

结合博物馆的发展规划、财政预算、教育资源以及目标观众等现状进行综合分析。选题对观众是否有意义，是否有足够的资金做展览？是否有合适的可利用的空间？展览从策划到实施是否有充分的时间保障？谁来担任展览的学术顾问、内容策划、形式设计？切不可随意选择选题，否则会造成展览策划的混乱，降低展览质量。

（三）关注社会热点

作为社会公益事业，博物馆在展览选题上应注意根据时代需要、社会热点等多方面开拓选题，日常生活中，人们关注和追踪的社会热点有很多，包括政治、经济、文化、教育、体育、卫生、科技、军事等各个领域的事件以及自然灾害、自然现象等，策划者应当具有敏锐的社会观察力，结合社会热点策划展览，往往能起到事半功倍的效果。这样的展览既能够吸引大量观众，又可以从正面引导、教育观众加深对热点事件的理解，弘扬时代精神。

例如，2018年为庆祝改革开放40周年在国家博物馆举办的"伟大的变革——庆祝改革开放40周年大型展览"（图3-10）；山东省人民政府在2019年中华人民共和国成立70周年之际主办的"奋进的山东——

庆祝中华人民共和国成立70周年成就展"（图3-11）；以及首都博物馆在2021年举办的庆祝中国共产党成立100周年的特展，都紧跟热点时事。

2020年12月17日"嫦娥五号"成功返回地球。当天国家航天局宣布：部分月球土壤将入藏国家博物馆，向公众展示。经过紧锣密鼓的精心准备，"月球样品001号·见证中华飞天梦"展览于2021年2月27日在国家博物馆开幕，积极响应我国建设航天强国的目标（图3-12）。

图3-10　伟大的变革——庆祝改革开放40周年大型展览

图3-11　奋进的山东——庆祝中华人民共和国成立70周年成就展

例如，三星堆遗址于20世纪80年代发现，距今已有30多年。2020年，时隔34年，三星堆遗址再次启动祭祀坑发掘，并取得了更多的惊喜发现。2021年3月20日，"考古中国"重大项目工作进展会在成都举办。三星堆的话题，一时成为国人街头巷尾津津乐道的话题。于是，2021年6月8日，上海奉贤博物馆紧跟"三星堆热潮"，推出了"古蜀之光——三星堆·金沙遗址出土文物大展"，受到了观众极大的欢迎（图3-13）。

（四）注重地方特色

展览必须因地制宜，既要追求地方特色，又要顾及博物馆自身藏品的数量与质量。以最能体现本地历史文化的、最受观众欢迎、最具特点的展览选题为前提。

我们地域辽阔、民族众多，各地的文化差异性较大。尤其是在古代，舟楫难行、路桥不通，高山河流成了阻碍人们交流的屏障，俗语说"一方水土养一方人"，说的其实就是各地的文化特性问题。在人类历史发展长河中，人类文化既有共性，也有个性，各地发展出不同的地方文化是势所必然，时代越早，这种趋势越明显。如新石器时代的仰韶文化、龙山文化、大溪文化等各地人类活动遗存，这些文化虽然

图3-12　"月球样品001号·见证中华飞天梦"展览

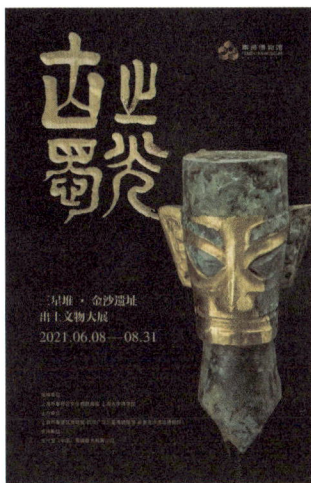

图 3-13 古蜀之光——三星堆·金沙遗址出土文物大展

是考古学意义上的名词，但它本身也是对属于同一时期的，有地方性特征的共同体的一种表述。到夏商周时期，四川的巴蜀文化与中原文化也存在着明显的差异，反映在文字、信仰、器物上都有不同。不同文化下的人群会有着不同的行为习惯、语言习惯，甚至思维习惯。随着时代的进步、技术的发展，时空的差距越来越小，各地的经济文化日趋融合。但各地地理环境的差异，仍决定了各地会有自己独特的文化气韵。时至今日，我们仍能感觉到江南水乡的轻柔、东北黑土地的粗犷、巴山蜀水的泼辣等不同地域特色。

文化的多姿多彩是人类的巨大财富，我国各地独具特色的文化为当地博物馆的收藏特色奠定了基础。许多地方博物馆在藏品上虽不如国家级大馆的藏品多而全，但它在某些地区性特色文物上的收藏却非常丰富。如四川省博物馆在巴蜀青铜器，四川汉代画像砖、石、陶俑等文物上藏品最丰富，也最具文化特色；浙江省博物馆在良渚文化玉器；甘肃省博物馆在仰韶文化陶器上的收藏十分丰富；等等。许多地方博物馆都具有类似的特点。这些人无我有的独具地方特色的文物收藏既是各地方博物馆的精华，也是地方博物馆办展览的长处所在。事实表明，在高速发展的现代社会，人们在发展经济的同时，也日益注重文化品位。逐渐开始在现代文化的氛围中向往古老纯朴的民风，在世界日渐趋同的背景下搜寻独特的文化风貌。正所谓："只有民族的才是世界的。"越独特，越有个性，越能吸引世界关注的目光。

因此，博物馆的展览应该在地方文化特色上多做文章，充分利用当地独特的文物资源，办出既精美，又独具特色的展览。这种展览既可做成专题性展览，用作地方博物馆的基本陈列，以区别以前面面俱到的、死板雷同的通史陈列，又最宜用来作为馆际间、国际间文化交流的展览项目，向外输出展览，达到文化交流的目的。近年来，有许多地方博物馆利用独具特色的馆藏文物优势举办了许多生动有趣的高品位的文化展览，并开展了广泛的展览交流、输出活动。总之，地方博物馆可以充分利用独特的文化优势，引进来，走出去。

图 3-14 京城旧事——老北京民俗展

如首都博物馆的常设展览有"馆藏京剧文物展""京城旧事——老北京民俗展"（图 3-14）、"古都北京展"等极具地方特色的展览。湖南省博物馆结合地方特色和馆藏文物特点设置的常设展览有"长沙马王堆汉墓陈列展"和"湖南人：三湘历史文化陈列展"（图 3-15）。

选题是博物馆展览策划设计的第一步，也是关键的一步。成功的展览选题往往是有新意和创意，并符合观众兴趣的选题。博物馆必须经常推出新产品、新花样，才能保持旺盛的活力，而不是几十年一个老面

图 3-15 湖南人：三湘历史文化陈列

孔，似乎除了古代史、近代史就没有展览选题了。丰富多彩的展览内容是吸引新老观众的重要前提，是保持博物馆长盛不衰的重要因素。

例如，四川博物院近年来在展览创新上做了大量工作，尤其是在展览选题上不断地推陈出新，展览形式多样，内容丰富，既有反映四川地方文化特色的展览，又有各种各样内容的临时性展览。各种选题紧跟时事，吸引了众多观众，既起到了爱国主义教育的作用，又在文物和观众之间搭起了理解和沟通的桥梁，令观众为四川灿烂的古代文化赞叹不已。

另外，展览选题不是简单地去迎合观众，而是要用正确的、健康向上的文化内容去吸引观众，以展览的文化特色、精彩的内容去打动观众。

博物馆要与时代发展同步，必须进一步打开思维空间，去策划更多、更精美、更有特色的展览，使自己的文化产品、文化理念走向市场、走向世界。

二、确定展览的传播目的

确定好选题以后，就要确认展览的目的。展览的传播目的不同，展示文案的策划方向就会完全不同。传播目的很多时候需要策展人或设计方与甲方多次沟通来确定，策展人或设计方需要充分了解甲方通过展览想达到的效果、审美倾向以及投资预算情况。

例如，我们计划做一个龙虾主题的博物馆展览，展览的传播目的是单纯的科普类展览还是想通过展览达到推广当地龙虾品牌的效果？或者是否需要突出当地政府在推动龙虾经济发展中的作用？传播目的不同，内容策划方向就会截然不同。如果是单纯的龙虾科普类的展览，我们的内容策划方向可能只需要讲清楚龙虾的生物学知识，以及从龙虾和对人们生活的影响方面着手去做文案就行。如果想达到推广地方龙虾品牌的目的，我们还必须针对地方水文地理等方面去做调研和文案叙述。如果想表现政府在龙虾经济发展中的作用，我们还需要针对政府的方针政策进行调研和文案表述，等等。

所以确定展览传播目的是在确定选题后博物馆内容策划设计的第一要务，是接下来的内容设计和形式设计的出发点和归宿。只有明确博物馆展览的传播目的，并按展览传播目的来组织展示内容，然后在形式设计阶段，通过视觉形象语言将展览的传播目的表达出来，博物馆展览才可能成功。否则，博物馆的展示内容和形式表现将会无的放矢，无法达到展示传播的目的。

以山东省人民政府举办的庆祝中华人民共和国成立70周年展览为例，展览的选题紧跟时事，展览的传播目的是展示中华人民共和国成立70年以来，特别是党的十八大以来，山东省在经济、政治、文化、社会建设、生态文明建设和党的建设等各方面取得的辉煌成就，以唤起观众的自豪感和爱国之情。那么有了这个传播目的作为出发点和导向，接下来展示内容的组织才有方向。在随后的具体内容设计的时候，每个部分和单元，也都需要有各自的展示传播目的。当然这些传播目的是层层递进的关系，每个次级的传播目的都要服从并服务于展览的总展示传播目的。

如山东省博物馆的常设展览——"山东历史文化展"，展览的传播目的是宣传山东省悠久的历史和灿烂的文化。所以在内容设计的时候肯定是以山东历史、文化、地理为地域范围，介绍各历史时期山东地区的物质文明和精神文明成就，旨在彰显山东是中华文明重要的发祥地之一。

再如，建在杭州西溪国家湿地公园的湿地博物馆，其展示传播目的一是向社会大众普及和传播湿地科学知识，弘扬湿地文化，使大众了解和认识湿地，增强大众对湿地保护重要性的认识，引导人们自觉地爱惜和维护宝贵的湿地资源；二是宣传、引导、培养和增强人们"人与自然和谐发展"的科学发展观，增强观众的环境保护意识；三是促进杭州城市文化建设，提升杭州城市文化品位，丰富人民群众的精神文化和休闲娱乐生活；四是增强杭州国际旅游城市的魅力，进一步推动杭州城市旅游经济发展和繁荣。

确定了展览整体的传播目的，后面才可以根据传播目的进行展览大纲和文案脚本的策划。

第三节
内容设计的前期准备阶段

在确定了展览选题和传播目的之后，就进入前期准备阶段，这个阶段包括观众调查、资料收集、研究阶段和管理资料。

一、观众调查

观众调查主要是对观众的基本信息、文化背景、参观预期等进行调查，收集并研究观众的兴趣点和审美需求。展览要让观众感兴趣，就必须开展观众调查研究，根据观众的需求来思考和设计展览的内容。了解观众及其参观模式，从而有的放矢地策划观众喜欢的展览。

观众调查包括两个方面，一是目标观众的了解，即哪些观众会对本展览感兴趣？他们的背景和特征如何？二是观众需求和态度的了解，即他们的参观动机、兴趣和预期是什么？这需要统计数据支撑。

一般的观众调查方法主要有大数据分析，已有调查成果应用，以及电话、问卷、讨论会等形式。

可以通过发放问卷调查重点关注人群，也可通过邮件及网络调查、观众留言簿等进行观众调查。观众的知识结构和年龄层次，关注点和兴趣，都将影响接下来的内容设计。

如果目标观众多为相关方向的专家，那就不能以简单的科普来展示。如果面向的是青少年儿童，那就不能展示特别学术化的内容，达不到展览的目的。所以观众调查的结果将帮助接下来展览内容的策划设计，了解观众群体特点要放在内容设计的前期准备阶段来做。

通过群体特征分析，可将观众分为专家型、求知型、休闲娱乐型和青少年教育型四类。对于专家型观众，要突出展品的研究性、细微性；对于求知型观众，展示偏重于思考和理解；对于休闲娱乐型观众，主要以媒体互动、参与性展示形式为主，侧重于动态展示的方式；对于青少年教育型观众，多以新、奇、简的外形，游戏、互动的形式引导其主动学习。通过了解各种类型观众的不同需求，分析研究满足其需求的对策，将重视"物"的设计理念转移到对"人"的关注。针对不同类型观众的特点，分别制定相应的展示方案，对展示内容进行诠释，使展示理念以人为本，更加人性化。使展示形式动静结合，更加现代化。使展示主题更加个性化，最终实现展示信息的最有效传播。

二、资料收集

资料收集是指围绕展览选题和传播目的，进行相关资料的收集工作，需要对展示内容、展品以及相关藏品信息、论著、图片等进行收集。不只是内容设计需要进行资料收集和调研，形式设计同样需要。

博物馆的选题多样，地方通史、民俗文化、历史名人、地方物产等都可能涉及，而策划和设计人员不可能是百科全书，面对多变的主题，必须查阅大量资料，将相关知识融会贯通，胸中有墨，方可笔下有文。没有丰富的阅历，充足的阅读量，深入的研究，写不出好的展览文本，也做不出好的设计。

收集资料是内容设计的基础，只靠在办公室里或关在资料室里收集是远远不够的，许多资料要到现场（即生活）中去亲自收集。例如，要举办一个先进人物的事迹展览或者成就展览，就必须深入事迹和成就的发生地，对有关人和事及数据加以深入收集。不仅要调查研究，访问考察，还要对文字、图片、实物等悉数进行广泛收集。必要时，还要与摄影人员一起选择画面、确立场景，以有利于展览表现。

（一）围绕展览选题来选择和收集资料

围绕展览选题来选择和收集资料，它包括各种与展览有关的学术理论、专业研究成果、历史文献和档案资料。可以在博物馆、地方史馆、图书馆等场所获取相关资料。也可以购买相关选题的专业图书，或者在互联网上搜索相关资料。但要注意的是，并不是简单地搜索互联网上零碎的资料，网络上的资料一是内容体系不够全，二是知识深度不够，三是出处不详，容易谬误。我们需要更为严谨的专业资料，所以不仅需要通过知网、万方数据、龙源、读秀、超星等权威网站的线上资源，搜索相关学术论文、著作、会议论文等，还需从图书馆等机构寻找具有权威记录的相关专业材料。这些学术研究资料是博物馆展览的重要学术支撑。

一方面需要依靠学术资料来构建展览的主题内容框架，提出展览的基本概念观点、思想。如果没有扎实的学术研究做基础，博物馆展览提出的内容概念观点思想就可能不准确，那展览的立足之本就不成立。另一方面需要依靠学术资料来创作辅助展品。博物馆收藏的实物展品往往有各种局限性，如数量少，不方便观看等，往往需要借助艺术的或科学的辅助展品，如沙盘、模型、雕塑、场景、动画等辅助展品来辅助展览信息的传播。因为博物馆与室内装饰及普通艺术创作有很大不同，所以博物馆的辅助展品的创作必须要有充分的学术支撑，是有依据的还原和重构。博物馆展览中所有辅助展品的创作都是建立在学术研究基础之上的。例如，某地一个古生态环境的还原，必须建立在对出土动物骨骼、古地理和古地质状况学术研究的基础之上。图3-16为国家海洋博物馆的一处场景还原展项。该景观还原了距今约1亿3千万年前白垩纪早期热河地区的生物景象。在热河生物群生活的时期，火山活动十分频繁，生

图3-16　国家海洋博物馆一处场景还原展项

物中毒死亡后，被火山灰快速地掩埋，从而能够保存为精美的化石。此时气候温暖湿润，银杏、松柏、蕨类等植物生长茂盛，北票龙在树林中寻觅着食物，中华龙鸟站在树枝上与雌性尾羽龙隔空相对，身材娇小的满洲龟和张和兽在一边机警地注视着周围的一切。天空中，孔子鸟、翼龙、小盗龙自由地飞翔。整个场景的设计都建立在考古发掘和学术研究的基础之上，在充分调研相关学术资料之后才能进行艺术创作。

再如，在中国大运河博物馆的展区中有很多的场景还原，这些场景设计需要建立在充足的学术资料基础上，不能随意地胡编乱造。所以设计团队需要仔细研究史料、古籍，采用严谨客观的学术态度，对比、分析每一个史论史实与文化元素，才能做好场景还原，全景展示中国大运河的历史面貌与文化价值。如展览中的宴饮场景，设计师参考了《韩熙载夜宴图》《宫乐图》《春宴图》等一系列唐宋画作。场景中的建筑结构、装饰细节、店铺里的桌椅陈设等都必须有出处，不能张冠李戴或随意摆设（图3-17）。再如"因运而生——大运河街肆印象"的展示区，错落排列着灯笼铺、香铺、酒楼等数十个不同时代的街坊商铺。以唐代果子铺为例，设计团队根据考古出土的唐代点心，绘制了莲花馅饼、赤明香、玲珑牡丹鲊等多种样式的点心图纸，并通过3D打印技术，制作实物白模，上色喷漆，尽心尽力还原点心诱人的色泽（图3-18）。

所有的内容设计和形式设计都必须建立在充分的调研基础之上，除了学术性的资料以外，为了展览的趣味性，还需要调研一些知识性、趣味性的背景资料。例如，设计地方性的博物馆，可能需要调研一些地方的传说故事。如果是设计一些以儿童为主要观众的博物馆，还需要做一些故事性的调研。

以下以龙虾博物馆为例，讲述如何展开观众调查和资料收集工作。调研依据是龙虾博物馆的展览传播目的，通过与甲方沟通，可以将展览的目的定为以下四个方面：

（1）向观众普及和传播龙虾相关的科学知识和文化知识。

（2）介绍当地渔业资源概况和独特的自然生态环境，讲述当地龙虾品质优良的原因。

（3）介绍当地龙虾产业的发展历程，体现政府在产业发展中的引领作用，展示当地龙虾经济的发展与成绩。

（4）丰富人民群众的精神文化和休闲娱乐生活之余，服务地方龙虾节活动，达到推广地方龙虾品牌，进一步推动地方城市旅游经济发

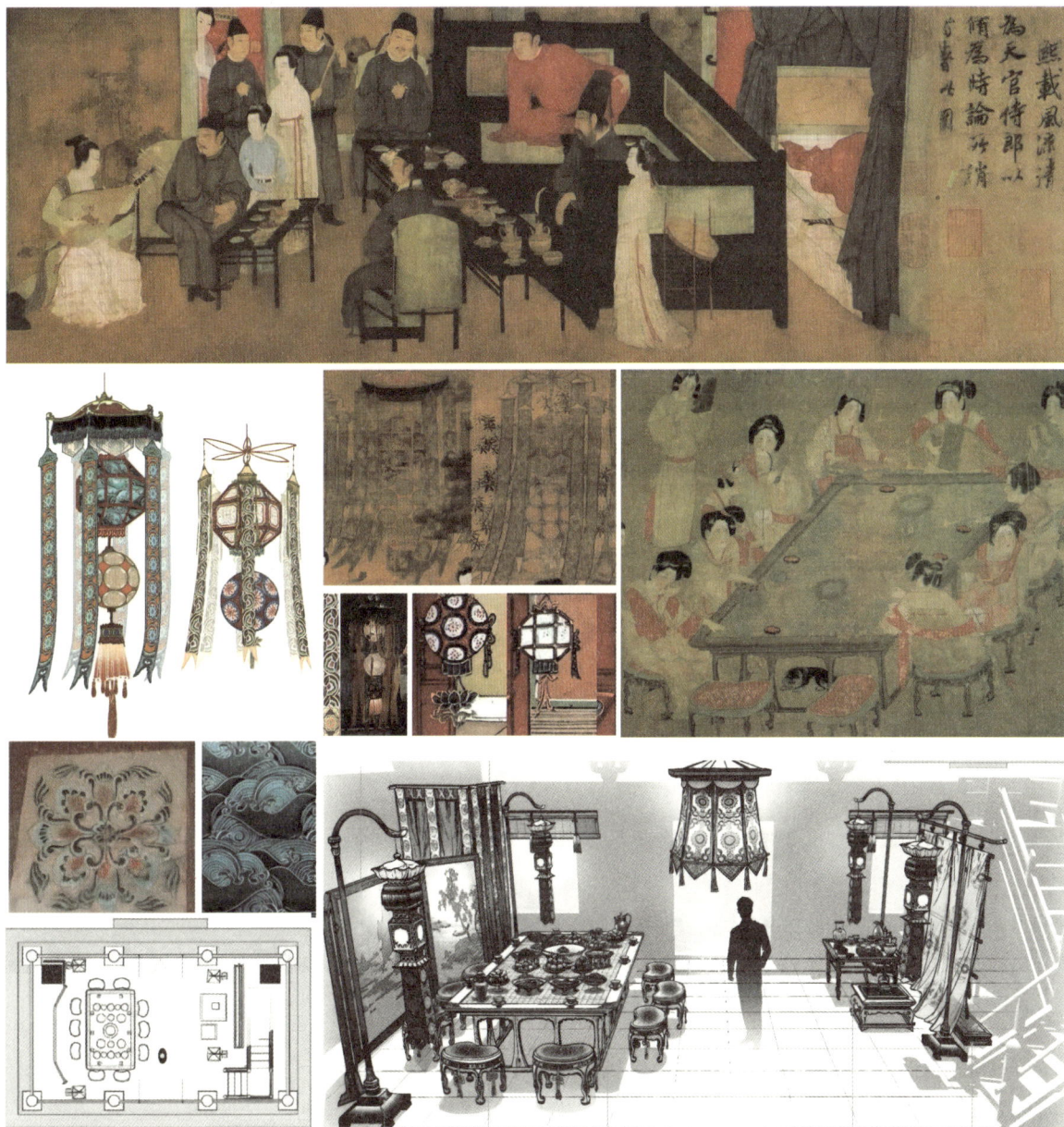

图 3-17 中国大运河博物馆场景还原参考资料

图 3-18 展出的点心展品

展和繁荣的目的。

那么针对第一方面普及和传播知识的目的，可以通过图书馆查阅或者购买相关图书，搜集相关的学术资料。也可以通过参观国内同类型的博物馆，获得更为具体和感性的资料。为此可以购买类似托马斯·亨利·赫胥黎的《小龙虾传：动物学研究入门》及梁华芳、何建国编写的《锦绣龙虾生物学和人工养殖技术研究》科普类图书，以作为基本的学术资料。了解世界上小龙虾的分布与发展历史，小龙虾的生理学知识、结构特点与其生长发育变化的过程，以及生长所需的环境和繁殖的机制等。

这些只是最基本的学术资料，基于博物馆的教育功能，参观对象应该很大一部分是青少年儿童，那么展览的特点应该是互动性较强，更为生动有趣，所以还需要调研同类型博物馆中有哪些互动展项能够满足青少年儿童的参观需求。也可以购买一些如《没壳的龙虾艾米丽》《龙虾不高兴》这类儿童绘本和读物，了解更符合儿童认知的故事和图文资料，整理为角色扮演或者互动展项的素材，融入内容设计中。

此外也可以在资料收集时多方位搜索龙虾的其他作用，如营养价值、药用价值、饮食文化或了解龙虾饮食的历史典故、龙虾与美食文化等多方面的知识。

第二方面的展示目的是介绍当地渔业资源概况和独特的自然生态环境，讲述当地龙虾品质优良的原因。这个需要与当地宣传部门进行交流，查阅地方史志，获得当地的水文、地理、历史等资料。

第三方面的展示传播目的是介绍当地龙虾产业的发展历程，体现政府在产业发展中的引领作用，展示当地龙虾经济的发展与成绩。需要与甲方和当地宣传部门进行交流，收集当地支持龙虾产业发展的相关政策、法规，目前取得成绩的相关材料。有哪些知名龙虾企业，哪些代表性的龙虾相关产品。这一过程需要设计策划人员主导进行收集，因为甲方在项目之初对展览的具体概念是比较笼统的，具体需要提供什么资料，需要设计策划人员根据展示传播目的进行梳理和引导。

第四方面的传播目的是服务地方龙虾节庆活动，丰富人民群众的精神文化和休闲娱乐生活。需要通过收集龙虾节的相关活动内容，设计情景类和互动性的展项，吸引观众的参与。

（二）收集博物馆的建筑资料

资料收集工作中也需要收集博物馆的建筑资料，因为大多数情况下，开始做博物馆展示设计时，博物馆建筑就已经建好或者即将建好。那么在开始策划和内容设计之前，设计策划人员需要了解博物馆建筑的设计理念，设计寓意、内部空间特色等，尽量使展览的内容策划与博物馆建筑整体协调。

1.博物馆硬件资料

硬件资料包括博物馆建筑设计理念、外形与空间特色等。

此外还需要调查收集博物馆建筑的平面、立面、剖面图，展厅的位置、面积、层高、出入口位置等资料，在设计的时候使展览内容尽量和展厅融合。这部分是形式设计所必须的基本材料。必要的时候还需要现场对建筑现状进行测绘，以掌握更为具体和准确的数据。特别在一些利用旧建筑做博物馆的项目中，图纸资料可能已不齐全，或以往曾发生过一些增建改建，对建筑物的勘察测绘就成为一项必要的工作。

这些硬件资料可以方便在内容策划和设计时与建筑风格和设计主题保持一致。最重要是服务下一步的具体形式设计工作。

2.博物馆的软件资料

软件资料主要包括藏品基础和书籍资料。由于展览要建立在藏品的基础上，所以在资料收集阶段，必须收集藏品的相关资料。包括现有藏品的数量、质量，展品的征集意向、品类、进度等。收集、记录展品的名称、年代、尺寸、来源、图片及特点等信息，作为后续编写展览文本和展品说明牌的资料。还需要收集相关的书籍、论文等资料，作为展览的依据与辅助材料。资料的获取方式可以是博物馆工作人员、图书馆、资料数据库等。

（三）地方文化特色相关资料的收集

地方文化特色的资料收集包括：历史沿革，如地域变迁，包括历史、地域名称变化等资料；地理环境，如当地的山川、河流、地理特征等资料；地方名人，如当地的古今名人的生平、事迹、遗迹的资料；历史故事，如当地的传说故事。包括故事经过、相关等资料；风土人情，如当地从古到今的生产生活资料。包括特产、民俗等内容。

这些资料都可以作为内容策划环节的重要依据，可以帮助确定展览的重点、亮点内容。资料的获取方式可以是博物馆、地方志办公室、地方专家、资料数据库等，也可以通过实地走访获得第一手的资料。

可见，不同选题的博物馆，资料调研的方向是不同的，需要结合选题和传播目的，进行相应的资料调研。

三、研究阶段

研究阶段是指资料收集完成后，设计人员必须认真阅读相关完整资料，并进行深入的分析研究，在此基础上真正把握和理解相关资料的内容，消化吸收，有目的地进行取舍，甄别哪些内容对于本次展览有益，哪些资料目前没有太大作用。信息的研究和分析是前期准备中十分重要的工作，多数是在前期观众调查和资料收集的基础上展开，但有时也会与之穿插循环。例如，在分析研究中发现了新的线索，或某些信息还需更加充分和准确，都有可能进行一些新的针对性的调研与资料收集。这种针对性的资料收集工作，往往循环出现在之后的形式设计工作中。

四、管理资料

前期收集的展览资料用途广泛，不仅是内容设计人员撰写展览文案脚本的依据，也可以作为展览的讲解词使用，同时也是形式设计时必需的资料。所以在收集资料之后，要对资料进行有序管理。可以按时间或类目取分类整理，方便后续各种工作的调用。

第四节

展览大纲的编写

博物馆展示内容设计中，展览大纲编写阶段的主要工作包括确定展览主题、确定展览结构和展览大纲表现方式。

展览大纲不是展览文本。博物馆展览大纲是展览内容的大纲或基本构架，不等同于展览文本也就是内容脚本。将博物馆展览大纲等同于展览文本，并以此为展览蓝本进行形式设计和制作布展，是一个严重的错误。

常见的展览大纲的内容包括展览的主题、结构框架、基本内容及其主要陈列品等，类似于一本书的篇章结构，设计师不能拿着展览大纲来做形式设计，展览大纲需要进一步深化为可供形式设计和实施的详细的展览内容文本。

展览大纲也是展示设计过程中非常重要的一步，就像写书或者文章需要先列提纲一样，在进行正式详细的内容文本编写之前，需要先列展示大纲，确定展览主题和展览结构，然后评估大纲是否合理可行，才能进行更深入详细的内容文本编写工作。

一、确定展览主题

编写展览大纲工作的第一步是确定展览的主题，主题是博物馆展览的灵魂和核心，贯穿于展览的全过程，主题提炼越充分，立意就越高，展览的思想性、时代性和教育意义就越强。

主题可分为展览的总主题和各个部分的分主题。

（一）展览的总主题

展览总主题提炼的结果往往反映在展览标题（名称）上，标题是展览主题的集中表现，被誉为展览的"灵魂"。展览标题不仅要做到宏观提炼、高度概括、形象点题，更要给观众强烈的第一印象，一个展览能否吸引观众，标题往往起着关键性的作用。

例如，山东省庆祝中华人民共和国成立70周年成就展，所提炼的展览主题是"奋进的山东"。既简洁又高度概况，朗朗上口，能给观众非常明确的第一印象。展览主要展示山东人民在省委省政府的领导下，奋发向上、积极作为、敢为人先的精神风貌和中华人民共和国成立以来山东省取得的成绩，便于记忆和传播。

主题的提炼是建立在前期对展览传播目的确立和对大量与选题有关资料的收集和研究上的，需要高度概括、抽象，直击展览的本质，特别是要有主题的升华，从教育学和传播学的角度提炼出一个能统领整个展览的、个性鲜明的、具有高度思想性的主题。同时要有一定立意的高度和深度。

再如，国家博物馆的"复兴之路"基本陈列展。"复兴之路"即为展览的主题和标题，主题简单明确。"复兴"二字表现了中国人民在屈辱苦难中奋起抗争，为实现中华民族伟大复兴进行的种种探索，"路"表现了中国人民的复兴历程，特别是中国共产党领导全国各族人民争取民族独立、人民解放和国富民强的光辉历程。

（二）各个部分的分主题

展览总主题需要通过一系列分主题来支撑，也就是每部分或单元的主题，也要进行总结和提炼，并一起为总展览主题服务，各部分主题一起组成了展览内容的主题结构。

例如，在国家博物馆展出的"舟楫千里——大运河文化展"（图3-19），"舟楫千里"为展览的总主题。千百年来，大运河奔流不息，恰如中华文化生生不息、奔涌向前。展览分为"一河千载通南北""货通南北利四方""千艘并进万夫牵""神工当惊世界殊""因河而兴文化盛"五个部分，这五个部分的名称是各个部分的分主题。

第一部分"一河千载通南北"又分为运河滥觞、南北通途、千里运河、衰落与复兴四部分，主要讲述了大运河的历史与现实。

第二部分"货通南北利四方"又分为漕粮运输、南北货物、漂来的北京三部分，主要体现大运河的功能与意义。讲述了大运河上的漕粮运输、各方货物以及对北京城的建立所具有的重要作用。

第三部分"千艘并进万夫牵"又分为统筹管理、船运管理、人员管理、仓储管理四部分，主要讲述运河的漕运文化。要保证漕运的顺利进行，要设立相关的管理机构，形成自上而下的有序管理，包括从漕粮的征收、运输到交仓等主要环节，以及运程中漕船及夫役等一系列的管理等内容。

第四部分"神工当惊世界殊"又分为水利工程、河工器具、舟船营造三部分，主要讲述大运河的工程技术。大运河连续水路之长，跨越地区间自然环境差异之大，是世界任何运河无法比拟的，运河的开凿、使用、管理、维护等，充分体现了中国古人的思想、智慧，展现出人类利用自然、改造自然的胸襟、魄力及作为，是世界运河工程史上的里程碑。

第五部分"因河而兴文化盛"又分为宝带明珠、民俗信仰、传统工艺三部分。大运河为运河沿线城镇带来了生机，成为维系这些区域发展及繁荣的动力，在经济、商业发展的物质基础上，文化得到了兴盛与繁荣。特别是运河地域文化的鲜明特点，以及运河沟通带来的文化融合，既异彩纷呈，又融会贯通，成就了大运河文化的璀璨与辉煌。

五个部分和每部分下面的次级标题，都是各个部分的主题，共同阐述了展览总主题。

图 3-19 "舟楫千里——大运河文化展"展览总主题和分主题

二、确定展览结构

展览结构是指依据展览传播目的和展览主题对展览内容的逻辑结构进行合理安排，类似一本书的目录框架。

为了阐述总主题，从若干分主题展开进行说明总主题，这是一项强调科学逻辑性的工作，其展开过程如同一棵树，由主干分出若干支干，每根支干上又分出若干树枝，所以称为展览结构。一般而言，展览的结构层次分为部分、单元、组和展品几个层次，也称一级标题、二级标题、三级标题。

　　展览内容的结构既不要平铺直叙，也不要颠三倒四，类似于记叙文，一般都有头有尾，按故事（或事件）的情节发展来设置展览结构框架。就像文章一样，最好是开篇有奇笔，结尾有新意。内容的总体结构，可以采用传统的"凤头、猪肚、豹尾"的方式，开头像凤头那样漂亮、灵秀，中间像猪肚那样迂回曲折、回肠荡气，结尾像豹尾那样有力、余味无穷，或者是"起要美丽，中要浩荡，结要响亮"这样的文章的结构方式，也是戏剧、电影文学的结构规律。展览结构完全可以采用这些行之有效、符合艺术规律的结构方式来增强艺术效果。

（一）展览结构的逻辑性和叙事方式

　　在进行展览结构设计的时候，要注意展览结构的逻辑性和叙事方式。

1. 逻辑性

　　逻辑性是展览结构的最基本的要求，要科学、合理地安排展览内容的主题结构，一个好的展览结构，脉络清晰，各层次之间逻辑性和连贯性强，下一级必须服从和服务上一级，并紧扣上一级的主题，是对上一级的具体化。能让观众轻松易懂地"阅读"展览，接受展览的信息。如果展览的结构混乱，随意组织，缺乏逻辑性，就会让观众对展览内容感到费解。

2. 叙事方式

　　过于学术化的大纲可能很难引起观众的共鸣，因此要根据展览的传播目的、展览主题和观众参观心理的特点，用叙事的方式来设计展览的内容结构。将各种知识信息通过提炼，形成展示故事线。一句话概括就是"要会讲故事"，即展览的结构叙事性要合理，要让观众看懂故事，融入故事。故事线同样是表达观点的一种逻辑，要满足逻辑性和学术性的要求。

　　例如，通史类的展览在结构上往往以时间为线索，以线性的叙事手法，使用过去、现在、将来的时间线来展开展览。当然，某些时间跨度大，且时间概念不需很强的题材，也可以适当有所调整，可以跳跃地发展。如果太拘泥于时间发展的事实，次要情节都要表露无遗，那会造成展览冗长、累赘，观众也会感到乏味。

　　以国家博物馆的"复兴之路"展览为例，它的展览结构就是按照时间线的顺序来组织的，包括"中国沦为半殖民地半封建社会""探求救亡图存的道路""中国共产党肩负起民族独立和人民解放历史重任""建设社会主义新中国""走中国特色社会主义道路""不忘初心、砥砺奋进、不断开创新时代中国特色社会主义事业新局面"几部分。这几个名称就是各部分的主题，即一级标题。它们的下面还会有相应的单元主题，即二级标题。

同样，"奋进的山东"展览也是按照时间顺序来组织展览结构的。"百废俱兴、艰苦创业（1949—1978）""勇立潮头、砥砺前行（1978—2012）""走在前列、全面开创（2012至今）"。这些部分的名字就是展览结构的一级标题，接下来还有支撑一级标题的二、三级标题。

展览结构并没有严格的规定和固定的格式，以说清楚展示主题，有效地传播展览内容，有利于观众参观理解展示内容为目的。

（二）常见的展览结构样式

以往博物馆的展览或根据历史时间轴的发展序列，或按照器物类型的形成过程作为展览的主线，这是一种器物定位型的展览。而现在的博物馆展览越来越多的是信息定位型展览，强调信息的传播。所以常见的展览结构除了以时间线来组织以外，还有递进式、并列式等多种样式。

如湖南省博物馆，该馆设置的是反映湖南区域文明发展进程的通史性基本陈列，展览的主题名称为"湖南人"（图3-20），因为湖南的历史文化，是"湖南人"创造的。展览的传播目的是使展览成为湖南地区乡情宣传、教育的平台，成为外地游客系统了解湖南地区历史文化的窗口，起到传承历史、启迪当下的作用。

为了阐述总主题"湖南人"，展览从五个部分展开故事线：第一部分"家园"，第二部分"我从哪里来"，第三部分"洞庭鱼米乡"，第四部分"生活的足迹"，第五部分"湘魂"。各部分的展览结构关系是递进式的。展览使用"湖南人"的第一人称来展开内容，第一部分"家

图3-20 "湖南人：三湘历史文化陈列"展

园"（图3-21）主要讲述湖南的历史与文化，分别解读湖南人生活的自然环境与发展轮廓。第二部分"我从哪里来"（图3-22）展示这里生活着一群什么样的人，现在的湖南人是如何形成的。第三部分"洞庭鱼米乡"（图3-23）诠释湖南人如何获取生活资源。第四部分"生活的足迹"（图3-24）展示他们在不同历史时期的生活状况以及相关生活习俗，最后提炼总结出湖南人的精神气质即第五部分"湘魂"（图3-25）。五部分层层递进，彼此融为一体。

再如，以海上丝绸之路为选题的展览，海上丝绸之路实际上是古代中国与海外各国互通使节、贸易往来、文化交流的海上通道。两千

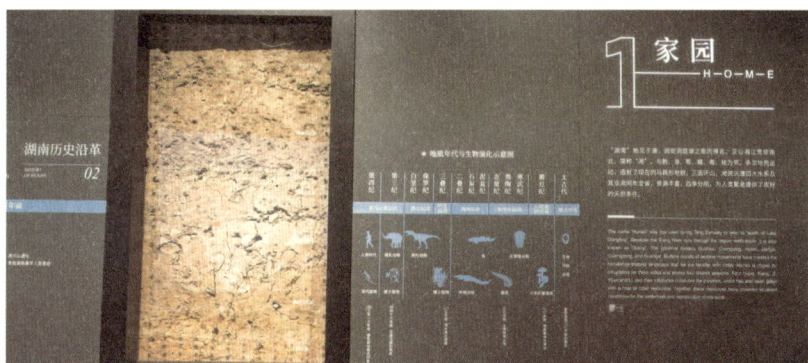

图 3-21　第一部分"家园"

图 3-22　第二部分"我从哪里来"

图 3-23　第三部分"洞庭鱼米乡"

图 3-24　第四部分"生活的足迹"

图 3-25　第五部分"湘魂"

多年来，中外先民在这条无界的道路上谱写了文明交流的壮丽篇章，留下了丰富多彩的遗物和遗迹。因此以"海上丝绸之路"为选题举办的展览有数个，大部分都是以时间线来组织展览结构故事线的。由国家文物局、北京市政府、福建省政府联合主办，在首都博物馆举办的"直挂云帆济沧海——海上丝绸之路特展"（图3-26）就是按照时间顺序，将展览划分为"海路千年，世界影响""港埠渐隆，海路绵延""碧海云帆，货通万国""风云激变，丝路复兴"四个单元。依次介绍了远古到秦汉时期、两晋到唐五代时期、宋元时期和明清时期海上丝绸之路形成、发展、繁荣的全过程。以时间为序，回顾了古代人民认识大海、不断探索未知领域，开拓海上丝绸之路的艰辛历程。

而设在国家海洋博物馆的"无界——海上丝绸之路的故事"展览

图 3-26　直挂云帆济沧海——海上丝绸之路特展

（图3-27），则放弃了以时间为序的叙事方式，而是从路径走向、交通工具、港口、贸易的货物、文化交流，往来人群等多个不同的角度，将"海上丝绸之路的故事"分解为"在海的那一边""来自海上""世界的改变""逐梦天涯""大海在中国在"五个部分。"在海的那一边"着重叙述作为海上丝绸之路基本要素的航线、船舶和港口；"来自海上"分门别类地讲述了海上丝绸之路上贸易活动对象的各类货物。"世界的改变"则讲述了通过海上丝绸之路的贸易交往和文化交流，给东西方社会在衣、食、住等生活的方方面面带来的改变。"逐梦天涯"讲述了作为海上丝绸之路故事的主人公，行走在海上丝绸之路上的各色人等。"大海在中国在"则讲述了从"海上丝绸之路"到"21世纪海上丝绸之路"的发展变迁。

　　五个部分之间各自独立，相互之间没有时间上的前后关系和地理空间上的逻辑关联，每个部分都是一个自成一体的故事体系。这种展览结构就是并列式的展览结构。各部分的主题、内容虽都自成体系，但将五个部分互相连贯，又形成了海上丝绸之路的完整故事。

图3-27　"无界——海上丝绸之路的故事"展览

三、展览大纲的表现方式

常见的展览大纲表现方式有文字型和图表型两种。

文字型的大纲就像是图书的目录，一般列到三级标题。以"奋进的山东"展览大纲为例。

前言

主要发展数据图表

第一部分　百废俱兴　艰苦创业

第一单元　改天换地——齐鲁大地焕新生

（一）山东全境解放

（二）热烈欢庆新中国成立

（三）巩固新生人民政权

（四）迅速恢复经济并实施"一五"计划

（五）过渡时期政治建设和党的建设

（六）基本完成社会主义改造

第二单元　奋发图强——建设发展掀高潮

（一）大力兴修农田水利工程

（二）建成比较完整的工业体系

（三）发展科教文卫等各项事业

（四）整顿生产秩序与恢复发展经济

第二部分　勇立潮头　砥砺前行

第一单元　敢闯敢试——引领风气之先

（一）解放思想拨乱反正

（二）农村改革先行突破

（三）乡镇企业异军突起

（四）城市改革全面铺开

（五）抢抓机遇对外开放

（六）文明之花竞相绽放

第二单元　市场导向——改革开放多点开花

（一）思想解放再掀高潮

（二）市场经济激发活力

（三）农业发展创新引领

（四）对外开放纵深发展

（五）基础设施加快建设

（六）精神文明硕果累累

第三单元　科学发展——综合实力显著跃升

（一）蓝色激荡黄河畅想

（二）发展方式加快转变

（三）基础设施全面提升

（四）文体事业异彩纷呈

（五）城乡面貌焕然一新

（六）党的建设全面加强

第三部分　走在前列　全面开创

第一单元　全面从严治党——旗帜鲜明讲政治

（一）深入学习贯彻习近平新时代中国特色社会主义思想

（二）以政治建设为统领，坚决做到"两个维护"

（三）提升基层党组织战斗力

（四）持之以恒正风肃纪

第二单元　奋进新时代　壮丽新山东

（一）加快动能转换，产业转型迈出新步伐

（二）强化创新驱动，经济发展注入新动力

（三）全面深化改革，市场主体激发新活力

（四）融入"一带一路"，对外开放再上新水平

（五）强化基础设施，构筑加快发展新支撑

（六）加强统筹协调，区域发展形成新格局

（七）聚力脱贫攻坚，谱写乡村振兴新篇章

（八）建设海洋强省，陆海联动拓展新空间

（九）坚定文化自信，文化强省彰显新优势

（十）推进生态文明，美丽山东迈出新步伐

（十一）建设民主政治，社会治理开创新局面

（十二）以人民为中心，共建共享发展新成果

第三单元　深入实施八大发展战略

（一）加快新旧动能转换

（二）打造乡村振兴齐鲁样板

（三）推动海洋强省建设

（四）打好三大攻坚战

（五）军民融合深度发展

（六）打造对外开放新高地

（七）推进区域协调发展

（八）加强重大基础设施建设

尾厅未来畅想——新时代　新动能　新山东

结语

可以看出，各级标题文辞风格相互统一，同一层次的标题对仗呼应，整齐美观，标题简洁又高度概况展示内容。

图表型的展览大纲在给甲方汇报的时候经常会用到，因为更加直观。如表3-1所示，这是龙虾博物馆的展览大纲，展示了一级标题、二级标题、三级标题及各展区的主要展示方法。这也是业界经常误会

是展览文本的图表，但是很明显，这样的图表是无法进行详细的形式设计的，也就无法实现展示策划和传播的目的。

表3-1 龙虾博物馆展览大纲

主题	主要展示内容	主要展览方法
第一单元 秀美河湖 龙虾之乡	1.1鱼台渔业资源概况 1.2鱼台独特的自然生态环境 1.2.1独特的气候条件 1.2.2独特的水源、水质条件 1.2.3独特的水生生物资源 1.3独特的生态养殖技术 1.3.1养殖环境 1.3.2投放虾苗 1.3.3投放配套种群 1.3.4日常管理	图文展示 半景画展示 实物模型 视频 沙盘 多媒体互动
第二单元 生态鱼台 一品龙虾	2.1淡水龙虾的科普介绍 2.1.1淡水龙虾的来源及分布 2.1.2龙虾内外部结构 2.1.3龙虾形态特征 2.1.4龙虾的生活习性 2.1.5小龙虾的繁殖与生长 2.2鱼台龙虾的品质特色 2.2.1鱼台龙虾生长各个阶段 2.2.2鱼台龙虾与其他地区龙虾外观主要区别 2.2.3鱼台龙虾内在品质指标	图文展示 实物模型 视频 拼图小游戏
第三单元 产业发展 乡村振兴	3.1政策支持，拓展综合种养发展 3.1.1政策支持 3.1.2藕虾综合种养 3.1.3稻虾共作模式 3.2严控质量，确保产业健康发展 3.2.1技术标准规范和质量控制体系 3.2.2水产品质量安全追溯系统 3.3品牌驱动，提升产业综合实力 3.4做强加工及餐饮产业 3.5互联网 3.6精加工	图文展示 实物
第四单元 龙虾美食 香飘四海	4.1鱼台龙虾的肉质特色 4.2鱼台龙虾的口味与配方 4.3鱼台龙虾烹饪技艺 4.4鱼台龙虾的吃法	图文展示 菜品树脂实物模型 视频 调料等实物
第五单元 以节会友 共庆盛会	5.1历届鱼台龙虾节 5.2鱼台龙虾节活动 5.2.1龙虾节烹饪比赛 5.2.2其他活动	图文展示 视频 投影互动小游戏
第六单元 特色养殖 效益显著	6.1大鲵养殖 6.2河蟹养殖 6.3甲鱼养殖 6.4锦鲤养殖 6.5泥鳅养殖 6.6水蛭养殖	图文展示 实物展示
第七单元 稻改精神 成就辉煌	7.1稻改精神与鱼台发展 7.2鱼台龙虾产业成绩与未来发展展望 7.2.1鱼台龙虾荣誉 7.2.2未来展望	图文展示 实物展示 视频

展览大纲可以决定整个展览的展示结构，展览大纲在诠释展示主题的前提下，它的内容结构必须建立在观众所需要的基础上。例如，对于主要观众是青少年的展览，要了解他们的心理感受、审美情趣和认知特点，然后有针对性地为他们组织叙事线和展示内容结构。

整个展览大纲编写完成后可以通过甲方和专家组的进行大纲评估。由专业人士对展览大纲的主题、结构等进行评估。如通过，则进入下一阶段；如未通过，则进行修改。

第五节

展品展项的确定

确定展览大纲后，进入展品确定阶段。博物馆知识和信息的传播主要依靠展品来进行，展品是博物馆信息传播的主要媒介。这个阶段主要是实物展品和非实物展品的遴选和设定。展品的质量直接影响展览传播的质量。需要注意的是，现在的博物馆展览定位已经从以"物"为主，转向以"人"为主，从器物定位型的展览，转向信息定位型的展览。不是以单纯的展品展出为主，要依据展示内容表达的需求来确定展品，而不是只关注展品本身特征，每件展品选择和确定的目的都是为了阐述清楚展示主题和展示内容，是展览叙事线上的一个节点，诠释展示信息。

一、实物展品

一个展览给观众的印象深刻与否，主要看实物展品的选择合适与否。实物展品是人类社会、自然界和历史最本色的客观见证，是最真实的客观存在，最能使人信服。用它组成的"展览语言"，最具有吸引力和说服力，所以在展览大纲确定之后，选择展品的环节，先从确定实物展品入手。

这一阶段需要对前期收集的展品资料进行系统梳理和研究，确定已有展品的数量和各种情况，如各个实物的名称、时代、使用背景和文化意义等。再根据展览传播的目的以及展览主题和各部分内容表现的需要，从大量的展品资料中选出最能揭示主题最且典型性的实物做展品。如果现有实物展品不足时，考虑进行展品的征集或借展。

例如，在北京首都博物馆举办的"直挂云帆济沧海——海上丝绸之路特展"中。展览汇集了我国沿海各省重要海上丝绸之路的遗存，共展出来自福建、上海、广东、广西、海南、浙江、江苏、山东等省市共51家博物馆的馆藏文物240余组件，包括瓷器、丝绸、香料等。图3-28为展览展出的实物展品之一，弦纹玻璃杯，此杯制作于西汉时期，高5cm，口径7.3cm，于1987年合浦文昌塔70号墓出土，是广西壮族自治区博物馆的藏品。玻璃制品在今天看来并不稀奇，但在古代，无论是在中国还是在西方国家，玻璃制品都一直是上层社会的奢侈品。作为最早的人造材料之一，玻璃在人类文明的进程中发挥了独特的作用。随着西汉时期南方"海上丝绸之路"的开辟，玻璃制品作为中外交流的物质载体之一，在世界范围内广泛传播。这个玻璃杯是我国汉代的风格，其杯身上的凸弦纹纹饰在我国先秦时期的陶、铜器上常有出现，在两广的汉代陶、铜器中也常见到。由此推论，由于海外交通的便利，很可能汉代合浦人已经学会了烧制玻璃的技术，并利用当地的材料，延续传统器形，烧制出大量不同于西方的国产玻璃，并开始投放中外市场。因此选择这个实物展品，极具代表性。透过这件西汉凸弦纹玻璃杯，能重现昔日"海上丝绸之路"的轨迹，揭示那段神秘而辉煌的历史篇章。

不同的展览对展品有不同的选择依据，在以审美为导向器物定位型展览中，欣赏实物展品的美是观众的主要参观动机。因此，主要考察展品本身的展示价值，要选择那些精致、美观的实物做展品，以满足观众审美的需求。例如，在上海玻璃博物馆中，主展厅二楼汇集了众多国内外顶尖玻璃艺术大师的经典之作，这里的展品选择的依据就是美观、能展示玻璃艺术的美（图3-29）。

但大部分展览是信息定位型展览，这种展览中展品是一种信息传播媒介，它需要围绕展示主题、展览结构和故事线来传递信息。因此，从信息载体的角度考察展品的展示价值，考察其与展览主题、传播目的的关联性，是否可以很好地表达展览的主题和内容，因此，在确定展品时，要尽量选择最具有代表性、通俗性、故事性和情节性的展品，这些展品往往最能打动观众，也最有利于表现展览的内容。

如5.12汶川特大地震纪念馆选择记录灾难发生时的物品作为展品，选择的实物展品令人印象深刻，每件展品都记录着灾难发生时的细节。一进展厅，在展厅中间展出的是5.12汶川特大地震中被倒塌楼房砸得车身变形的"东风雪铁龙"（图3-30）。这件展品保留着当时被砸的痕迹和状态，令人印象深刻的是它的牌照号是川FA8512，与灾难日期巧合，在传达灾难严重的信息同时，传达出地震发生的日期的信息。展厅中还展示了一件时间定格的钟表作品。每个钟表的时间都定格在14：28分（图3-31）。让观众强烈地感受到，大地震撕裂了普通人平静的生活，同时也传达出地震发生的具体时间的信息展厅。展厅走廊的尽头，摆着一个普通的玻璃展柜，里面摆放的是一双双鞋

图3-28　弦纹玻璃杯

图3-29　上海玻璃博物馆展品

（图 3-32），大大小小的每一双鞋的背后都是一个逝去的生命，展品所传达的信息让人不禁唏嘘流泪。

图 3-30 5·12 汶川大地震纪念馆中的"东风雪铁龙"展品

图 3-31 钟表展品

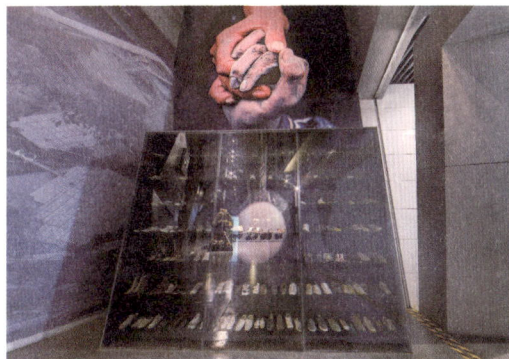

图 3-32 玻璃展柜

再如"奋进的山东"的展览，每一件实物展品的选择都经过推敲和比较，争取选择最能反映展览主题和展示内容的实物展品。在第一部分"百废俱兴 艰苦创业"的第一单元"改天换地——齐鲁大地焕新生"第 2 节"热烈欢庆新中国成立"的展示内容中，使用了 1949 年 12 月山东省人民政府升起的第一面国旗作为实物展品。该实物见证了中华人民共和国的成立，极具代表性。在第二部分"勇立潮头 砥砺前行"的第三单元"科学发展 综合实力显著跃升"第 4 节"文体事业异彩纷呈"的展示版块中，选用了第二十二届中国电视金鹰奖奖杯、第二十三届全国电视剧"飞天奖"一等奖奖杯、中国电影华表奖奖杯、第十一届全国运动会火炬、2008 年北京奥运会火炬与金牌、第十一届全国运动会奖牌（金牌、银牌、铜牌）等实物展品，来见证山东的文化体育事业蓬勃发展，同时见证山东文化软实力显著增强。

二、辅助展品

由于博物馆大部分情况下只靠实物展品无法很好地诠释展示内容，需要加上合适的辅助展品，使观众更容易理解和接受展览的思想性、学术性和艺术性，以达到更好的展示效果。辅助展品包括艺术和科技两大类，在展览中，艺术与科技通常结合在一起。艺术类的辅助展品包括模型、照片、图解、沙盘、景箱、场景复原、绘画、雕塑等；科技类的辅助展品包括投影、屏幕、幻影成像、声光电合成技术、互动装置等。

辅助展品主要发挥以下作用。

（1）起到弥补实物展品数量不足和叙事能力不强的缺点。如在古人类生活状态展馆中，如果只展示文物、石器、动植物标本等实物，观众不太容易联想古人类当时的生存状态的。而如果在博物馆中使用壁画、照片、地图等辅助展示手法，并和实物展品陈列相配合，这样可以使观众直观地看到古人类是如何生活在洞穴和进行狩猎活动的，以实现更好的教育目的。如图3-33是重庆中国三峡博物馆"远古巴渝"展览，为展出旧石器时代的石器配以绘画的辅助展品，描绘了当时人类生活和使用石器的场景，帮助观众理解这些石器的作用。

（2）有助于增强展览的通俗性、观赏性、趣味性和体验性。仅有文物标本展示，普通观众会觉得展览过于学术或枯燥乏味，以至于看不懂或不感兴趣。想让观众看懂并且喜欢博物馆展览，必须增强展览的通俗性、观赏性、趣味性和体验性。

例如，要表现古人类的生存环境，可以用场景来还原当时的自然生态环境。图3-34是重庆中国三峡博物馆"远古巴渝"展览展示的新石器时代所采用的场景还原，非常直观地显示了当时人们已经会通过磨制石器制作工具并使用由黏土制作的陶器。同时新石器时代是氏族部落社会，人与人的关系大体平等，所以劳作的人物有男有女。

（3）辅助展品是博物馆展览中不可或缺的重要媒介。科学、合理、巧妙地使用辅助展品，往往会起到事半功倍、画龙点睛的作用。有助于激发观众的参观兴趣，增强展览的参与性和交互性，为展览注入活力。

因此在确定实物展品的同时，要根据展览需要，加入适当的辅助展品进行补充，拟定一定数量的复制品、模型、沙盘或绘画、雕塑等辅助展品。才能完整生动地讲述一段历史、一个事件、一个人物，或表现一种自然现象、一个科学原理。当然，辅助展品也要与展览主题密切相关，也需要建立在前期的调研和收集学术资料的基础上。

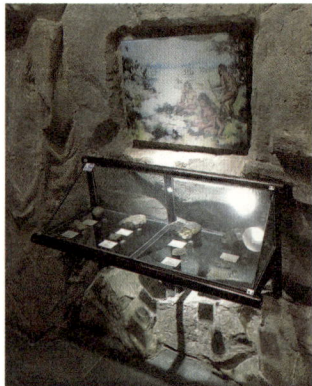

图3-33　绘画辅助展品

图3-35为重庆中国三峡博物馆城市之路展览，一进展厅，可以看到晚清重庆城市沙盘的辅助展品，沙盘以晚清重庆綦江人刘子如所绘的《增广重庆地舆全图》为依据而制作。绘画加上沙盘模型，直观重现"九开八闭十七门"的重庆古城中，街巷纵横交织，会馆钟楼、衙署楼台错落其间的景象。《增广重庆地舆全图》绘制时，重庆已经开埠，所以图内可见帝国主义轮船、兵舰游弋两江。

展厅内还可以看到水缸与洗衣妇的雕塑（图3-36）。重庆虽有两江环抱，但在旧时，山城的饮水既不清洁又获取困难。在没有自来水设施之前，传统民居大都在院子中放置大水缸，既可以储水，又可以用作消防。

这些辅助展品的创作都有资料依据，生动地展现了展示信息。

图3-34　场景还原

图3-35　城市沙盘

图3-36　水缸与洗衣妇雕塑

三、辅助展品应用存在的问题

虽然辅助展品在博物馆展示中能发挥重要作用，但我国博物馆展示中辅助展品的应用却不甚理想，主要存在以下问题。

（一）过度利用辅助展品

为了刻意追求博物馆展示的观赏性、娱乐性和"高科技化"，不重视文物标本的主角地位，喧宾夺主，过度利用场景、绘画、雕塑和数字媒体等，导致整个展厅充斥着各种辅助艺术品和数字媒体，以致模糊了博物馆原本的性质，失去了原始的特征。

（二）辅助展品传播目的不明确

辅助展品因选用不当导致传播目的不明确。每种辅助展品各有自己的特点，辅助展品作为展览的一种传播媒介，应该有明确的展示传播目的，要根据展示内容而确定，要起到准确、完整和生动地表现展览内容的作用。

（三）辅助展品的内容缺乏科学性和真实性

辅助展品所表现的内容必须建立在真实材料和科学研究的基础上。不能完全靠主观臆想或演绎，缺乏足够的学术素材支撑。某些反映历史事件和人物的影片，不少直接剪辑自电视剧，没有对相关史实和细节进行学术考证。这种现象严重损害博物馆展示内容的科学性和教育意义，影响博物馆的公众形象。

（四）辅助展品内容演绎和编辑平庸

一个好的辅助展品，应该实现"学术问题通俗化、理性内容感性化、知识信息趣味化"的目的，这样才能体现向观众准确、完整和生动传播内容的功效。必须重视辅助展品的内容策划。

四、辅助展品应用的基本原则

辅助展品应用的基本原则包括以下四方面。

（1）要有充分的理由。任何辅助展品在博物馆展示中的应用都需要有充分的理由。辅助展品不能取代文物展品的主导地位。只有在文物展品不能充分有效传达展示信息的时候，方可考虑辅助展品。

（2）服务和服从于展览主题和内容传播。辅助展品必须服务和服从于展览主题和内容传播的需要。必须以内容解读为基础，要起到准确、完整和生动地传播展览主题和内容的作用。任何脱离展示内容，为形式而形式的辅助展品，往往会产生适得其反的效果。

（3）必须坚持科学严谨的原则。辅助展品的创作必须坚持科学严谨的原则。必须有客观真实的学术研究和形象资料作支撑，即展示的内容必须真实且科学，要准确、完整、生动地表达所要传播的知识，而不可臆造虚假。

（4）多媒体类辅助展品需要经济、安全，使用和维护方便。

五、展品组合

展品组合是指通过研究、寻找展品的相互关系，设定展品组合，诠释展览主题。展品组合要科学、合理、美观，便于传递展览信息，易于观众观赏和接受。展品和辅助展品组合在一起，共同阐述一个展示内容，互为补充。如中国农业博物馆的中国传统农具展厅，各个展柜中根据不同主题摆放不同系列的展品，有耕地、整地农具展柜，播种农具展柜，田间管理农具展柜等，再辅以说明的图片、文字、背景图画等，更好地说明展品的背景和使用场景。

因此在确定展品环节，我们需要将实物展品、辅助展品合理地组合在一起，才能更好地说明展示主题和内容。

当表达同一个内容、表现同一个事件或人物时，数件甚至几十件文物经过形式设计组合起来展示，往往比用一件文物来表现能带给观众更多的信息，更有说服力和冲击力。

在国家博物馆"复兴之路"基本陈列中，为了达到突出、强化、震撼的效果，国家博物馆利用馆藏优势，通过精心设计，多处使用了展品组合的展示手法。如为表现帝国主义列强对中国的压迫和掠夺，选取了"国中之国"租界作为重点，用大量震撼的典型文物将观众带回到那段历史的节点。展品包括法国侵略者私扩上海租界图、1898年刊印的《新绘上海城厢租界全图》、上海公共租界界碑、工部局的徽章、租界巡捕使用的警棍和钢丝鞭、上海租界会审委员钤记、上海万国商团旗样、美国商团指挥用剑等，配以上海公共租界及会审公廨、万国商团、天津日租界等历史照片，集中展示，多重组合，令人震撼。此外，还有三元里抗英、五四运动、三大武装起义、革命根据地建设、红军长征、抗日战争胜利、向往新中国、开国大典、科学春天、港澳回归、申奥成功、极地科考、抗震救灾、航天成就等多组文物展品组合。它们形成了展览的看点和亮点，不仅使展线高潮迭起，更以不容置疑的史实对展览主题做了最好的诠释。

第六节

编写展览文本

博物馆展示设计的工作过程类似于拍摄一部电影，内容设计的展览文本相当于剧本，因此也将展览文本称为展览脚本。而编写展览文本就像编剧工作，要确定故事到底是在什么地点，什么时间，有哪些角色，角色的对白、动作，等等。这些细化的工作都是剧本要清楚确定下来的。要将一个故事创作成电影剧本和分镜头剧本，然后才能交导演投入拍摄。

　　具体来说，展览文本要把想传递给观众的信息阐述清楚和详细，还要有对形式设计人员有用的说明。展览文本不能只有标题和展品名录，这只是展览大纲。展览大纲缺少对展览形式设计的具体指向，难以准确传达内容策划人的展览整体思路。而展览文本是基于展览大纲对内容的充实，能够更准确地表达内容策划对于展览的整体思路，也能为形式设计提出具体要求和设计灵感，是展览从纸上到展厅的关键步骤。展览文本应有详细的文字描述，其内容包括但不限于对场景、绘画、雕塑、互动展项、多媒体展项、展柜展台设计等一系列具体表现方法的解决方案。

　　撰写展览文本的人员必须要有空间感和形象思维能力。展览文本中的文字，最终都要通过形象的手段呈现在空间中。内容设计这部分的工作，其实也有形式设计思考的部分。所以形式设计人员最好能参与整个展览文本的编写工作，从空间和美学的角度，对各种艺术和科技类的展品展项提出建议，不能让内容策划人员凭空想象，导致最后的展品展项和内容设计部分难以落地。展品展项的组合除了从学术和逻辑的角度进行确定以外，也可以从展示语言的角度来安排展品和展品组合，以实现更好的形式表现效果。总之，博物馆展示设计工作应该是内容和形式相互渗透的关系。你中有我，我中有你，才能避免内容策划与形式设计难以达成共识，双方通力协作才能完成较好的展览策划。

　　总之，展览文本作为展览形式设计和制作的蓝本，操作性一定要强，以便于形式设计和制作布展，不能是一个简单的文字说明和展品清单。一个好的展览文本，不但能提高观众对展览的兴趣，而且更有利于展览形式设计和创作。

　　展览文本中的文字分类总结主要有三种：一是出现在展示空间中的各级展板和展品的说明文字。需要说明展览内容的三级展览结构（故事线）、各部分或单元的重点和亮点展品展项及其说明文字。二是形式设计的创作描述和依据文字。三是各种数字媒体上的隐性信息文字。有时也会加上延伸设计建议，对形式设计和空间设计及文化创意产品设计提出具体的文字建议。

　　例如，国家海洋博物馆"从风帆到行轮"展览的展览文本，对序厅的形式设计建议就十分详细。序厅是一个展览的门面，它的风格和内容会为整个展览定下基调，十分重要。该展览的序厅主要是表现"从风帆到行轮"这一主题，这一主题的深层次含义实际上是船舶的动力革命，而风帆、行轮、螺旋桨是这一历史时期船舶动力革命最明显的标志，因此在序厅中最好能将上述元素都予以体现。为此，内容策划人员在展览内容文本中明确："序厅设计中需表现出体现船舶动力变革的风帆、明轮、螺旋桨三种要素，将'大东方'号轮船做符号化和艺术化处理。充分利用展厅高度，表现出风帆和桅杆的高大气势。以地面为甲板高度，并模拟甲板的木质纹理质感。明轮展示水面以上的半轮。可不必拘泥于原船的组合方式"，这样就明确了序厅风格和基本样式，也基本锁定了整个展览的基调。

一、各级展板和展品说明文字的编写

各级展板和展品的说明文字包括：前言和结语的文字，部分、单元和组的文字（即一、二、三级标题版文字和标题版的说明文字）其余展板文字和展品的说明文字。

这些文字反映了展览主题以及各部分、单元和组的核心思想，是展览与观众对话的媒介，是展览的说故事者，直接关系到展览的思想、知识和信息传播以及观众参观展览的效果。对博物馆展览来说，展板和展品文字是必不可少的。拥有一个或有趣或有文化内涵的展板文字，不但能提高展览的趣味性，而且会给观众留下深刻的印象。

展览文本的文字一定要有规范性和准确性，具有一定的吸引力和激发性，不应该仅仅是展示说明还需要鼓励和增强互动。博物馆的教育功能决定他的传播对象大部分时候是普通观众，但如果传播的知识大部分具有学术性和专业性，对大部分非专业来说，就有一定的距离感，传统教科书式的平铺直叙式的说教已经无法满足观众的参观需求。因此展览文本可以从观众的需求出发，采用简单和积极的语言。

例如，在自然类博物馆中将普通的文字说明改成启迪引导的文字，用询问关键问题的方式来激发观众的兴趣，引导观众进行思考。采用较为精练的语句，使文字富于想象力和启迪性。还应使整体的文字形式偏于灵活，并根据展示主题采用不同的文字风格，酌情添加感情色彩，为观众营造一个能激发思考、鼓励探索的展示环境。

如图3-37是上海自然博物馆的"起源之谜"展区的展板。以询问的方式提出"生命是什么"的问题，以引发观众的思考。

（一）前言

"前言"是展览文本中最重要的文字，目的是阐述展览主题、重点内容和文化内涵等。篇幅精短，一般不超过500字。使观众能迅速而有效地了解展览的基本情况，引导其进入正式的展览参观环节。

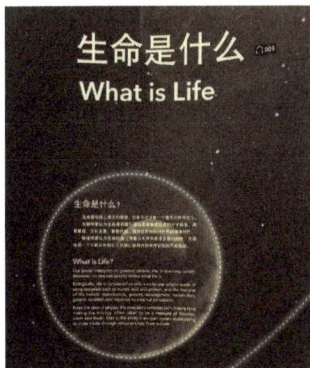

图 3-37 上海自然博物馆"起源之谜"展区的展板

前言是一展之首，仿佛一幢房子的大门，人们来参观展览，必经大门而登堂入室。作为展览，这个"门首"一定要讲究，尤其是对于有些亟须知道全展要旨的观众，但不得要领，则会导致一时无所适从，因此前言要精益求精。

前言起队前帅旗、鸣锣开道的作用，提纲挈领地概括整个展览内容、办展经过和展览意义等。这些内容作为开场白，要向观众交代清楚，交代的方式多种多样，既可以是政论式叙述语言，也可以是抒情性的语言（图3-38）。

例如，"奋进的山东"庆祝中华人民共和国成立70周年展览的前言以诗歌般的文字表达：

70年栉风沐雨，70年砥砺前行，70年春华秋实。

70年前，中国人民在党的领导下推翻"三座大山"意气风发地站起来。勤劳智慧的齐鲁儿女，自力更生，奋发图强，在波澜壮阔的社会主义革命和建设时期，创造了翻天覆地的成就。

40年前，改革开放响春雷，中国人民从此富起来。勇立潮头的齐鲁儿女，劈波斩浪，勇往直前，在浩浩荡荡的改革开放大潮中，绘就了一幅沧桑巨变的壮美画卷。

阔步迈进新时代，中华民族开始强起来。锐意进取的齐鲁儿女，高举习近平新时代中国特色社会主义思想伟大旗帜，只争朝夕，攻坚克难，奋力踏上新时代现代化强省建设新征程。

乘长风破万里浪，凌青云啸九天歌。70年来，奋进的山东始终在党中央坚强领导下，与时代同步，与祖国同行。

谨以此展向中华人民共和国成立70周年献礼！

文字精练、优美，只有300多个字，点明展览的目的是向中华人民共和国成立70周年献礼。展示内容是山东在党中央坚强领导下取得的成绩。使观众能迅速而有效地了解到展览的基本情况，引导其进入正式的展览参观环节。

展览前言编写一定要抓住展览的主题或宗旨，避免行文拖沓、过于冗长，或文笔枯燥生硬，无法激发观众阅读的兴趣。

例如，有些名人纪念馆的前言，好几千字，像流水账一样从名人的出生、每年做了哪些事等，一一叙述，文字过多，变成了人物传记，而不是展览前言，应该说明的展览目的没有说清楚。这种前言文字要尽量避免。

（二）部分、单元和展品组说明文字

部分、单元和展品组的文字一般反映展览各部分、单元和展品组

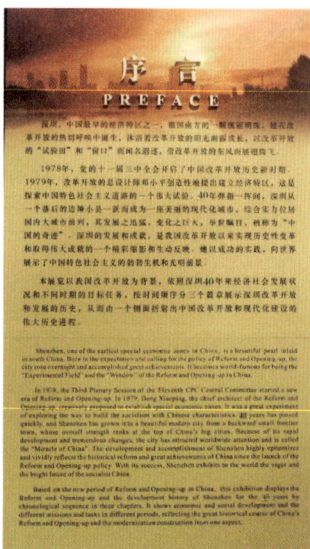

图3-38　深圳博物馆《深圳改革开放史》展览的序言板

图 3-39　单元的标题版

的主题思想和主要内容。每一级的文字说明要能统领其下的展示内容。

部分、单元和展品组是一个严密、完整的内容系统，应有严密的逻辑结构层次，即部分说明、单元说明、展品组的说明。按照展览内容结构逻辑层次的要求，在各级文字说明编写上应做到下一级文字说明必须服从和服务于上一级文字说明，紧扣上一级文字说明的主题，是对上一级文字说明的具体化。切忌上下级文字说明之间没有关系，或关系不大，或关系混乱。

同时，标题板的说明文字需要包括主要的知识点和信息点，要抓住重点，文字表述要精练，切忌长篇累牍，否则会给观众造成阅读疲劳。每块图文板和说明牌上的文字数都不宜多，但需要清晰阐述核心信息。一般来说，"部分说明"一般不超过250字，"单元说明"一般不超过150字，"展品组说明"文字一般不超过 100 字。如图 3-39 为中国农业博物馆——中华农业文明陈列"旱地农业"部分"旱地耕作"单元的标题版，标题版文字说明清晰精练。

以"奋进的山东"庆祝中华人民共和国成立70周年展览的"第一部分：百废俱兴　艰苦创业"的部分说明文字为例："从站起来的那一天起，中国共产党就带领人民为'富起来、强起来'开始新的探索。山东人民在党的领导下奋发图强、探索前行，巩固新生人民政权，迅速恢复发展国民经济，逐步完成社会主义改造，胜利实现向社会主义过渡，并在探索中全面建设社会主义。"

而"第一部分第一单元：改天换地——齐鲁大地焕新生"的单元说明文字为："中华人民共和国成立后，齐鲁大地百废待兴，山东党组织团结带领全省人民巩固新生人民政权，医治战争创伤，国民经济得到全面恢复和初步发展。在此基础上，按照党在过渡时期的总路线，制定并实施'一五'计划，逐步实现对农业、手工业和资本主义工商业的社会主义改造，实现了山东历史上最广泛最深刻的社会变革。"

部分文字是综述，描写改革开放前，山东人民所作的积极探索。单元标题即二级标题从属于部分标题即一级标题，单元说明的文字叙述的是山东在"一五"期间所做的社会主义改造工作。所有的标题文字都简明扼要，阐述展示主题内容。

所有部分和单元的说明文字都要求简练、概括，点明各部分和单元的主要展示内容。

在编写展品说明时，也不应只是简单的文字罗列，最好要像画龙点睛似的，将展品的深刻意义"点"出来。如果展品的文字说明仅仅是就事论事地罗列一番，不仅作用不明显，而且显得枯燥无趣。

（三）文字的编写风格

在编写展览文本的时候，要注意文字的情感因素，要符合展览的氛围要求，不能在严肃的场合用诙谐轻松的文字，同样在面向青少年儿童的展览中，所使用的文字最好是轻松带有引导性的。

不同风格的展览，使用的文本的风格也要有所区别。一般而言，军事题材的展览，使用的文字风格宜刚劲挺拔；经济题材的展览，使用的文字宜详尽亲切；政治题材的文字宜严肃有力；科技题材的文字宜准确严密；文化题材的文字宜生动有致；生活题材的文字宜轻松活泼；鼓舞性质的展览，文本的措辞要慷慨激昂；认识性深刻的展览要恢宏深邃；娱乐性强的展览，文字要风趣优雅。

各级展板和展品的说明文字的编写要巧妙，要具激发观众关注或引导观众的功能。例如，采用提问式、指引式和鼓励比较式等。文字风格要做到通俗易懂，自然流畅，富有文采，亲切动人，更要有感染力、召唤力、引导性和启发性，能引起或激发观众阅读的兴趣，能吸引观众参与到展览之中。

例如：上海自然博物馆的"起源之谜"展区（图3-40），"起源之谜"为一级标题，下面的说明文字第一句话，取自道德经，体现了中国传统文化。而后面的文字采用提问式，引人深思，鼓励观众去探寻参与展览。

又如，上海自然博物馆一些展示内容的标题"虚张声势的臭鼬""装死逃生的负鼠"（图3-41）"穿山甲的防御"等，都十分生动。

因此，展览的标题和文字说明既要精练又要通俗易懂，具有一定的文采和感染力。例如，企业类的展馆，如果一级标题只写发展历史、企业文化、技术发展、社会贡献，这样虽然简洁易懂，但缺乏文采，对观众也没有感染力。

文本的编写，应该是"踵其事而增其华"，既要遵照事物的本来面目描写、叙述、归纳，又要增加它的光华文采，比原来事物表现得更强烈、更集中、更突出，从而化普通为特殊，化平淡为神奇，起到点铁成金的作用。

图3-40　起源之谜展区一级标题

图3-41　上海自然博物馆一些展项的标题

二、辅助展品创作说明和依据文字的编写

博物馆展览采用的辅助展品，无论是壁画、半景画、全景画、模型、沙盘、景箱、场景还原，还是雕塑、多媒体、互动装置等，都需要诠释它们的展示内容、展示传播的目的，在展览文本中，也要给以创作

说明，并且给出背景资料。避免只罗列一个辅助展品大纲，不写清楚这个辅助展品到底要表达什么，有什么科学或者理论依据。辅助展品的文字叙述过于简单，没有文字说明和背景资料也会让形式设计师无从下手。例如，某民俗博物馆的文本只写：绘画，村民丰收的场景；场景：村民家庭环境还原。没有具体的相关文字和图像资料的支持，如表现丰收场景是想展示当地种植什么作物丰收了，有没有当时的照片，想表现哪个历史时期的丰收，是采用人工收割作物还是机械收割，是想要大氛围场景的绘画，还是只描写几个人物就可以。场景还原村民家庭环境到底是想表达什么展示内容，是传统乡村风格，还是新农村的方向，或者两者都要有，以表现出新旧对比。这些辅助展品的创作说明和创作依据都要在文本里阐述清楚。文本不清楚，形式设计的时候再去调研，或者形式设计师根据自己的理解来组织表现展示内容，就可能使内容设计和形式设计不对应，内容策划的意图也无法实现。

展览文本提供了展项的创作说明和依据材料，形式设计的时候才能按照传播目的有依据地进行创作。

三、数字媒体文字编写

视频类的辅助展品，展览文本里也需要给出详细的文字说明。按照文字说明和要求进行视频设计制作，才能符合展示传播目的，不能使视频制作者自由发挥。

为了在有限的展示空间内突出重点，避免展览信息的混乱，在展板中会有显性文字信息和隐性文字信息。一般来讲，显性文字信息是展览最基本的信息，通常直接与观众见面，例如各级标题板和标题文字说明以及展品的说明等。隐性文字信息主要指展览的检索性或链接性信息，如触摸屏中的信息，主要满足专业观众或想了解展览更多信息的观众的需要，不在展示空间中直接展现。

例如，上海自然博物馆的"宇宙之谜"部分（图3-42）。在展示版面上只写了不多的标题文字说明和简单的知识说明。更多的关于该展品的分类知识，则放置在多媒体触摸屏中。观众可以根据需要自己滑动屏幕进行信息查询（图3-43），或是在相应的展板上只有简单的图片和名字，想了解更详细的知识，可以滑动触摸屏去深入查询。

关于显性文字信息和隐性文字信息的划分，应该在文本设计的时候完成，如果在文本里只是把所有内容都罗列出来，让形式设计师去做取舍，就可能会漏掉重要的信息。

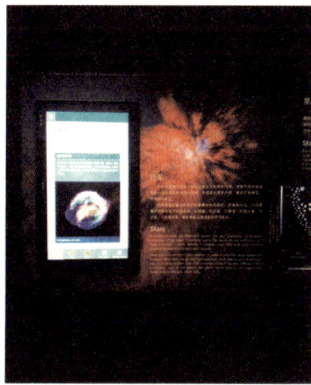

图3-42 展墙上的触摸屏

图3-43 上海自然博物馆触摸屏

展览内容文本的编制不是一劳永逸的，它是在与形式设计和展厅的实际情况磨合中不断改进的。内容策划人员不能一味地指挥形式设计师，在提出形式设计要求的同时应耐心听取形式设计师的意见。

第七节

展览内容的审查与备案

内容设计完成以后，还有一个重要的工作要做，即内容的审查与展览的备案工作。2015年出台的《博物馆条例》第三章，第三十一条，第一款规定：博物馆举办陈列展览的，应当在陈列展览开始之日起10个工作日前，将陈列展览主题、展品说明、讲解词等向陈列展览举办地的文物主管部门或者其他有关部门备案。各级人民政府文物主管部门和博物馆行业组织应当加强对博物馆陈列展览的指导和监督。所以各地都有"博物馆展览备案"的政策要求，北京、天津、内蒙古等地还有针对博物馆展览备案的专门文件。所以在办展览之初，要先了解当地关于展览的审查备案的要求。

对符合备案条件的，依法予以备案；对暂不符合备案条件的，应要求其完善展览内容，使展览符合备案条件。

管理规定中提到了中央宣传部、文化和旅游部1996年5月19日印发的《关于举办党和国家主要领导人生平图片展览的规定》：近几年来，一些地方和单位为了对人民群众进行党的基本理论、基本路线教育，进行爱国主义、集体主义、社会主义和革命传统教育，宣传中华人民共和国成立以来特别是改革开放以来取得的辉煌成就，举办了对反映党和国家重要领导人生平图片（包括摄影、美术作品）的展览，为保证此类展览的质量和严肃性，进一步加强管理，还有特别的规定，需要格外注意。

总而言之，凡未经批准，任何展览场馆都不得接受或承办党和国家主要领导人生平图片展览。因此，展览的审查与备案工作十分必要。

思考与练习

1. 在进行博物馆内容设计时，要把握哪些原则？

2. 通过对内容设计流程的学习，有哪些体会？

3. 参观一个博物馆，分析该博物馆某展览的内容结构框架体系。

第四章
博物馆展示的形式设计

博物馆展示形式设计是设计师运用设计语言进行的艺术创作，这个过程需要解决空间规划和平面分区、整体空间设计、版面设计、展品的布置与辅助展品设计、展示道具设计、照明设计等问题，这些问题的解决需要围绕形式设计的步骤、图纸要求、形式美法则、平面分区与参观动线、空间序列、色彩、人体工程学在博物馆展示设计中的应用、视觉识别系统等方面展开。

第一节
形式设计的定义、设计原则与应解决的问题

一、形式设计的定义

内容设计完成以后，进入形式设计阶段，将展览的内容文本转换成可供布展实施的设计方案，需要由形式设计人员来统筹把握。那么什么是形式设计？

中华人民共和国文物保护行业标准《博物馆展览形式设计与施工规范》中，将形式设计定义为根据已有的内容设计、展品和博物馆建筑设计图纸，对展览的空间构成、视觉艺术形态进行设计。按照内容设计的逻辑关系进行空间的呈现，将展品进行组织、排列、安置，并对施工和各种辅助技术手段进行总体设计。形线设计需要对展览文本进行理解，并提出内容落地解决方案，充分考虑展品安置、文物保护、展览流线和观众安全舒适等方面的要素，从而创造科学、良好的展览效果。形式设计包括概念设计和深化设计两个阶段，各阶段完成的图纸绘制应执行或参考GB/T 50104《建筑制图标准》和JGJ/T 244《房屋建筑室内装饰装修制图标准》的规定。图册装订以A3幅面大小为宜。

从以上定义可以看出，形式设计就是设计师运用设计语言进行艺术创作。它的目的在于创造性地运用艺术手段和方法，将展览所要传达的展览主题与展示内容艺术地再现出来，它是内容设计的形象化和具体化，把文字形式的展览文本变为具体的表现形式，形成视觉、听觉等感官体验。形式设计以形式新颖、能感染观众内心为最终目的，使观众能够更好地理解、感知展示内容。

形式设计是对内容设计的再创作过程，是一种二次创作。设计师

需要对展览文本进行解读，用展览文本作基础进入艺术创作，设计出最终展现给观众的形式。好的形式设计可以将抽象的主题思想与展品有机地结合起来，转化成具有感染力和说服力的直观形象。简言之，形式设计的任务就是要让展览吸引人。设计师需要把各种展品、展项按展览文本中展示结构框架的要求加以组合排列，变为能说明展览信息的展览。同时还要注意对展出环境、安全防火、人员疏散及安保等方面客观要素的把握。最后用一整套效果图、施工图和技术图纸来表现设计成果，这些图纸将成为下一步施工作业的依据。所以形式设计在博物馆展示中的作用十分重要。

同一个展示内容，可以用多种多样的形式来表现，这正是展览形式设计丰富多彩的缘故，所以很多时候形式设计初步阶段需要出多套设计方案，以能够鲜明而富有表现力地表达出展示内容为佳。

内容与形式相统一是博物馆展示设计必须要遵循的基本原则。形式设计围绕内容进行创作，形式设计也可以补充内容的不足，可以赋予内容新的生命。形式设计是手段，一个展览要讲好故事，形式和内容必须统一。

形式设计运用得当，能够充分体现展览的文化价值和艺术价值。得当的形式设计能准确组织展品、辅助展品、展示道具、灯光、装饰、多媒体等，既能把握内容设计精髓，又能升华其中的人文艺术价值，赋予主题新的生命。

形式设计的整个过程涉及的知识和技能相当广泛，设计师需要具备设计艺术学的修养和技能，具有较强的形象思维能力，掌握美术设计和展示设计语言。同时具备一定的文字解读能力，能领会展览主题内涵，理解设计内容；还需要掌握建筑设计的知识，能看懂建筑图纸，也能根据建筑制图标准和室内装修制图标准进行相应形式设计图纸的绘制；掌握人体工程学、设计心理学等知识，从而满足观众舒适的观展要求。

形式设计还是连接内容设计和施工阶段的中间环节，要协调好与上下两个阶段工作人员的业务关系。一方面要与内容策划人员密切合作，充分理解和领会展览文本的内容与设计要求，为每一部分展示内容想表达的展示信息找到既美观又恰当的表达手法，并最终反映在图纸中。另一方面要与施工人员密切合作，详细解释制作和材料方面的要求，用精确的施工图纸指导施工人员进行展览的制作与施工工作。也就是说，形式设计人员与内容策划人员的合作是为了确保形式设计的正确性，将展览前期的策划与展览传播目的正确地贯彻实施下去；

与施工制作人员的合作是为了确保形式设计的可行性与效果性。内容策划如果有什么问题，在形式设计阶段可以提出修改。但是形式设计如果有考虑不周之处，则可能会造成施工阶段在人力、财力和物力等方面的损失和浪费。所以形式设计肩负的责任是重大的。

二、形式设计的原则

（一）适用、经济、美观

与建筑设计的原则一样，适用、经济、美观，也可表现博物馆展示形式设计的原则。

1.适用

适用是指在形式设计阶段，恰当运用各种展示方法，把展览内容恰如其分地表现出来，做到形式与内容的高度统一，使展览结构层次清晰，传播目的表达明确。展览是给观众看的，展览的平面布局合理，参观线路通畅，走向明确，既便于参观和观众流通疏散，又要便于开放期间的管理等。

2.经济

经济是指有效地使用人力、物力和财力，注意节约。要搞好一个展览必然投入相应的资金，但应在经济合理的范围内，使展览发挥出更好的效果。例如，在设计展墙和展台展柜的尺寸时，应尽量符合常用材料的模数与尺寸，减少切割和再加工，不仅可以节省材料，而且能节约工作量。在安排施工进度时，注意施工进度的紧凑合理，可有效减少待工造成的浪费。

3.美观

美观是指博物馆展示设计的形式美。在满足适用与经济的基础上，设计应注重形式美，有一定的个性和风格，在展示设计语言的运用上尽量美观。展示设计的语言，是指展品的摆放，各种材料的选用与构造方式，色彩、灯光、展柜、展台、展架、图片、模型、音视频、多媒体及其他辅助展品展项等要素的表现方式，它们都是审美外化的物质材料，都以自己物化的特殊性能，传达着展示设计的各种信息。设计师要在设计美学的基础上，使展示设计的语言表现得尽量美观，观众才能在舒适的心理环境下进行展览的参观。但是也不能完全为了美观，将设计的重点放在了室内装饰上，这样就会本末倒置，各种展示设计语言的"美观"原则是为传达展示信息服务的，千万不能喧宾夺主。

（二）紧扣展览主题

展览主题是博物馆展示设计的灵魂，是展览内容的主体和核心，也是展览形式的依托和本源。设计师在确定形式时，必须服从表达主题的需要。在设计前，必须对展览内容进行深入研究，以期明确主题，把握主题。

形式设计要做到忠实性和创造性相结合。"忠实"，就是忠实于展览文本，以此作为设计的基础和前提。但是忠实不等于墨守成规，死板落套。忠实性还必须以创造性为后盾，而创造性是好的设计的最重要的标志。原封不动地照搬展览文本的表现和要求，也就否定了设计的创新作用。照猫画虎，只能故步自封。所以，只有两者结合，才能恰到好处。

三、形式设计要解决的问题

首先，博物馆中的形式设计人员需要将现有的展览文本内容中对应该单元的展品逐一消化，充分考虑现有的展厅条件，落实展厅的空间规划，平面分区，以及展览观众的参观动线，这是最基础的工作。其次，根据展览内容文本将展览的各个部分的展示内容按照展览流线，放置到展厅的各个部分。最后，结合每部分的主题，运用形象思维，对展示空间的风格、展品的编排和版面内容的设计元素进行提取、加工和组合，塑造出能够鲜明地表达出主题思想和内容的艺术形象。这一步的转换至关重要，好的设计可以完整地表达策展人想传递给观众的思想理念。同时合理地设置辅助展品展项以增加展览的趣味性，让观众享受一场视觉和思想的盛宴。

（一）空间规划和平面分区

空间规划和平面分区是指在对博物馆展览内容和展品及展示空间分析研究的基础上，根据展示内容的重要程度科学合理地分配各部分的平面分区布局，以及展览的走向和观众参观动线，做到规划科学合理、展线流畅（图4-1）。

空间规划和平面分区是形式设计的第一道程序。设计师需要充分认识和理解展览，包括展览主题、展览的逻辑结构、展品的种类与属性、展品的形态与特征、展品的体量与数量，同时应考虑展览规模、展期长短、设计标准及可提供的展览经费、材料和技术等因素，还需分析观众类型、观众流量，然后通过建筑图纸或实地考察，对展览建筑环境进行全面了解和研究，包括建筑空间形态、空间结构、空间比

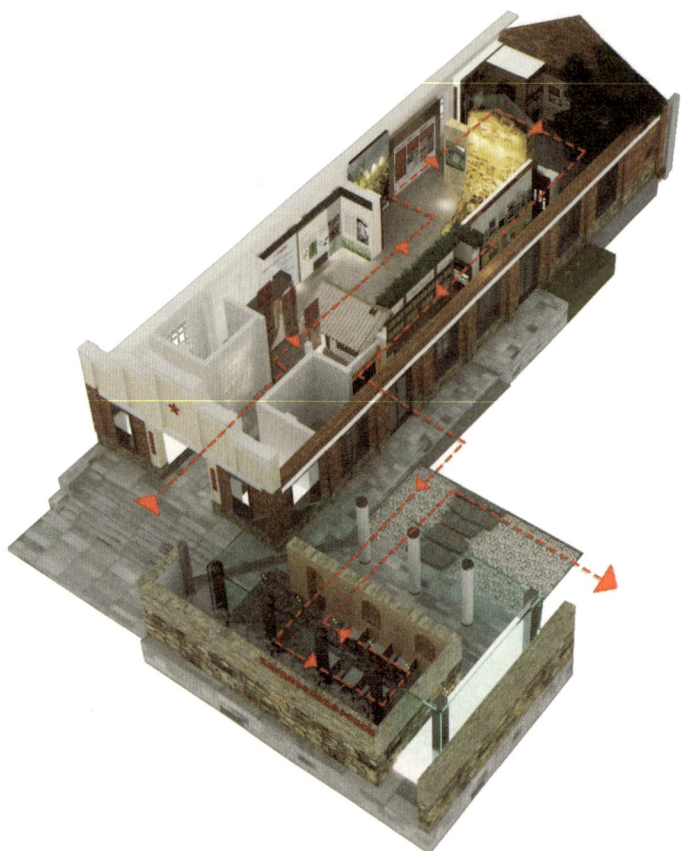

图 4-1　博物馆的参观动线

例与尺寸、建筑空间的可变与不可变因素，然后进行空间规划。根据展览的结构体系，合理分配空间大小尺寸以及各部分展线的长度，注意把控参观线路的流畅度，给观众舒适的观展节奏。还要考虑参观动线、消防安全以及人流量的多少。空间分割要自然流畅，展线长度要分布合理，观众视野效果要开阔多变。

过渡空间的处理也是空间规划中不可忽视的组成部分，主要考虑现场建筑结构、自然采光与人工照明之间的协调，以及减少观众视觉疲劳、防止有害干扰等因素。巧妙的空间过渡处理，往往会带来出人意料的综合效果。

（二）整体空间设计

整体空间设计是指展厅空间和环境氛围的设计和营造，包括空间风格定位，墙壁、地面、天花板、纹样装饰、各种配件的材料、色调、肌理的设计等（图4-2）。展览的空间设计要结合展览主题，具有鲜明的氛围和独特的艺术风格，为观众营造一种舒适温馨、引人入胜和富有艺术感染力的参观环境，同时可以起到烘托展示内容的作用，与建筑空间、展览内容完美结合，相互呼应，相得益彰。

图 4-2　博物馆的整体空间设计

（三）版面设计

版面是展览的重要组成部分，是展览信息传达的主要媒介，版面设计主要包括展览的版面说明文字、图片、图表等，图文版面设计应注意布局、体量合理，主次分明，重点突出，满足信息传达和内容传播的需要（图4-3）。版面中各要素在形态、构图、色彩光效等方面的设计达到优美的视觉效果，满足观众的审美需求。各级（一级、二级和三级）标题板的规格和风格应整齐统一，标志清晰，有助于观众熟悉展览的内容体系及层次。

在字形的选用上，要根据展览的内容、性质、规模、等级以及展出地的文字应用习惯。如国际展览，经常选用英汉对比；少数民族地区则选用汉文与民族文字相结合等。还应分别确定字体（如正楷、仿宋、黑体、广告体等）和规格尺寸等。

图 4-3　博物馆的版面设计图

（四）展品的布置与辅助展品设计

对主要展品，无论在空间安排和色彩运用上都要加以强调；次要展品则主要用以烘托、说明主要展品。注意突出主题，避免平铺直叙，同时注意展览情节线的变化起伏，在高潮部分多下功夫。

辅助展品的设计，应使传播目的明确，表现方式与展示内容要高度吻合，能准确和完整地表达展示信息。同时要符合真实性和科学性原则，具有学术支撑（图4-4）。其中艺术类的辅助展品设计要创意新颖，构图巧妙，艺术感染力强，避免雷同，要有依据地进行创作，保证历史或事实的真实性；科技类辅助展品展项，参与性、交互性、趣味性要强，操作要简便化，设备和性能要稳定、易维护，要有技术和安全保障。

图 4-4　辅助展品的设计

（五）展示道具设计

展示道具设计包括展柜、展台的设计，展示道具型号规格选用应合理，造型及尺度比例应合适，满足展示效果，同时应开启方便，便于展品更换和清洁，技术应可靠，还需符合环保和文物保护的要求。同时展示道具要注意防止眩光、着火、漏电等不安全因素。图4-5分别为临安博物馆的历史厅和中国国家博物馆的"中国古代钱币展"的

图 4-5　展柜设计

展柜设计，展柜的尺寸和样式，结合展品特点进行设计，以满足展示和观众观看的要求。

（六）照明设计

博物馆展览中的照明设计有三方面的作用：一是保护文物；二是艺术表现；三是环境和氛围营造。采用照明灯具的型号性能和质量要求选用合理，灯具的数量和布点合理，满足文物保护和艺术表现效果以及眩光控制的要求，符合国家《博物馆照明设计规范》。

（七）人性化设计

展览的人性化设计即指"以人为本"，对"人"的关注是博物馆展示设计的重点，主要是考虑观众的生理与心理特征。包括人体工程学的应用，展线的长短、展板、展台、展项的高度和视角、展品的密度、展示空间的光线明暗等都需要满足观众的生理与心理要求，符合人体体验舒适度，同时需要专门为老人、儿童和残障人士进行无障碍设计，完善各种无障碍设施。从平面分区、空间环境到标识系统的设计，都要以人为本。标识系统指示要科学、醒目，具有较强的观众导向能力。各种材料的应用要符合绿色、环保和安全标准。

第二节
形式设计的步骤与图纸要求

形式设计可以分为概念设计阶段、深化设计阶段。形式设计师最好能全程参与前面的内容设计工作，越早介入，越能对展览整体有更好的把握。如果没有参与前期的策划和内容设计，那么在开始概念设计之前，设计师应该有一个前期准备阶段。

一、前期准备阶段

（一）掌握展览主题思想、展览结构体系和展品情况

了解展品的历史艺术价值，要熟悉它的外观造型，特别是对重点展品的特点、价值要深入了解，便于下一步进行设计构思，在展出形式、色彩、照明等方面给予和主题相符合的形态处理。

（二）掌握博物馆的建筑图纸和现场建筑空间现状

了解展厅的平面尺寸、空间高度、结构形式、荷载量、消防系统、通风系统情况。甲方提供不了建筑图纸或者建筑有改建的话，需要现

场测量。如果甲方有提供图纸，也需要将建筑图纸与展厅现状进行复测、核对，以纠正图纸与现场不相符的地方。

建筑现状平面图决定下一步展厅的平面分区工作能不能精确完成。现状的空间高度决定了完成时展厅的空间高度。了解建筑的结构形式可以决定平面分区时，墙体能不能拆除。有一些展览项目会有一些大型的、重量很大的展品展项，此时需要了解建筑本身的荷载情况，看建筑现状结构能否承受展品的重量。如展品是一些大型的雕塑、车辆、重型设备的时候，必须考虑这些问题。

（三）深入了解展览内容进行辅助展品展项设计

在设计准备阶段，最重要、难度最大的就是消化展览内容，对展览内容、展览主题和传播目的的理解越充分、越深刻，越有助于设计构思。形式设计人员在进行设计前不要急于动手设计，要仔细阅读展览文本，充分理解内容策划人员的意图，然后进行设计构思。所以展览文本必须足够完整，让人能读懂。必要时内容策划人员要向形式设计方详细解释展览文本，就像戏剧中的"说戏"。不能让形式设计人员乱猜。如果让形式设计人员也参与内容策划工作，就会对展览有更好的把握，形式设计工作会容易很多。

整个博物馆展示设计的过程，最重要的就是内容设计和形式设计的融合，具体实践时大部分情况是需要内容设计和形式设计的人员密切合作的。如果设计人员既懂策划又懂设计，是再理想不过的。所以，设计人员参与内容设计和形式设计的全过程，能使展览设计效果更出彩。

二、概念设计

概念设计是将展览文本的文字具体化，先确定设计创意理念，然后落实到空间造型等视觉元素中。

（一）概念设计步骤

1.设计创意构思

设计创意构思阶段非常重要，博物馆展示空间的形式设计，必须针对不同的项目进行相应的设计构思，以免千篇一律。在熟读展览文本和掌握展览主题的情况下，寻找展示空间的视觉造型灵感来源。相关重点展品的形态、展览主题的具象化等，都可以作为设计灵感的来源。可以采用头脑风暴法，多选取设计元素，然后通过思维导图进行分析、推导，选择合适的点切入设计。然后通过手绘设计草图将设计概念具象化。例如，设计灵感来源于什么设计元素，设计元素怎么进行推演、简化、变形、重构，最后具化为空间的主要视觉造型形态。随时记录设计构想与创作过程，并最终通过计算机将其完整地表现出来。

例如"锦行天下"——中国织锦文化展（南京站）主要展示并讲述蜀锦、宋锦、云锦、壮锦这四大织锦的发展脉络、技艺演变、功能应用等，以"历史篇""技艺篇""应用篇"为展览大纲主线，分别讲述四大织锦的历史、工艺及当代应用，以展现中国织锦文化，讲好中国织锦故事。在展览形式设计时，以丝线的"线条"为设计元素，抽象变形贯穿于整个展览，采用现代设计手法演绎传统元素（图4-6）。

又如，大众汽车"Level Green"展厅，展览希望向观众传达其可持续发展理念以及可持续发展中大众公司的社会责任感。为了表现绿色环保的理念，以环保标志PET符号作为灵感元素，用绿色、箭头元素作为整个空间形式设计的起点，将二维的图形转化成三维的结构，并逐步进行演变，简单的元素一步步推演繁复，慢慢形成一个复杂的结构体，转化成覆盖整个展厅的空间网格（图4-7）。绿色的线条或横向延伸成展项，或垂直下降成展墙，给人生机盎然之感，交错的网格既如同植物的交错缠绕的藤蔓，也传递着交互与可持续发展的设计主题（图4-8）。

而位于Level Green展厅下层的大众汽车展厅的活动区，主要服务于跟随成人来展厅参观的儿童，设计者既延续Level Green展厅可持续发展的设计理念，又根据观众和空间功能的不同将空间形态设计得不尽相同。依然采用环保标志作为设计元素，但其形态发展重构的方向截然不同，最后形成的空间更为和梦幻（图4-9）。

空间选择使用木色系的硬木材料制作而成，更为环保，考虑到儿童活动的安全性，所有线条的边角都做了圆角的处理。充满想象力和趣味性的木制材质与上层绿色的展厅产生视觉对比，让人联想到这个

图4-6 "锦行天下"——中国织锦文化展（南京站）形式设计元素

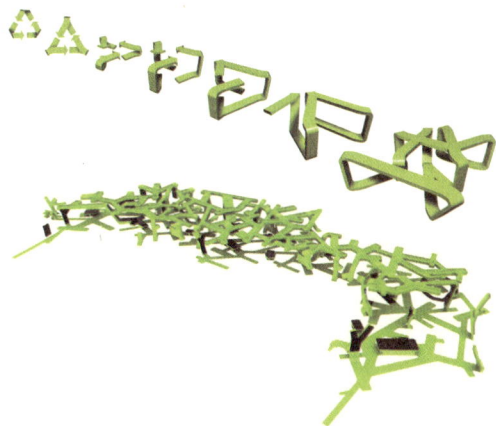

图4-7 PET标志符号从二维到三维的结构演变

图4-8 Level Green展厅内部展项

空间的形态仿佛是一棵树的树干与树根，而上层展厅绿色形态的区域仿佛是树的枝干。树根互相交错形成丰富有趣的空间形态，激发观众的好奇心，使人想进去一探究竟（图4-10）。

图 4-9　Level Green 展厅下层活动区环保标志的元素演变过程

图 4-10　活动区局部

所以，概念设计阶段的立意和形态的灵感来源十分重要，这个阶段需要充分发挥创造力，为下一步新颖的展览空间设计打好基础。

2.空间平面分区规划，确定展览的参观线路

这是一项把整个展览文本的文字量和博物馆展厅空间可以提供的容纳量加以统一的工作，根据展览主题结构和逻辑顺序因地制宜地使用展示空间。在合适的位置增加展墙，适当增加展览展带的长度，以容纳更多的展览文字量。通过分区和展墙设置来组织观众的参观路线，根据展厅建筑特点，决定展览如何开头、如何结尾，同时需要考虑各个展示空间的序列、形状，在每个展厅如何突出展示重点展项等。

这一阶段需要绘制平面分区图。平面分区图要将展示内容落地，根据空间的分隔和展墙展带的长度，将展览文本的各级内容落实到展示空间中，包括一、二级标版的位置。特别是重点、亮点展品展项的落地，要与每个空间的形状相结合，做到重点突出（图4-11）。

3.确定展览的基本表现形式

根据展览内容和展品的性质、特点，制订展柜、展台等展示道具的初步应用形式。例如，艺术类的展览尤其是各种画展，需要用大面积的墙面来挂展品，那么空间中的隔墙就作为主要的展示道具来代替同类型的展柜、展台（图4-12）。同样是书画类的展览，如果展品很珍贵，就要采用有玻璃保护的书画柜或大通柜（图4-13）。所有的文物和贵重的展品都要考虑使用玻璃展柜加以保护。如果展品种类很多，就要考虑采用立柜、中心柜、桌柜与展板结合的表现方式（图4-14）。

展览展品的展示形式很重要，要根据展览选题的方向，展品的特

点来确定。例如，邮票展的主要展品是邮票，因为展品的体量很小，展品的展柜可以选择桌柜、坡面柜、悬挂柜等（图4-15），而大型的

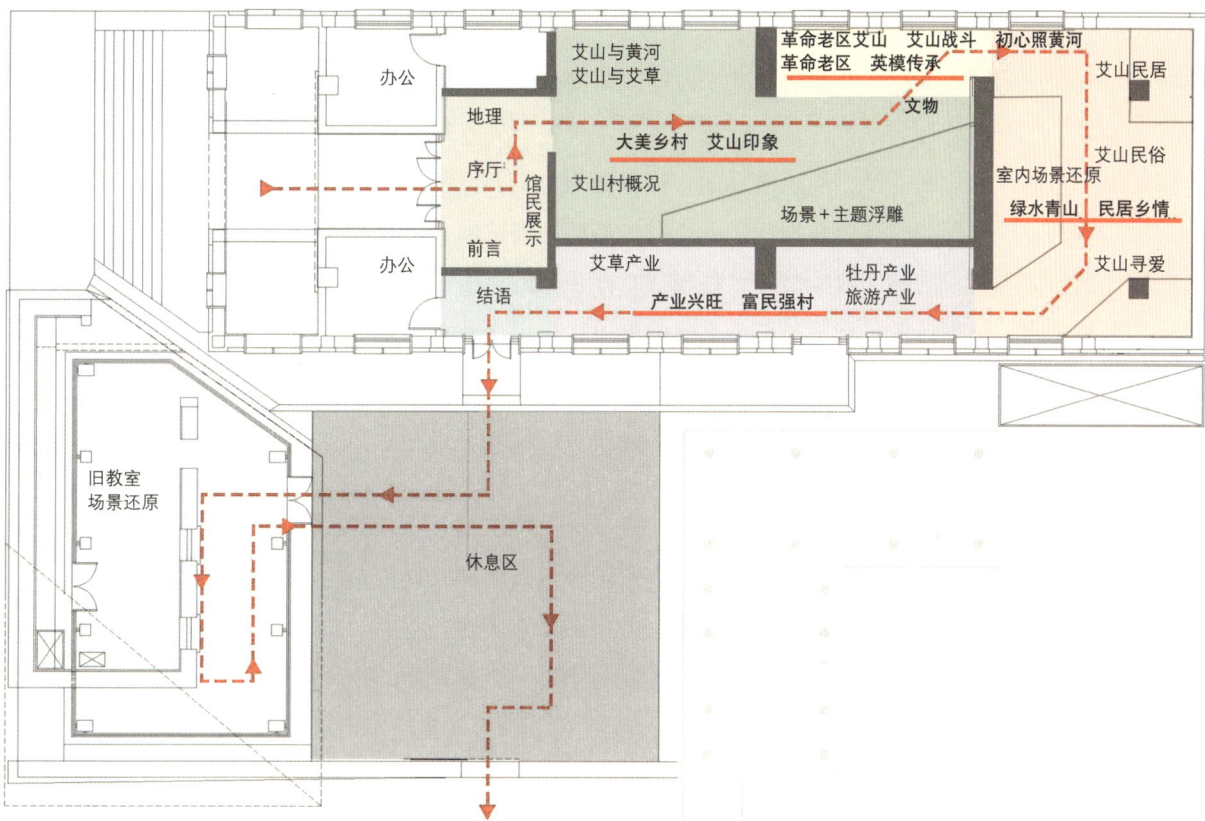

图 4-11　平面分区与参观动线图

图 4-12　隔墙为主的空间

图 4-13　使用通柜的空间

图 4-14　综合应用各种样式的展柜

图 4-15　坡面柜和抽拉式展示

通柜的设计就不合适。另外，时尚的企业馆和规划馆也要慎重参考，可能跟博物馆选题类别不一致，不合适。所以，先要考虑博物馆的展览内容和展品特点，做好展示道具的初步构思，再往下进行效果设计。

4.确定展览的整体艺术风格

不同性质的博物馆对展示空间的艺术风格有不同的要求。要根据展览主题、展示内容和展品特点来设计相应的艺术风格。通过展示空间的总体色彩、材质的选择，展示道具的式样，照明方案，以及装饰手法等进行表现。例如，选题是现代工业产品的展览，展览的整体风格可以设计为现代简约的，减少装饰，将现代功能主义的风格应用到空间和展示道具的设计中；选题是苗族文化的展览，可以在展览的整体艺术风格上，将苗族的装饰符号应用到展示空间中，其艺术风格使人一看便知是苗族相关的展览。展览的整体艺术风格一定要与主题协调，千万不能选用与主题不符的展柜、展墙装饰。

5.各分区效果图绘制

根据展览文本的具体内容和平面分区布局，结合重点展项及展览空间艺术风格，进行各个展厅的效果图绘制。效果图要能表现出空间墙面、顶部、地面的效果，还要表现出各级标版特别是一级标题版的样式、重点展品、展项的效果等（图4-16）。

图 4-16 效果图

（二）概念设计阶段的图纸要求

概念设计需要通过图纸来进行设计意图的表达，方便给甲方和各级领导进行汇报。主要的图纸类别有平面分区图、参观动线图、各分区不同角度的效果图、配套设计等。同时在设计构思阶段需要手绘概念草图以进行设计推导。

1.手绘概念图

手绘表现是设计师通过运用一定的绘画工具和表现方法来构思主

题、表达设计意图的一种创作形式。设计师有了初步设计构思之后，可以利用工具徒手绘出设计概念草图，这种方法可以快速直观地将设计师的设计思路呈现出来，是设计师必须具备的技能。随着计算机技术的进步和应用软件的开发使用，在一定程度上限制了手绘的发展，但是手绘艺术作为一种纯自然艺术，是无法被取代的，在设计的前期构思和初稿设计阶段，手绘表现极其重要（图4-17）。

图4-17 手绘概念图

2.平面分区图

平面分区图是展览平面布置的一种图解，用于表现展厅分隔情况、展品展项的平面位置（图4-18）。

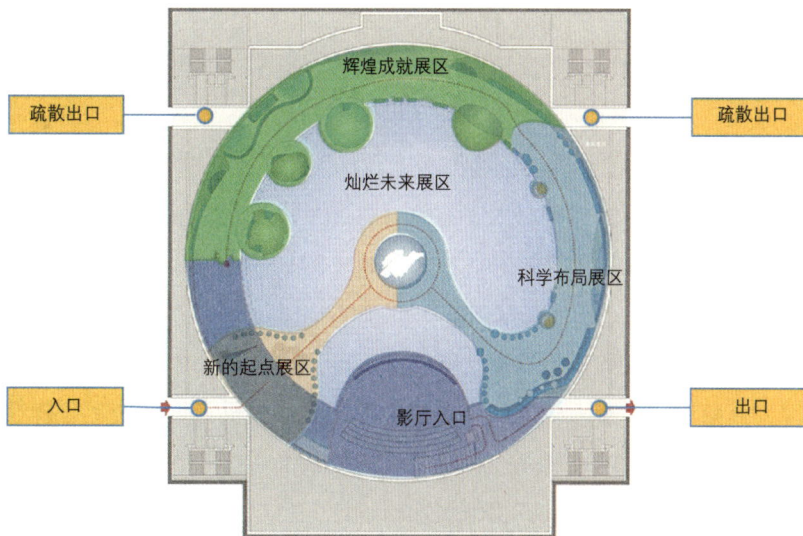

图4-18 平面分区图

3.参观动线图

参观动线图是根据平面分区来规划观众参观展览时的行走线路。一个合理的参观线路能使观众在舒适的状态下欣赏展品，全面地了解展览所传递的展览信息（图4-19）。

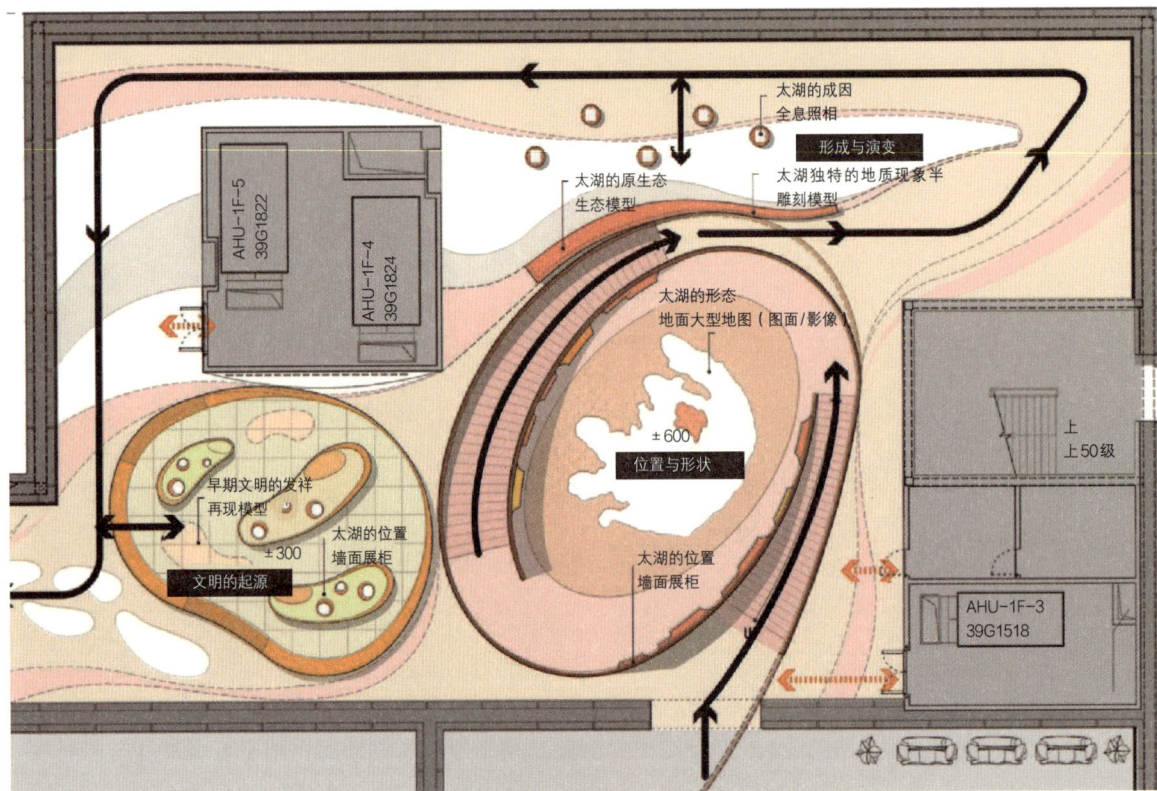

图 4-19　太湖生态博物馆局部参观动线图

4.效果图

效果图是直观感受设计效果的示意图，模拟未来展览空间的透视和光、色效果在观众面前呈现的视觉感受，将灯光设计的实际照射效果用于效果图中，让人身临其境地感知整个展览完成后的空间效果。

（1）效果图的分类。从表达的内容范围来看，有整体效果图和局部效果图；从表达形式来看，有轴测效果图和透视效果图；从制作方法上来看，还有手绘效果图和计算机效果图。

随着计算机技术的飞速发展和计算机在设计领域中广泛深入的应用，目前设计人员大多运用计算机来绘制效果图进行设计表达。计算机软件拥有强大的色彩库、材料库和光效系统，这些都可以提高设计方案的表现效果，比较真实地表现出设计的材质及色彩。计算机绘制的效果图，在质感与灯光气氛上，极大地丰富了设计的表现力，尤其在概念设计期间，可以让人们从多角度预见更接近真实的展示效果。现代设计师主要是使用3DS MAX软件来绘制三维效果图，使用 PS 和 AI 来进行图像的绘制和处理（图4-20）。

效果图还包括鸟瞰图、各展厅空间效果图、重点展品展项效果图等（图4-21）。鸟瞰图是从顶部看到全部展厅的完成效果，让人从宏观角度了解展厅的全部内容。展厅各个空间效果图主要针对各个局部空间效果。

图4-20　计算机绘制的效果图（临摹）

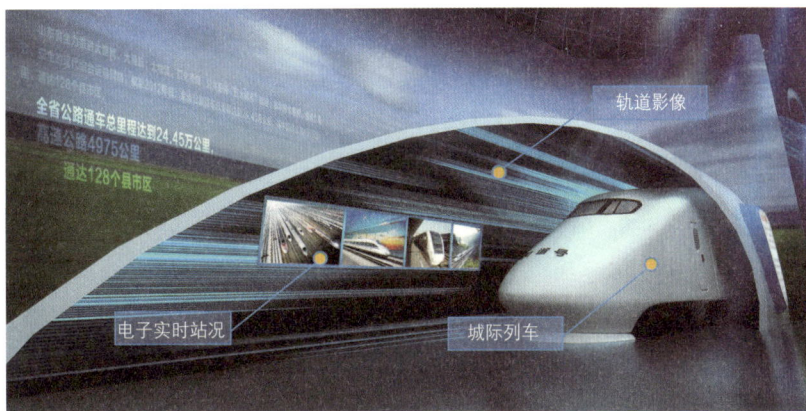

图4-21　重点展项效果图

（2）效果图的绘制应注意4个方面。①基本视点高度应以距地面1.5m为宜，辅以其他视角的效果表现图；②透视关系不宜过于加大广角效果，避免夸张与失真；③图中模拟观众人物的身高、体量应准确，其中男性观众的身高以1.6～1.8m为准，女性观众的身高以1.5～1.7m为准，少年儿童观众的身高以1.2～1.4m为准；④不应过度营造实际无法达到的艺术效果。

5.配套设计图

配套设计图是为了展览方案的完整性而做的包括模型、雕像、多媒体展项等辅助展品展项的概念草图和初步设计意向（图4-22）。概念设计阶段，设计师可做出多种不同的设计方案，供甲方选择。

图4-22　数字沙盘展项设计

二、深化设计阶段

概念设计完成后，就进入深化设计阶段。深化设计是对概念设计的具体化，是将概念设计的结果付诸实施，是创意设计与专业施工之间的桥梁，展览平面、立面、版面、展示道具、辅助展品等的详细构造、尺寸、材料等都在这一阶段加以明确，以便于接下来的施工布展工作。

深化设计的工作内容包括施工图绘制（施工图、电气图、空调图、消防图），展板平面设计，艺术类辅助展品（场景、雕塑等）的设计，多媒体设计等方面。深化设计阶段的施工图纸一般是采用AUTOCAD软件，按照《建筑制图标准》和《房屋建筑室内装饰装修制图标准》规范绘制。包括墙体、门窗、楼梯台阶、展台展柜的表示方式，尺寸标注、定位轴线、引出线、各种线型、字体、剖切符号、索引符号、详图符号等都应该按照制图标准来统一表达（图4-23）。

深化设计需要设计师有着高度的责任心、极强的专业能力、丰富的后期制作经验。要了解相关国家和地区的设计标准、工程施工要求；能统筹设备、道具、灯光、版面、多媒体、材料、造价等诸多细节；能综合考虑资金、资源、技术等条件而做出用材和工艺的最佳组合。

（一）施工图纸

施工图纸包括平面图、立面图、剖面图、详图和各种配套的电气、空调、消防图纸。配套设备图纸需要设备专业的设计人员来进行绘制，以下重点说明需要设计人员绘制的施工图纸。

墙体

隔墙

窗户

墙体、窗户平面画法

尺寸起止符号　尺寸数字　尺寸界线

6000

尺寸线

尺寸标注标准画法

下

顶层楼梯平面图

下
上

标准层楼梯平面图

上

首层楼梯平面图

C
05

道路落地清扫机　　隐形门

道路图书馆　　　　　　　　　　　组合沙发

多功能清洁车

桌面清洁机

地砖管缝机

2
07　展架

万向跑步机　　　　教育　儿童　共享　　互动式
　　　　　　　　　机器人　编程　健身舱　SIARE　拥抱椅
亲子翘翘板　　　　　　　　人

近海鲜苔清洁

B
04　华人运动电动支卡　宜出行家庭智　老年共享　新能源汽
　　　　　　　　　　能移动系统　　洗浴系统　车充电站

五菱越野
车内饰

长城电动全地形车　丝　牡　先进个人奖章　茶具　华人运通微型
　　　　　　　　　巾　丹　初心环扣　　陶瓷　电动车内饰
近海休闲房艇　　　真　红色印纪念章　生肖

1
06　展台详图见

A
03

平面索引图 1∶50

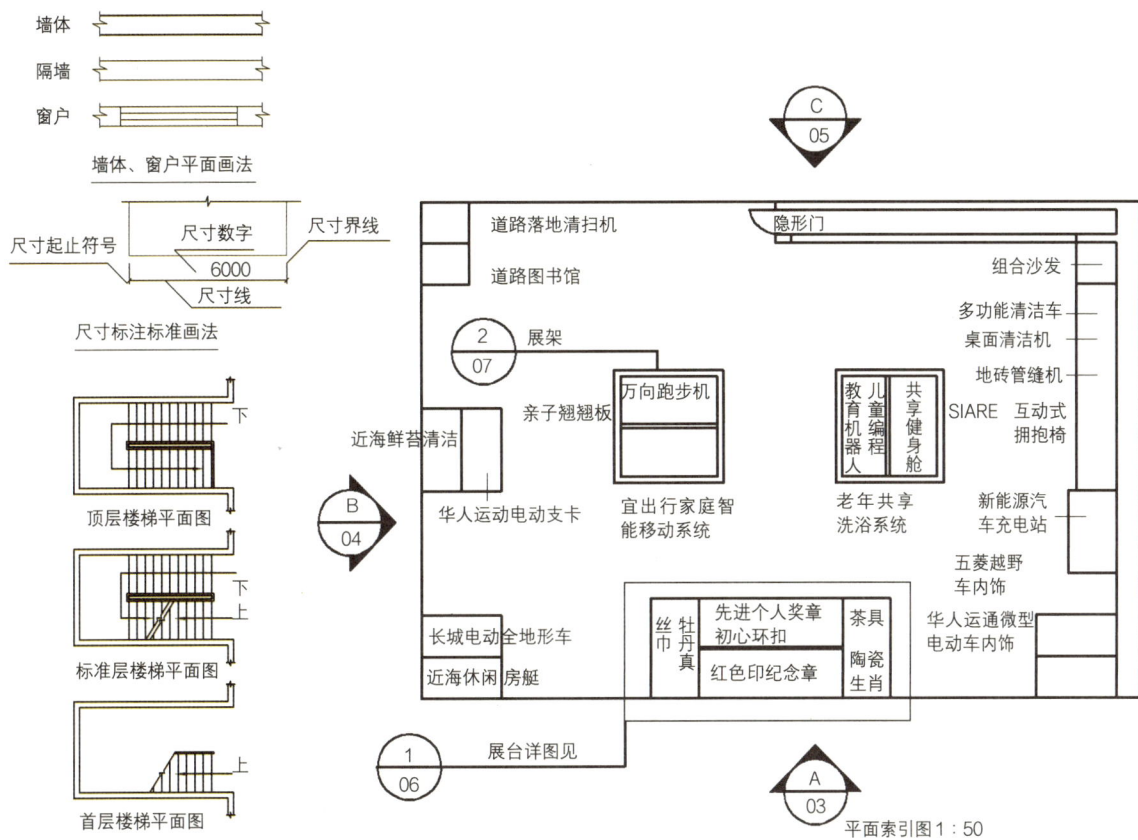

图 4-23　各种图样和尺寸标注的标准画法

1.平面图

　　施工图的平面图是体现空间划分和进行施工的重要基础和依据。平面图应按一定比例准确表现空间造型的二维空间关系，应标明准确的尺度和地面标高变化。大面积的陈列展览平面如果用单张图纸不能清楚地表达，则应另附局部放大比例的平面图详细图示。

　　平面图需要表示清楚承重墙体、结构柱、展墙分隔位置、厚度长度、楼梯与电梯位置、展示道具位置，用文字标注清晰各展厅分布情况、重点展品展项位置名称。用内视符号表示清晰各个展墙立面的位置索引和编号。

　　平面图设计应根据不同的功能和需要，分别绘制展示空间的平面图，如基本（总）平面图（含立面索引图）；展览流线平面图；展品定位平面图；照明、电路平面图；综合顶面造型定位图平面图（含喷淋、暖通风口、音响、多媒体设备、灯光照明等）；各种施工用平面图；与陈列展览相关的其他建筑和设备平面图。

　　平面图如果过于复杂，可以将平面位置图和索引图分开绘制（图4-24）。

地面铺贴复杂时需要单独绘制地面铺贴图，各个不同地面材质的铺贴尺寸和方式要表示清楚（图4-25）。

顶面造型定位图平面图主要用来表达顶部造型的尺寸及材料、灯具、消防喷淋、暖通风口、音响、多媒体等设备的规格与位置。也可以根据工种的不同，分别绘制消防喷淋顶部平面图和多媒体顶部平面图、暖通顶部平面图等（图4-26）。

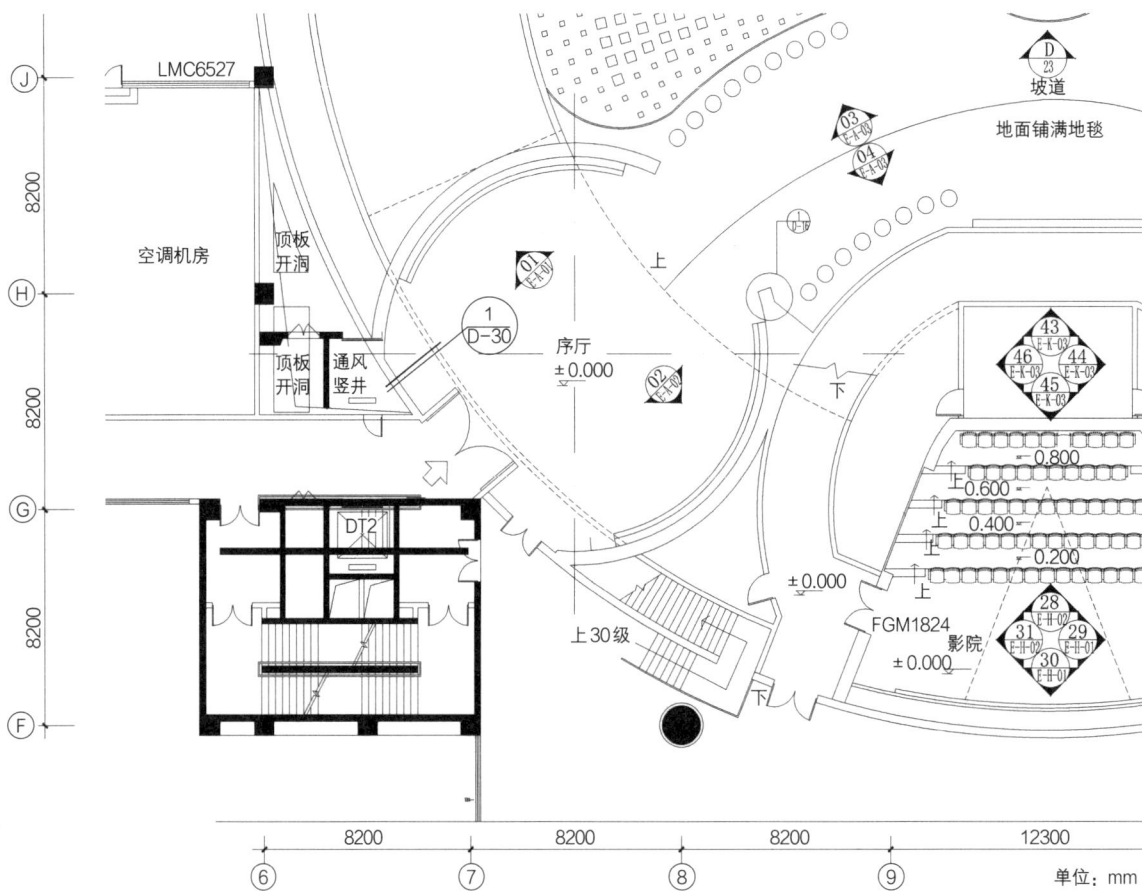

图 4-24 索引图局部

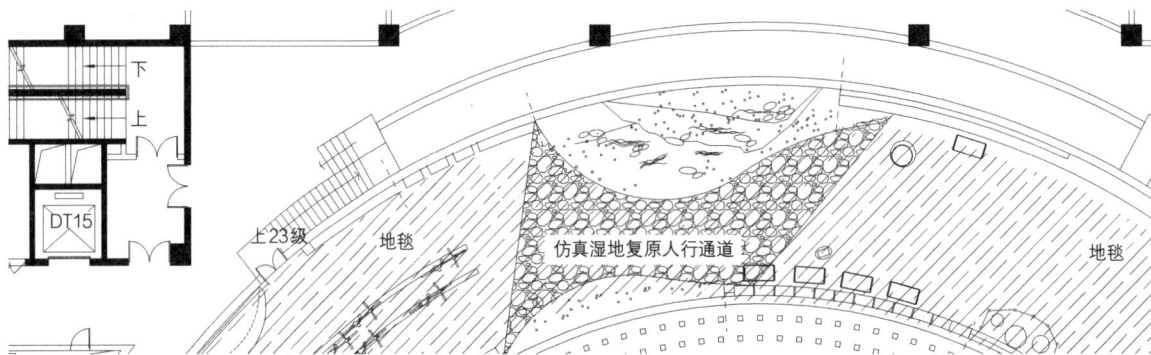

图 4-25 地面铺贴局部图

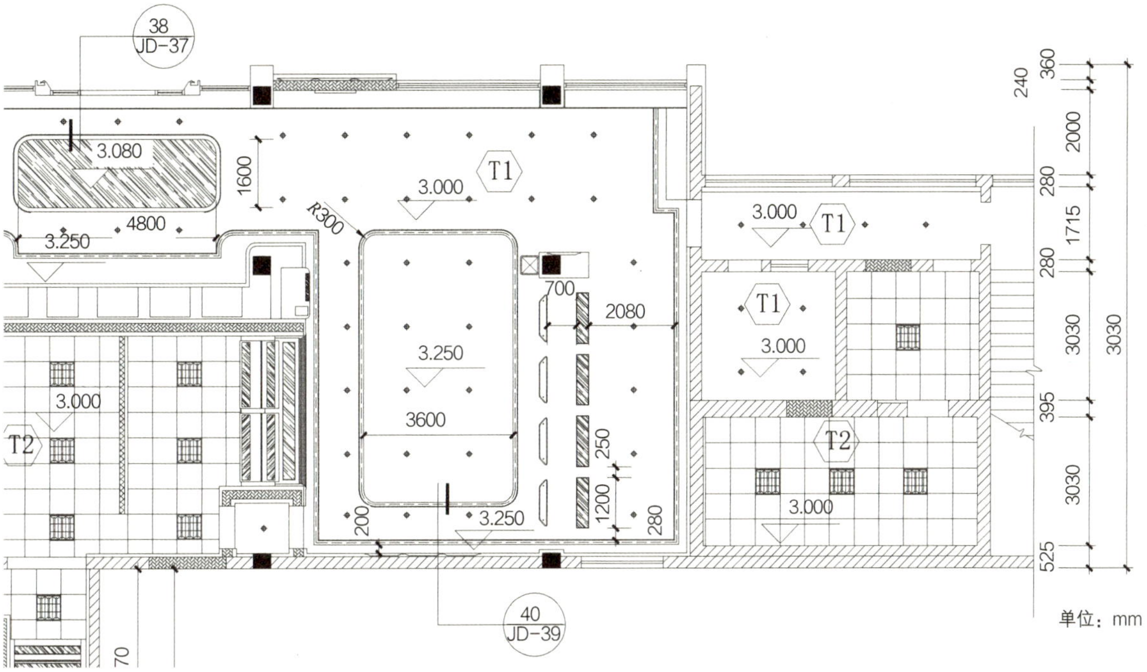

图 4-26 顶面布置图局部图

2.立面图

立面图是将空间的各个立面绘制出来，需要表示清楚空间高度、宽度的尺寸，各种造型和展示道具的形状、高度、宽度，以及各部分的材料、色彩、施工工艺等（图4-27）。

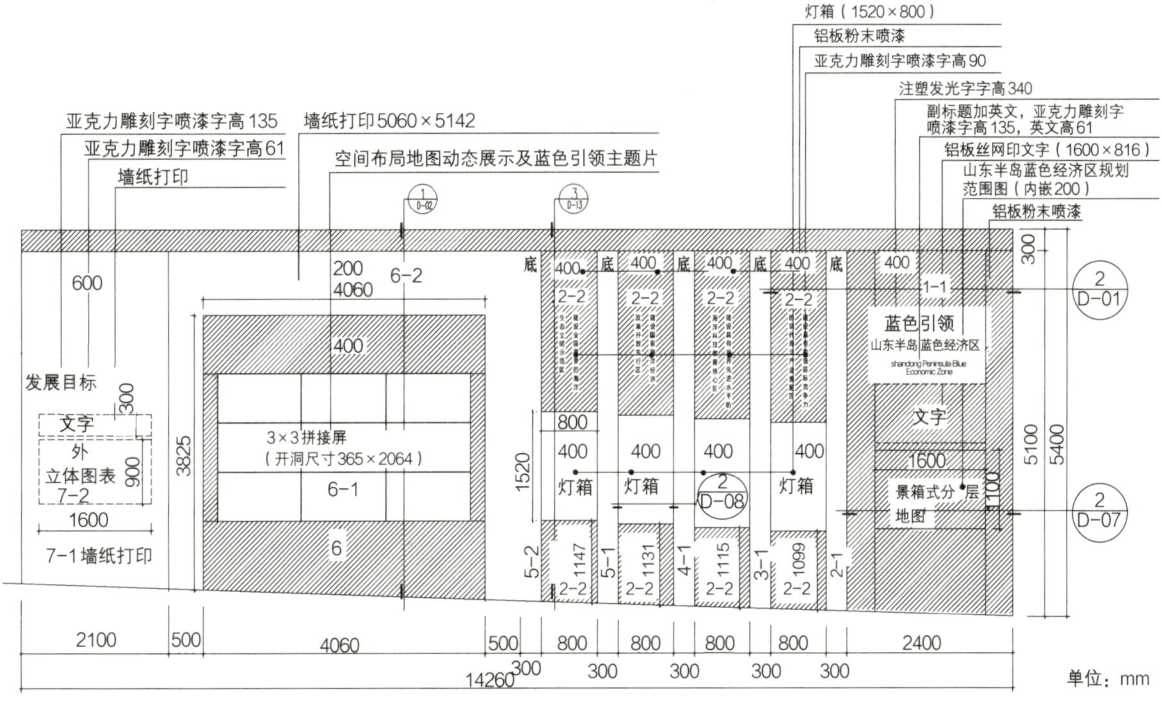

图 4-27 立面施工图

立面图主要反映陈列展览墙面、柜面、图版、艺术品、设备安装等施工面的设计。陈列展览的施工立面如没有复杂的内部结构，可根据造型的施工顺序，自下而上标明材料、色彩、质地和施工方法。

立面图的绘制应注意以下几个方面：①布展立面图和环境施工立面图一般分图绘制；②如果有部分造型立面不平行于设定的基本投影面，如曲面、斜面、折面等，应在总立面图上画出正投影，再另外绘图将该部分以实际尺度单独作出展开立面；③布展立面图反映展品和辅助展项的立面排布关系和效果。根据空间水平层次和方向不同可分出若干单图；④需要标明某一层次与后方的重叠关系时，应将后方层次的立面简图以虚线表示；⑤环境施工立面图应详细说明布展基层的施工结构、材料和设备、管线安装的立面关系，必要时应根据不同工种分别绘制。

3.剖面图

剖面图主要用来表示在平面图和立面图中无法表现的各种造型的凹凸关系及尺度，根据施工工艺和材料的特点，按照由内向外的层次顺序，画出所用材料的剖面，并按照由内向外的顺序依次标注清楚。

墙体剖面图主要表现在墙体上各部位的凹凸变化情况（图4-28）；吊顶剖面图主要表现吊顶的凹凸、吊顶的龙骨与楼板、墙面的连接、固定方式等。

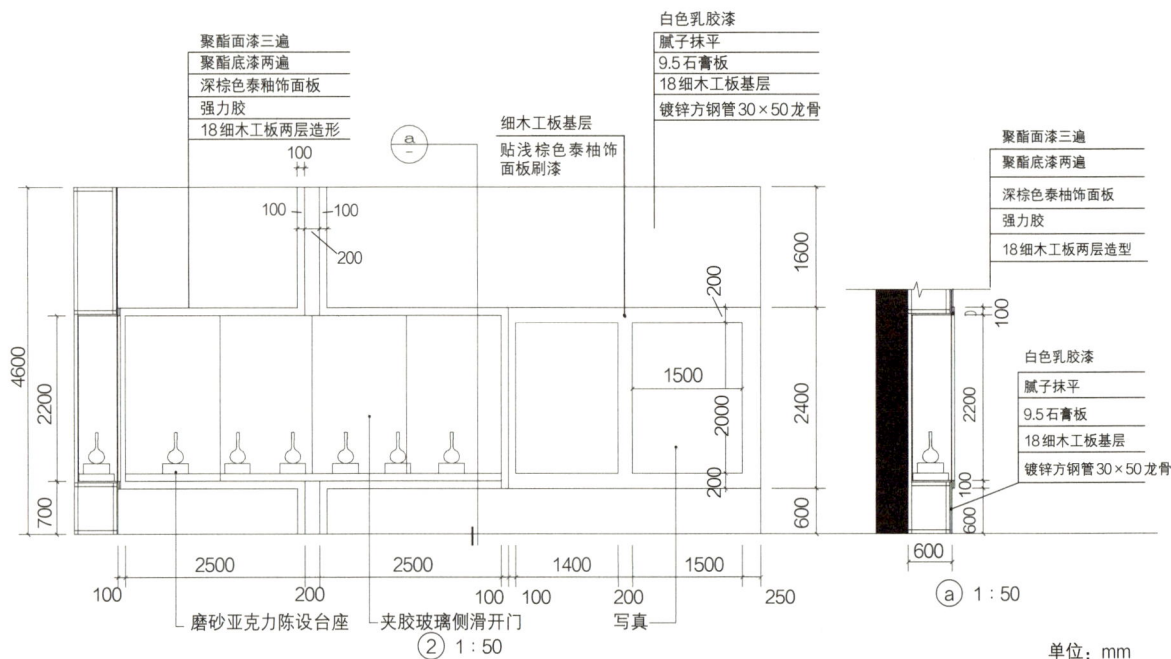

图 4-28　立面与剖面图

剖面图需要与平面图和立面图进行配合，在平面或立面图上用剖切符号表示清楚剖切位置。

4.详图

详图，即细部的施工图，它是在平、立、剖面图都无法表示清楚的时候，所绘制的一种比例更为放大的图形，着重说明这一部分的施工及做法，包括各装饰构件与建筑的连接方式、各不同层面的收口工艺等。详图的位置也需要在平面图、立面图和剖面图上标注好索引位置和符号（图4-29）。

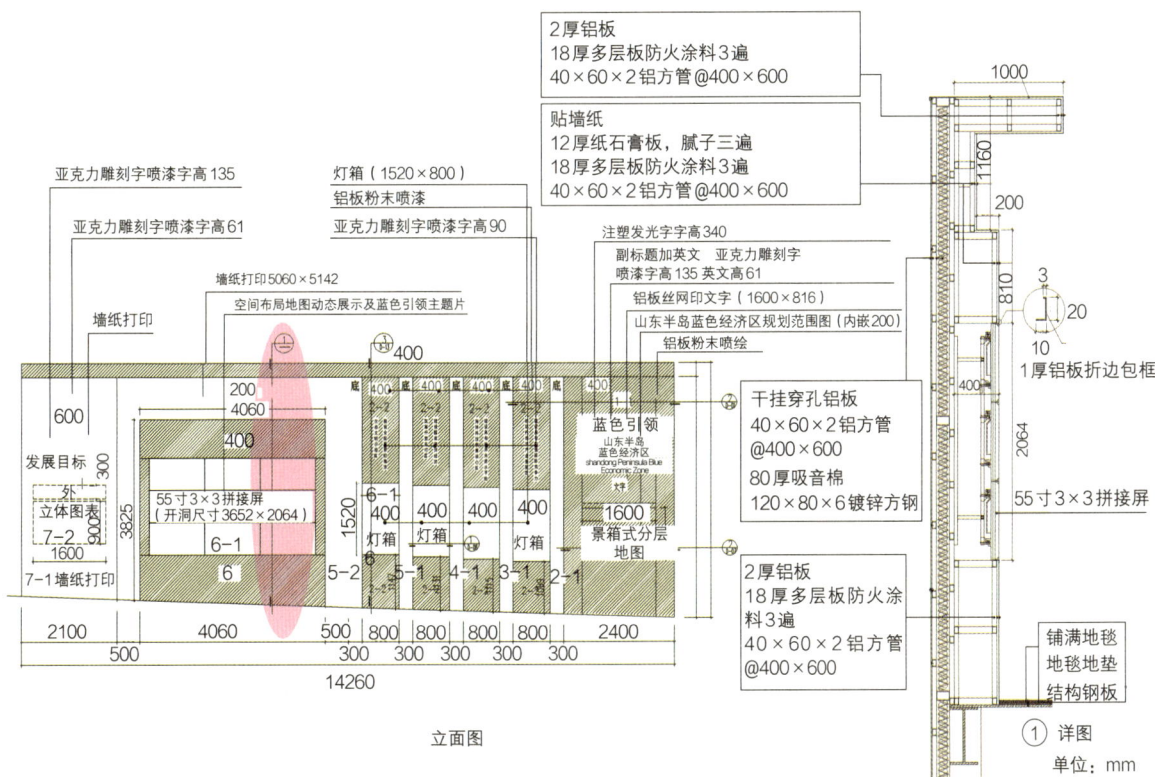

图 4-29　立面图与局部详图

5.辅助展品和展示道具的图纸

辅助展品包括各种场景、雕塑等，展示道具包括展柜、展台、隔断等，一般采用三视图的方式表示各种外观造型和尺寸。也需要绘制剖面图和详图来表达内部构造做法和用材（图4-30）。

（二）版式设计图

展览形式设计中，对所有以平面形式呈现的图片、文字、装饰性纹饰、印刷品等应进行统一排版设计，界定版式、规格、字体和字号，同时重视基材材质的美学应用（图4-31）。一般采用Illustrator（AI）进行排版编辑，将展示空间中出现的所有的文字、图形资料按预期完

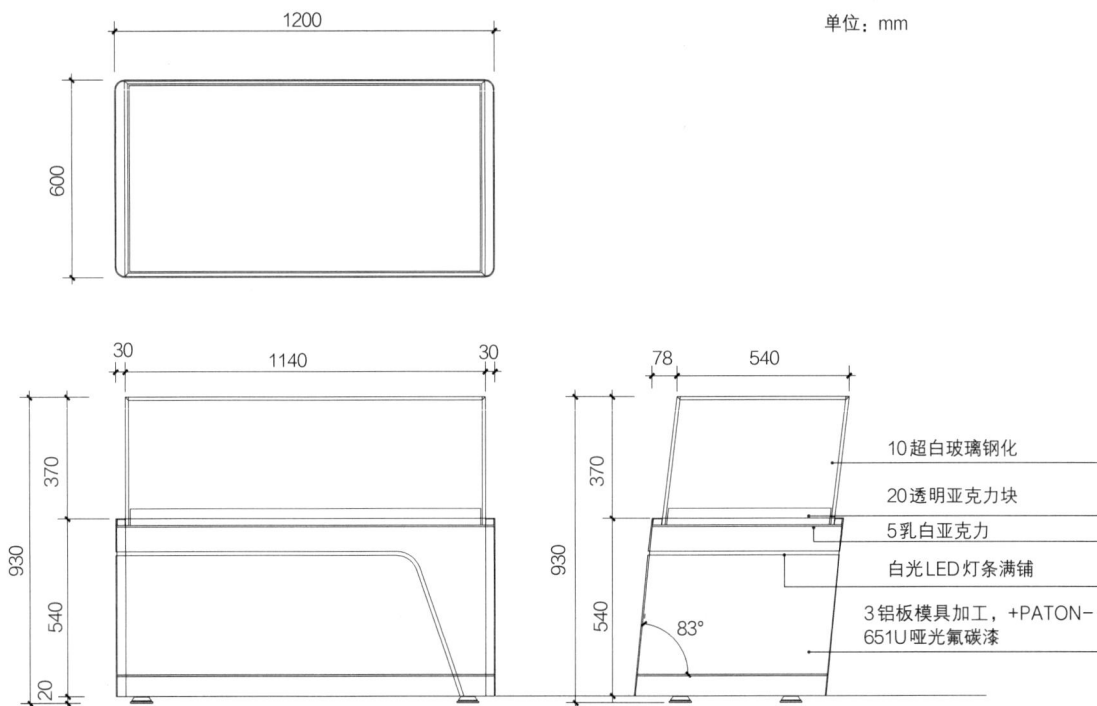

单位：mm

1200

600

30 1140 30

370

930

540

20

78 540

370

930

540

83°

10超白玻璃钢化

20透明亚克力块

5乳白亚克力

白光LED灯条满铺

3铝板模具加工，+PATON-651U哑光氟碳漆

03 ELEVTION
展柜平面图　SCALE1：10

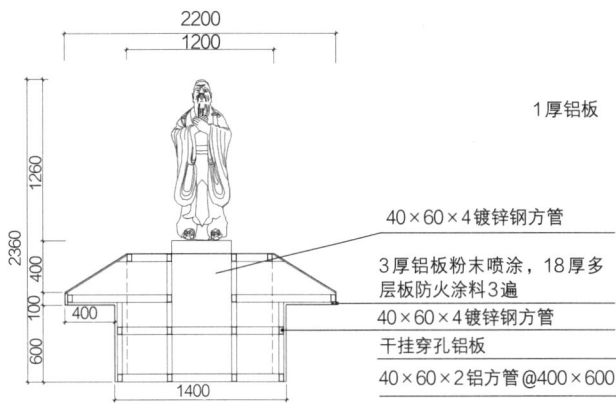

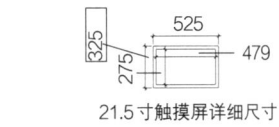

2200

1200

2360

1260

400

100

600

400

1400

1厚铝板

40×60×4镀锌钢方管

3厚铝板粉末喷涂，18厚多层板防火涂料3遍

40×60×4镀锌钢方管

干挂穿孔铝板

40×60×2铝方管@400×600

80厚吸音棉

120×80×6镀锌方钢

325

525

275

479

21.5寸触摸屏详细尺寸

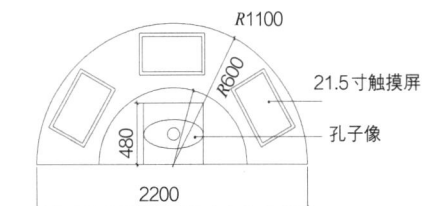

贴墙纸

12厚纸面石膏板，腻子三遍

40×60×2铝方管@400×600

3铝板粉末喷涂

18厚多层板防火涂料3遍

40×60×4镀锌钢方管

600

70 20 400 20 70

21.5寸触摸屏

3铝板粉末喷涂

18厚多层板防火涂料3遍

铺满地毯

地毯垫

结构钢板

400

600

R1100

R600

480

2200

21.5寸触摸屏

孔子像

孔子像（含底座）尺寸：1260×480×670

单位：mm

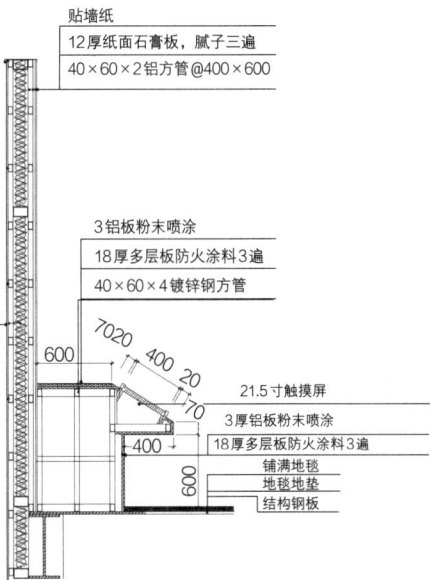

图4-30　展柜和展项施工图

成时的效果进行编辑，方便施工时的打印安装。平面设计包括排版版式、文字处理、图片处理、图表绘制、版面装饰、用材展示等。版式风格要统一，图文关系要有创意，需要处理好重点与次要信息、图面与底面、间距、版面边界、对角线以及版面留白等问题；文字处理需注意字体、大小、行距、颜色等；版面装饰主要对装饰线条、装饰图案、装饰色块等的设计绘制。

有时根据展览需要，还要设计展览的整体视觉系统，包括展览海报、空间导览图等。

图 4-31 版式设计图

（三）多媒体展项和互动装置的设计

多媒体展项除了需要绘制施工图纸来表示展项的造型和尺寸之外（图4-32），还包括支撑硬件的清单和使用要求，如硬件设备清单、用电负荷和空间结构要求；多媒体数字内容的制作，如音视频、多媒体

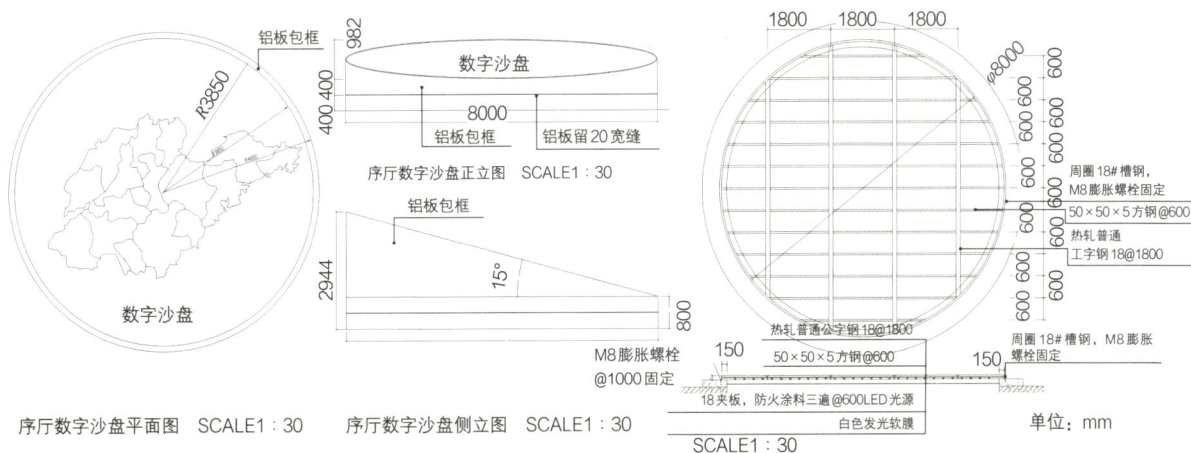

图 4-32 数字沙盘尺寸图和结构图

和计算机程序的制作；互动装置需要设计与观众互动的交互界面。

（四）施工预算书

博物馆装饰设计施工预算包括每平方米的造价和总造价。在预算书上，可将设计核价分为三部分内容。

1.展览设备与材料

可以参考室内装饰定额标准确定预算的展览设备与材料，如展柜、展墙、展台、展架、地面、吊顶等有定额标准可以参考，可按照装饰工程计量预算。

2.展览中的普通设计创作

普通设计制作，如版面、沙盘、模型、灯箱、景观箱、多媒体等按照市场价格以及完成项目的价格做参考，并小幅调节。

3.展览中特殊的艺术创作

特殊的艺术创作，如著名艺术家创作的壁画、雕塑、半景画、全景画、高科技装置等，需要单列议价。

设计师在完成了上述各种工作之后，设计阶段的工作告一段落，博物馆的展示工作将转入施工布展阶段。但是这并不意味着设计人员的工作完成，随着设计转向施工，设计人员需要与项目施工人员密切合作，与各工种进行交流，并一直沟通到施工完成。这一阶段设计人员会面对各工种施工人员提出的各种问题，必须冷静而又耐心地分析和解决各种问题，还可能需要重新绘制部分图纸，进行图纸变更。

所以，博物馆的展示项目，从选题提出到最后施工完成，是一个非常系统、非常综合的工作，需要团队的协作。

第三节

形式设计的形式美法则

在进入形式设计之前，设计师必须了解设计美学的知识。在进行展示空间设计时，设计师一方面要考虑艺术的前瞻性，另一方面要考虑大众的审美要求。设计的过程是信息的双向交换过程。展示空间的形式设计需要符合形式美法则及人们的审美习惯，才能使人产生心理上的共鸣。形式美法则包括变化与统一、对称与均衡、对比与调和、比例与尺度、节奏与韵律。

一、变化与统一

变化与统一是形式美法则中最根本的普遍原理，是形式美的基本规律。即多样中求统一，统一中求变化。有变化而缺少统一会显得散乱，有统一而缺少变化则会让空间显得呆板。变化是由性质相异的构成要素放在一起所产生的显著对比。这里的变化指形态、色彩、材质等构成要素的多样性和丰富性。统一是由性质相同或类似的构成要素并置在一起，在视觉上和心理上取得整体感、稳定感和统一感。并不是表现技法的单纯化或简单化，而是条理性和规律性。变化中求统一，统一中求变化，这样可以产生整体上的和谐之美。

展示空间的各个部分都应从属变化与统一的原理。例如，空间规划和平面布局是展览设计的首要任务，设计人员需要通过对展厅内部空间进行形态、尺度与比例的调整，解决好各部分空间之间变化与统一的关系。如果将各部分分隔成大小一致、形态相似的空间，会造成空间形态的过分统一而缺少变化。如果把每个部分、每个单元分别设计成个性十足的空间，则会带来整体空间的散乱，形成有变化而无统一的空间形式。变化与统一的美学法则要求空间分隔设计注重主次关系的处理。在组织空间形态时，应注重节奏感，形成主次分明、循序渐进的空间序列。同时，还要考虑展览背景、展品特点、民族与地域特色以及艺术氛围对空间形态的影响，将相关元素转化为具象形态，形成具有一定主题性与艺术性的空间规划和平面布局。

图4-33为2011年9月在美国费城艺术博物馆举办的"扎哈·哈迪德：动中形式"的展览空间，此展览以伊拉克裔英国建筑师扎哈·哈迪德在家具、装饰艺术、珠宝和鞋类方面的设计作品为主。整个展示空间延续其复杂流线型设计语言，从展示空间、展品到展示道具都给人以变化又统一的感觉。

图4-33 统一与变化（曲线型展示空间）

二、对称与均衡

对称又名"相称""均齐"，是指"轴"的两边或周围对象的对应等同。人类在形式方面最先发现和运用的就是对称美。对称美表现出端庄、稳重、精致，给人安定的心理感受。所以，博物馆在展示展品的时候经常采用对称的表现手法，使空间显得端庄、稳重。对称分为轴对称、中心对称、旋转对称等，展示空间中都可酌情运用。

图4-34为中国美术馆"庆祝中国共产党成立95周年"美术作品展

览中，著名画家罗中立的《父亲》与广延渤的《钢水·汗水》陈列在展厅对称的两个位置，不仅体现出两位艺术家的作品在美术界的同等重要和非凡的意义，在陈列的角度，两幅作品的主题与画幅也呈对称性。这种对称布局给人稳重的感觉，轴线端头场景成为吸引观众视线的焦点。

均衡，是表现为支点两边形态不同而量感相同的一种心理平衡，是通过视觉现象作用于人的感觉系统产生的直觉。它更注重心理上的体验，比对称更富有变化，更为自由和个性化（图4-35）。

图4-36中的展厅，一边是稍显复杂的展架体块，另一边用面积稍大的浅色面与之均衡。图4-37中的建筑也给人十分均衡的视觉效果，仔细分析，会发现一边体块简单但是长度偏长，一边体块虽然采用了两种不同材质体块的叠加，但是长度偏短两边体块给人感觉就均衡了。

图 4-34　对称的展示空间

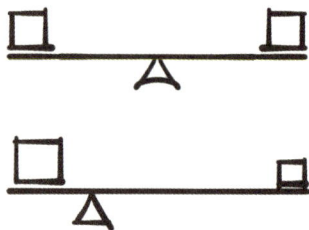

图 4-35　均衡

图 4-36　均衡的空间

图 4-37　均衡感的建筑

三、对比与调和

对比与调和在空间设计与平面设计中也是较为常见的表现形式。将质和量反差较大的两个要素配合在一起，使之产生强烈对立的差异，差异越明显，两者相互之间的个性特征也更鲜明。在现实生活中对比随处可见，如黑白、长短、虚实、曲直、粗细等。

展示空间中的对比，是指形态、色彩、灯光、道具等性质（如体积、颜色）和性格的对立十分突出地表现出来，并作强烈的对比，有助于更鲜明地刻画展览的特点和个性。通过对比和调和手法的运用，可以使展览空间更具有动态性，空间也更富有变化感，无论是形状、材质的对比，还是颜色的对比，都可以使展览空间更具丰富性。如图4-38中展品量展示多与少的对比；图4-39中材质的光滑与粗糙、实体面和虚面的对比，都给人以强烈的视觉效果。

在上海自然博物馆"缤纷生命"展厅的一幅名为"繁花似锦"的蝴蝶画（图4-40），吸引着众多观众的目光。设计者将1200只来自世

图 4-38　多与少的对比

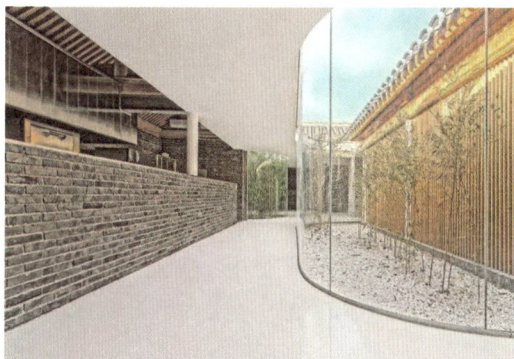

图 4-39　虚实对比

图 4-40　"繁花似锦"蝴蝶画

界各地的蝴蝶进行了组合与拼贴，使它们呈圆形逐渐向外扩展。并在色彩上运用了冷暖对比，将明亮温暖的橙黄色与平静高冷的蓝紫色并置在同一幅画面中，为观者带来了强烈的视觉冲击。

调和即和谐，指存在于几种不同要素之间的共同性和融洽性。人们在判断两种以上的要素组合的美的价值时，由于存在相近、相似等视觉感受，它们之间的差异性降低，趋向整体的一致性增强。展示空间中的和谐，表现为空间中各部分之间的比例相称、协调。例如，表现农业丰收的展览可采用农作物图案进行装饰，就会产生内容协调、色彩和谐的效果。又如"和平"主题的展览，用和平鸽和橄榄枝装饰，就显得分外和谐。展示空间中，在色彩、形式、纹样等方面按照展览主题统一设计，就会给人和谐美的感受。

在青岛海信科学探索中心的世界消费电子博物馆中，设置了两组相向而立的展品组合。分别展示了一百年前刚出现电子产品的家居环境，和现在的家居环境中的智能家电组合（图4-41）。两组展品造型对比明显，表现了电子产品的飞速发展。同时又都是家居环境中的家电，相统一的属性让它们看起来也十分和谐。

图4-41　青岛海信科学探索中心两组家电展品

四、比例与尺度

"适当就是美"，这是古希腊著名哲学家柏拉图曾经说过的话。比例与尺度的运用，就是适当美最为直观的体现。在进行博物馆展览空间设计时，也需要关注比例和尺度给观众带来的愉悦感受。如设计者在进行博物馆展厅空间的设计、展厅通道尺度的测量时，都会遵循心理与生理因素的双重体验，尽可能地为观众创造舒适的观展感受。

五、节奏与韵律

节奏与韵律的形式美规律在展览艺术中十分重要。节奏能让人感受到秩序的美感，使形态显得有序而完整、单纯。节奏本指声音的间隔距离、抑扬顿挫方面的规律性。展示空间的节奏是一种托喻，是指装饰构图或造型上有规律的错综变化，在人们的心理、情绪上所形成的和谐、流动的美感。要使展示空间具有节奏，就要使图形、色彩的搭配既有规律，又有变化。道具的运用也要情调和谐，安排得当。这样才能产生一种优美的节奏感。

节奏呈现有起伏、有快慢、有律动的变化就产生了韵律。韵律，

图4-42 犄角争锋

本指诗歌中的声韵和节律。在博物馆展示中，是指色彩轻重、线条长短、图案大小的组合，彼此安排上有匀称的间隙或停顿。一定场合中相同色彩、线条、图案的反复出现以及每个单元或每个部分利用同样的色彩、线条、图案来结尾，仿佛诗歌的押韵和平仄变化，就构成了美妙的装饰韵律，为展览设计创造出一种韵律美。

韵律赋予节奏一定的情调，韵律比节奏更富有感情色彩，常常带给人音乐、诗歌般的旋律感。

在博物馆展示空间的所有形式设计，都应把握形式美法则。上海自然博物馆新馆在形式设计方面，就充分利用了形式美法则作为重要载体。如"缤纷生命"展厅《犄角争锋》的组合展品设计，是对形式美法则合理利用的完美体现（图4-42）。整个画面垂直布置在12m高的一整块木纹墙面上，悬挂了35种、62件来自鹿、牛、羊等各类动物的犄角。它们通过直线构成的方式，将不同种类的犄角有秩序地统一在整个展示面中，具有强烈的视觉冲击力。同时，设计者也善于在统一中寻找对比。注重不同犄角间体量大小的区别、排列组合的疏密，以及长短、曲直的变化，在原本庄重、稳定的结构中融入了一丝活泼感，呈现出强烈的节奏感和律动美。

形式美法则是人类长期审美意识的积淀，它合乎人们普遍的审美感受。在这充满美感的展示空间中，容易引发观众的情感共鸣，继而有效地传播知识和信息。

第四节

形式设计的构成

博物馆展示形式设计是借助于形态语言合理地进行平面分区和空间形态设计，将展示信息进行传递，营造出一个令观众感到舒适的、有良好观赏体验的展示空间。了解了形式美法则之后，还要了解各种形态元素是怎么构成空间的。

构成意为造型、组合、形成、构造。艺术设计中的"构成"是指具有美感的形式，或者"和谐的组合方式"，是一种充满逻辑推理的思维方法和丰富视觉语言的创造活动。

构成设计是将形态元素（点、线、面、体、空间、光影、色彩、肌理等皆视为视觉形态的基本要素）依照美感组织在一起，强调创造性思维运动的过程（图4-43）。展示空间的形态是由点、线、面、体

图 4-43　空间中的形态元素

等几种元素构成的，它们的造型及材质、色彩的不同都会给观众带来不一样的视觉与心理感受，这些元素共同形成了展示空间，传达出展示信息。

一、构成的基本元素

（一）点元素

在空间中较小的形都可以称作点，它的存在是相对而言的，只要点相对于所处的空间来说足够小，都可以看作点，如一个小展台放在很大的展厅里就可以被认为是点。

点在展示空间中起着十分重要的作用，以点为基础的几何造型，能够引起观众丰富的联想，形成强烈的视觉效果。它可以起到标明位置或使人的视线集中的作用（图4-44）。以点为基础的形态造型在展示空间中无处不在，块面交接的地方、构件的端部、体量较小的符号、装饰都可以视为点。以点的形态在空间中所构成的形体，由于仅占极小的空间，故富有活泼、变化与韵律之感，可以起到点缀和活跃空间的作用。如果点太小在空间中不足以形成视觉中心时，可以通过成组、序列等方式加强效果。点可以有规律地排列，形成线或面的错觉，给人整齐划一的感觉（图4-45），也可以自由组合，形成心理暗示区域，或按照特定的组合关系排列以达到其所需的造型目的。图4-46为欧洲核子研究中心举行的"粒子的宇宙"展览，点在这里寓意着物理粒子的组合又比喻各种大小的星球，多个点组合在一起活跃了整个展示空

图 4-44　空间中的点

图 4-45　独立成点的展柜和后面成线的展品

图 4-46　"粒子的宇宙"展览

图 4-47　空间中的线

间，一反普通观众印象中关于物理知识展览空间的枯燥，营造了一种既神秘又充满趣味的展示空间。

（二）线元素

线是点移动形成的轨迹，面与面的交接处也形成了线，在同一个块面，其表面的凹凸变化在光线的照射中，也会呈现出明暗交界线以及物体与背景相互衬出的轮廓线。线的恰当运用可使展示空间鲜活富有张力，提升节奏与韵律，调整空间气氛（图4-47）。线的形态表现形式有很多，运用不同形态的线能表达出多样化的情感，有不同粗细、长短的线，有直线（包括水平线、垂直线、斜线），有曲线（包括几何曲线、自由曲线）。线与线相接会产生更复杂的线形，如直线的接合可构成折线，弧线的接合形成波浪线等。线在空间中的占有量不同，在视觉上给人以灵巧活跃而又富有层次和节奏韵律感。合适地运用线可以调节整个展示空间的视觉气氛，可以打破由单一面形成的呆板感，从而使整个展示空间充满节奏、韵律和层次感。

不同的线给人的感觉不一样。垂直线给人的感觉是向上、理性、挺拔的，水平线则是稳定、舒缓、安静的，斜线给人的感觉是不安定且具有一定的动势，直线与曲线相比，其表情是比较单纯而明确的。

而不同的曲线给人的感觉是多变的，所以在空间内部，曲线相对于直线更富有变化感，所表达的感情也更加多样化。特别是充满直线的理性空间中，如果有曲线的点缀就会打破这种呆板僵硬，使空间具有人情味和亲切感。

有序排列的直线具有明显的秩序感，并能有效地统一整个展示空间。水平的直线具有引导视线、吸引观众的作用（图4-48）；中心点有辐射状的直线，视觉的吸引效果最强（图4-49）；而垂直的直线则更多地具有分隔画面、限定空间的作用（图4-50）。直线组成的折线能使空间更加灵巧富有活力。在展示空间中构成直线效果的元素众多，展示版面、道具、展览整齐的展品、成行的文字、符号都可以形成直线的效果。恰当地利用直线的视觉特征，能够形成有序感，并达到有意识、有目的引导观众视线去观看展品的效果（图4-51）。

曲线具有自由、活跃之感，可分为封闭型的曲线和开放型的曲线（图4-52）。由于曲线的曲率不同，曲线能够呈现出各种不同的视觉效果，平缓的曲线与变化突兀的曲线，有着不同的效果。展示空间中曲线如果应用得当，能丰富整体效果，可以改变由单纯直线造成了冷峻、严厉的气氛。如图4-53所示，使用连续的曲线形成空间的主要墙面与顶面，自由的曲线使空间更富有动感，削弱了较小空间的单一感，形成了有韵律的变化，使人在视觉上并不感到空间呆板。

展示空间中除了实体线还有虚体线，线的排列产生线形阴影，物体与背景形成图底关系，产生轮廓线，灯光照射下物体本身又存在明

图4-48　空间中水平引导视线的线

图4-49　辐射的直线

图4-50　分割画面的直线

图4-51　引导视线的直线

图4-52　曲线

图 4-53 空间中的曲线

暗交界线等。例如，美国路易斯安那州立博物馆和体育名人堂的设计（图4-54），建筑外观是规整的几何形体，内部墙面为有机的形态，光影透过外墙的格栅投射到内部墙面上，将直线格栅的阴影变为有机的曲线，投影线将内外展示界面联系在一起，使观众从视觉上适应展馆从外到内风格的转变。

线是极具视觉识别率的形态语言，很容易吸引观众的注意力，使其融入展示空间想表现的内容之中。

如图4-55所示，奥迪2011法兰克福汽车展厅在展会结束后，作为书展展厅使用时，设计者使用连续的书本纸张垂直落下，形成直线的组合，与展厅原有的曲线空间形成了直与曲的对比，将展示空间的形式美感发挥到了极致。同时纸张的形态得以强调，从而表明了展览的主角是书。

图 4-54 美国路易斯安那州立博物馆和体育名人堂对线的应用

图 4-55 奥迪法兰克福汽车展厅转变为书展

（三）面元素

面是线运动的轨迹，也可以由扩大点的大小或增加线的宽度来得到，还可以看成是体或空间的边界（图4-56）。点或线的密集排列也可以产生面的效果。面的形态、材质决定了展示空间界面的设计语言。面可以分为几何形的面和非几何形的面。由直线或几何曲线形成或组合形成的面，都是几何形的面。几何形的面具有单纯、明快、简洁之感，但当其组合过于繁杂时，就会丧失这些特性。非几何形的面又可分为有机形的面与偶然形的面两种，如花木的叶子、蝴蝶的翅膀都是自然界中存在的有机形。非几何形的面，较具有感情，而几何形则较为理性。

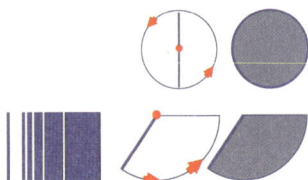

图 4-56 面元素

在展示空间中，面可以是水平方向的，也可以是垂直向上的。如图4-57为张之洞与武汉博物馆的一段展墙。作为限定或分割空间的面，曲面内侧的区域会给人安全感。而在外侧则对观众具有导向的作用（图4-58）。这也是设计者经常在矩形的展示空间中，加入曲线型展墙的原因。

常见的一些几何形的面有以下几种。

1.圆形面

从展示空间设计的角度来说，圆是非常有用的形状，它既可以是实心的盘状，也可以是空心的圆环（图4-59）。圆形从很多角度观看，或正圆或椭圆，都具有良好的视觉效果。从圆形引申出去，可以得到球形、扇形、螺旋形等形态（图4-60），圆形与这些形可以很好地协

图 4-57 展墙的面

图 4-58 曲线形的面

图 4-59 圆形面

图 4-60 环形和圆形在展示空间的应用

调起来。由于圆形与其他矩形面在几何关系上形成强烈的对比，因此，可以利用圆形作为视觉中心（图 4-61），与背景形成对比。展示空间中，圆的形状可以用多种方法获取，圆形的道具、圆形的展品，甚至排列成圆形的展品组合，也可以用球形来丰富圆形的造型因素（图 4-62）。

图 4-61　圆形作为视觉中心

图 4-62　圆形的展项设计

2. 矩形面

在展示中出现的长方形常被视作是某一展示内容的外框或界限。在文字或图片的版面上，长方形常被作为展示内容的主要排版形式。在实物的展览中，用长方形作为背景，能使展品的展览呈现出一种感觉较为正式的效果。如图 4-63 所示，使用长方形作为版面的界限，同时使用大小不一的长方体作为展台，整体效果既端正又不失变化。

图 4-63　矩形面在展示空间中的应用

3. 三角形面

三角形可以水平地、垂直地或倾斜地使用。平放的三角形具有稳固、庄重的视觉效果，展示中常用这种形态作为展项和展示道具形式或版面形式（图 4-64）；将三角形倒置，能够呈现出一种不稳定的状态，图 4-65 为丹佛艺术馆的外观。

图 4-64　正三角形

图 4-65　倒三角形

（四）体元素

体是面的平移或线旋转的轨迹形成的形体。体的形态多种多样，可分为规则几何体或不规则的自由曲面体。在展示空间中，多使用规则的几何形体的单体或组合体。展示空间中的体元素常被用作空间分隔和展示道具，如展台、背景墙等。

图 4-66 为博世家电 Constructa 品牌展厅设计，所有的空间界面都采用多个规整的立方体拼合而成，这种模块化的设计风格即能显示品牌产品的理性，也体现了展示设计中韵律的变化。

图 4-67 中的展厅设计，同样采用多个立方体块作为空间主要造型，但是体块的体量更小，组合效果更丰富，加以鲜亮的色彩，使整个空间活力十足。

图 4-66　博世家电 Constructa 品牌展厅

图 4-67　体块在展示空间的应用

图 4-68 重复

二、常用的构成形式

在形式美法则的基础上，人们总结了一些常用的构成形式，包括重复、近似、渐变、特异、密集、发射。

（一）重复

严格意义上重复是指相同的对象以不变的方式连续地、有规律地反复出现。在构成中，重复是最基本的构成形式，它以基本形和骨格的规律反复，以加强画面的整体力度，给人深刻印象，获得高度统一的协调性。重复形成的画面会给人一种整齐美的感觉。图4-68为三星堆博物馆的青铜馆的局部。所有的展柜方向和造型一致，形成一种整齐的美感。令人印象深刻。

（二）近似

近似意指接近、相似，在构成中是具有相似之处的形态的组合，形态之间既有统一又存在差别。近似可以看成是重复的轻度变异，这是一种在规律前提下的适度变异，使近似的形态具有天然和谐的优势，有统一协调的规律感。

取得近似的要点是求大同，存小异，也就是大部分因素相同，小部分因素相异，方能取得既统一又富于变化的近似效果（图4-69）。

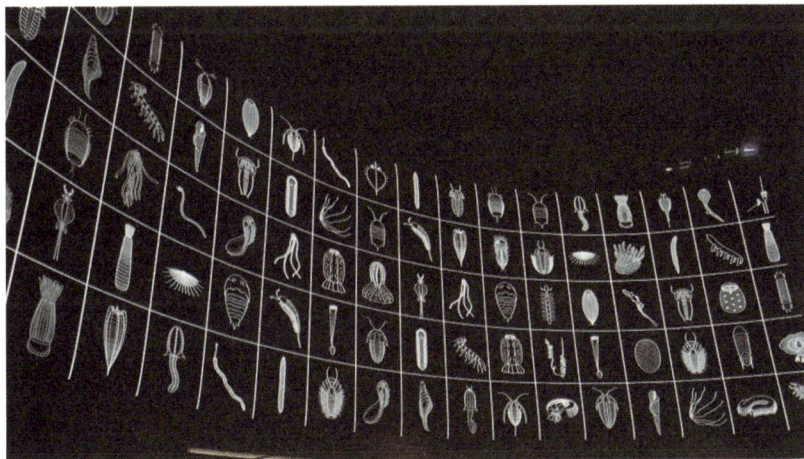

图 4-69 近似

（三）渐变

渐变是指基本形或骨格逐渐规律地循序变化。渐变着重表现变化的过程，其形式特点给人以富有节奏、韵律的美感意味。

展示空间中的渐变，指色彩、形体、亮度等的逐步过渡。例如，展具由大到小排布，中间穿插一些中等大小的展具，这样就会有一种相对稳定的变化感觉，使人感到既生动又富有美感。如前文中的图4-40，上海自然博物馆的"繁花似锦"的蝴蝶画，蝴蝶的大小，由外到内，逐渐变小，形成一种韵律感。

（四）特异

特异是指有意地违反规律，使少数个别要素显得突出，即打破规律，是规律的突破，也是重复、近似和渐变等构成形式中的特殊变化。

特异的关键是掌握整体调和和局部对比的关系。特异的部分常成为画面的视觉中心，所以有引人注目、清除单调的视觉效果（图4-70）。

（五）发射

发射是指基本形或骨格环绕着一个或多个中心点向内集中或向外发散的表现形式。发射构成是重复、渐变的特殊变化，具有强烈的视觉冲击力。发射具有方向性的规律，其共同中心成为视觉焦点，可以起到对形象的高度强调，达到引人注目的效果（图4-71）。

学习形式美法则和构成形式，可以进行形式设计的时候，有意地组织点、线、面、体元素，运用形式美法则，让展示空间显得更有设计感，重点突出，更能表现设计主题。

图 4-70　特异

图 4-71　发射

第五节

分区和动线设计

科学、合理的分区和动线设计能够让参观者有序地完成参观活动。图4-72为上海电影博物馆四楼平面图，整个博物馆的参观从四楼开

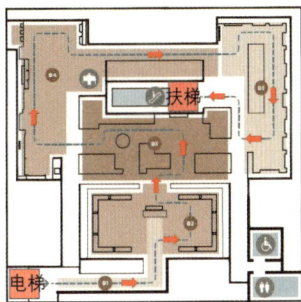

图 4-72 参观动线图

始，观众从一楼大厅直接坐电梯上到四楼，按参观动线参观完四楼以后，从展厅中间的电动扶梯下到三楼继续参观。这种布局方式是结合建筑层数和展示内容，做出的规划和分区。

形式设计的分区和动线设计主要是在博物馆展厅的建筑平面图上，对空间做出轮廓性的段落划分与布局，其依据主要是各部分展示内容的多少、展品的总量等因素。如图4-73为东海舰队军史馆设计，将展览文本中各分区展示内容的量具体分析，列出分析图，结合已有的空间尺度，计算每部分大概需要的展线长度，然后按照各部分的比例进行初步空间划分。

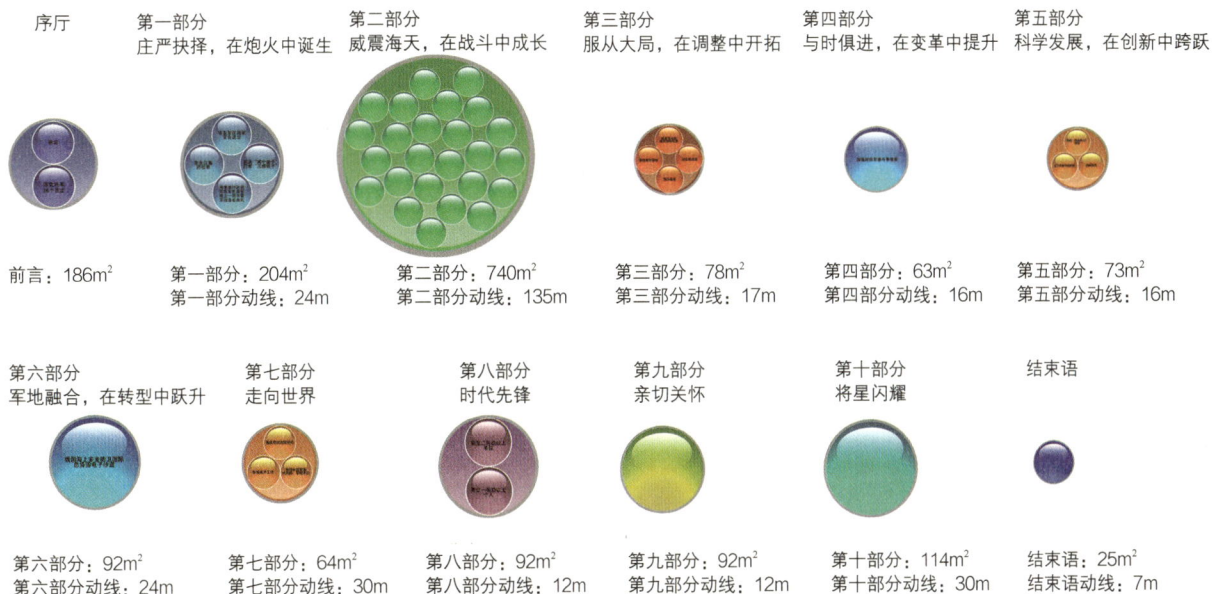

图 4-73 展览文本中各分区展示内容的量分析

平面分区的目的是设计师帮助观众规划空间，规划他们的行走路线以使他们更好地理解展览的信息。平面分区应满足展示内容的系统性、顺序性，参观动线的组织应尽量避免迂回、交叉、缺漏。要做分区和动线设计，需从以下几个方面入手。

一、交通组织

平面分区设计时要保证展示空间各部分的交通高度流畅。博物馆的各展厅之间、展厅内部，都需要进行良好的交通组织，观众才能通畅地进行参观。博物馆的交通联系部分可分为水平交通、垂直交通和交通枢纽，其方式包括门厅、通道、楼梯、电梯、自动扶梯等。

（一）水平交通

如何把人流简单直接地引导到每一个展厅是博物馆参观动线设计的关键。需要通过交通联系将各个空间合理、高效地组织在一起。在同一平面内，水平交通的组织非常重要。一般来说，直截了当的水平交通布局能够更好地发挥人流导向的作用，尽量避免曲折迂回。同时，水平交通应使空间布局紧凑，以免影响空间的整体性。

博物馆的水平交通组织主要采用走道与厅堂的形式。

如卢浮宫博物馆，共有六大展馆，有四十多万件世界文化艺术中的珍品藏于其中。如此丰富的馆藏为水平交通的组织带来了一定的难度。贝聿铭先生设计的玻璃金字塔作为博物馆的入口，合理地规划了水平交通布局，让观众可以从三个方向分别进入不同的场馆，避免了过去长距离的绕行，同时为博物馆提供了足够的服务空间，如售票处、小卖部、更衣室、休息室、办公室等，通过玻璃照射进室内的光线也非常充足（图4-74）。

图4-74　卢浮宫玻璃金字塔馆内交通组织

（二）垂直交通

垂直交通空间主要用于不同层面之间的导向，在布局上考虑到要适应人流数量，因此应当分布均匀，同时又主次分明。在博物馆垂直交通空间的设计上，应注重与环境整体的融合，在满足实用功能的基础上，体现审美价值，从而营造出博物馆的氛围。目前常用的垂直交通方式主要有楼梯、电梯、自动扶梯和坡道。

楼梯是博物馆中极为常见的垂直交通联系方式，可分为直跑楼梯、

图4-75 伦敦自然历史博物馆进门电梯

图4-76 纽约古根海姆博物馆

图4-77 首都博物馆门厅

双跑楼梯、三跑楼梯、旋转楼梯等。楼梯不仅起到垂直交通引导的作用，还是防火疏散中必不可少的通道。

当建筑的楼层较高时，电梯可以帮助人们快速地上下楼，从而有效地疏导人流。自动扶梯因为能够连续不断地乘载大量人流，因此在一些特定场合非常适用。

坡道可以解决垂直高度不高，但水平距离较长的空间的交通引导，螺旋坡道则在满足人们边走边看的需求的同时，进行垂直交通的布局。同时，坡道还可用于一些无障碍设计。

以伦敦自然历史博物馆为例，在场馆入口人流量较大的地方，采用了自动扶梯的设计，能够连续不断地运载大量人流进入博物馆，以分散入口处的人流（图4-75）。到达三层的观众在参观完三层以后，采用了楼梯作为垂直交通的联系方式，方便观众上下不同的楼层进行参观。

在垂直交通组织上，还可以使用坡道。如以海螺外形著称的纽约古根海姆博物馆（图4-76），就运用3%的坡道来完成展示空间从上至下的主要交通和参观动线组织，让观众能够在边走边看的过程中自由地上下楼，还塑造出了独具风格的外观造型。

（三）交通枢纽设计

由于博物馆会面临大量的人流，因此需要设计交通枢纽来实现人流的集散、方向的转换、空间的过渡等功能。交通枢纽的空间形式包括门厅、各个展厅的序厅空间等。门厅是人流大量汇集的场所，会带给进入空间的人以第一印象，因此是艺术设计的重点之一。在门厅的设计中，应考虑适宜的尺度感，避免人流拥挤时的交通不畅和空间压迫感。作为交通枢纽，其导向作用同样重要，应处理好门厅与其他功能空间之间的过渡和衔接，从而对人流进行适当的引导。好的门厅设计可以让人在没有标志提示的情况下，自然地被引导至需要前往的空间。同时，作为博物馆的"门面"，门厅的设计应注重风格和个性的打造，给人以艺术的感受，即在满足功能需求之余，追求审美价值的体现。对于每个展厅的序厅而言，其美观、尺度和导向作用同样至关重要，美观、实用缺一不可。

以首都博物馆新馆为例，在门厅的设计上（图4-77），空间尺度非常大，给人宽阔、舒适的体验，可以容纳大量人流的汇集，同时营造出博物馆端庄大气的氛围。

在苏州博物馆新馆的设计中，交通联系部分的设计就显得非常灵活高效，在水平交通方面，走廊、通道都是比较宽敞的，且利用了从天窗流入的自然光线来实现充分的采光（图4-78）；在垂直交通的设计上采用了更多的楼梯设计，楼梯处莲花池的设计让这里的交通空间更加生动自然；而在交通枢纽方面，大大小小的庭院不仅在功能上满足了疏导人流的需要，在视觉上也非常美观，具有浓浓的苏州情怀。

图 4-78　苏州博物馆新馆走道

二、展厅平面布局类型

展厅平面布局类型主要有以下四种。

（一）大厅式

利用大厅综合展出，展览内容可连续也可不连续，多见于艺术类博物馆或艺术中心（图4-79）。这种布局的参观动线灵活，观众可以按照自己的意愿随意观赏，发挥空间较大。但是由于没有明确的参观动线，容易造成人流的拥挤、交叉和无序，同时因为观众同处一个大厅，可能存在噪声互相干扰的问题。

（二）放射式

放射式是我国目前大中型博物馆比较常见的展厅平面布局形式，几个展厅围绕一个中心枢纽空间设置，每个展厅之间通过中心空间连接，中心空间可以为公共大厅或主展厅，也可以是庭院或主通道等（图4-80）。展厅内流线一般为口袋式，观众从同一个出入口进出展厅，参观完一个展厅回到中心枢纽空间，再继续进入下一个展厅进行参观。这种平面布局形式的展示空间布局紧凑又相对灵活，并且各展厅能够独立开放或关闭，观众可以自行选择感兴趣的观展厅域和路线。但各个展厅之间关联性较弱，观众对展览参观动线的选择不确定性较大。

（三）串联式

串联式指各展厅前后贯通、首尾相连，观众从一个展厅直接进入

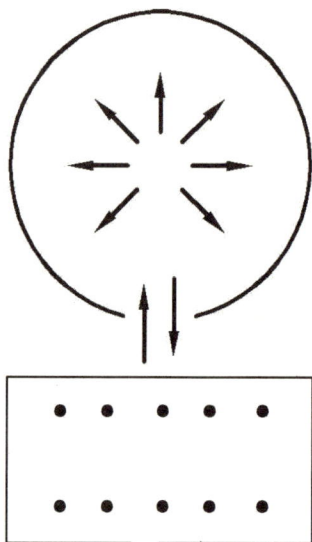

图 4-79　大厅式

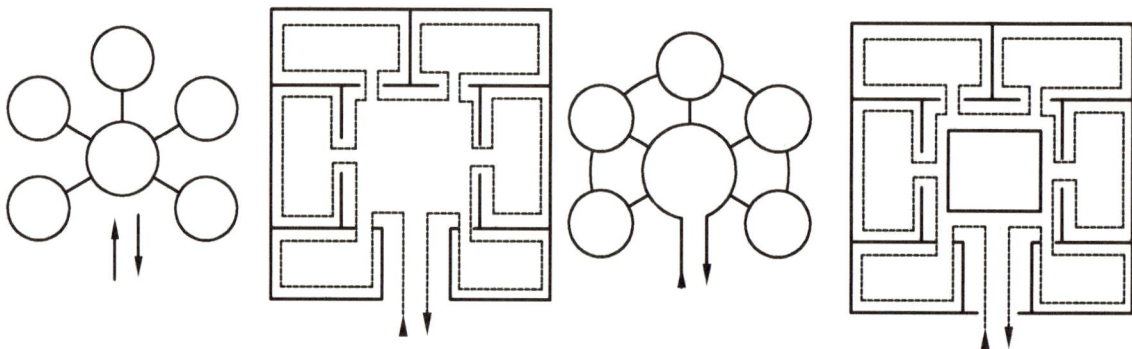

图 4-80　放射式

图 4-81　串联式

下一个展厅（图4-81）。串联式布局流线连贯流畅，一气呵成，引导性较强，观众不易迷失方向。但观众过于受平面布局限制，不能自由选择参观的方向，比较适合面积不太大的展示空间的平面布局。

（四）混合式

混合式是将上述一种或几种方式进行组合，形成混合的空间布局。优点是多种方式的混合平衡了设计者的流线引导和观众自由选择两者之间的矛盾，让空间既有连续性，又有相对独立性。

图4-82是苏州博物馆的局部平面图，它的展厅设置主要在西部和东部，西部的常设展厅采用的就是混合式平面布局方式。展览可以通过一个展厅直接到达下一个展厅，让观众按照串联式的流线进行参观。观众也可以通过展厅旁边的走廊直接去往想去的展厅。这是非常典型的混合式的流线，观众可以自由选择参观动线，也可以根据设计师的参观动线引导观众参观。

在进行平面布局设计时要根据博物馆的面积、类型合理地进行选择。人流不交叉折返，保证交通动线流畅，人流可以快速疏散等。

常规面积不太大的博物馆展厅推荐串联式布局方式，方便设计师将展示信息按一定的顺序传递给观众。

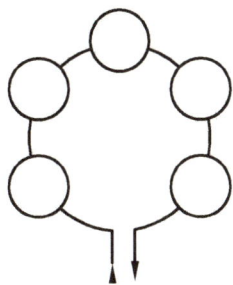

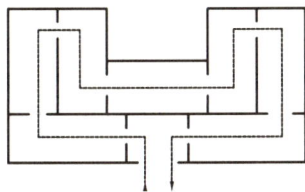

图 4-82　苏州博物馆局部平面图

三、展厅的参观动线

参观动线指观众参观的动向流线。展厅的参观动线样式可分为口袋式（环线型）穿过式（直线型）和混合式（自由型）3种（图4-83）。

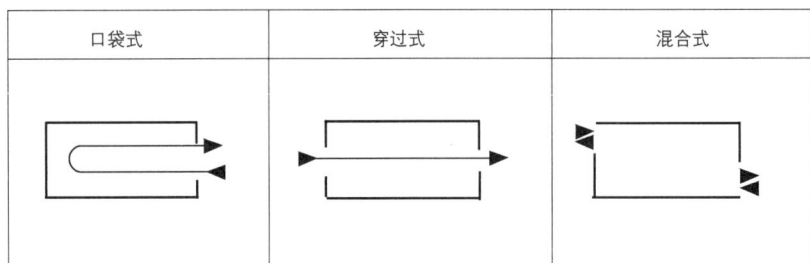

图 4-83　展厅的参观动线

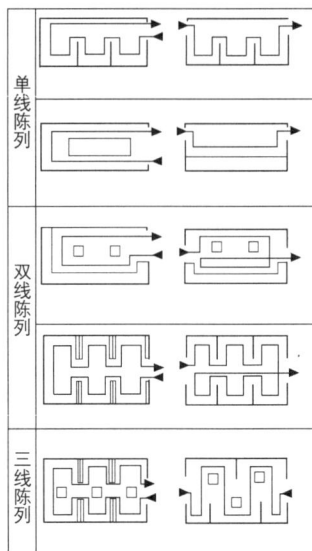

图 4-84　展厅的展线布置

口袋式流线是指在三面围合的展示空间里，入口和出口同在一侧。观众在进入展厅之后，经过环线流动，又从同一侧的出口离开；穿过式流线展示空间的入口和出口在不同的两侧，观众从入口进入，从另一侧出口离开；混合式流线是指当展示规模较大时，设置多个进出口，不强制指定展示空间的入口和出口，可以通过交通空间的宽窄、展示空间的大小、指示标牌等手法指引观众参观，但具体的参观线路由观众自由选择。

展厅的展线布置，有单线、双线和三线等（图4-84）。单线陈列适合于展示空间不是很宽的展厅，观众沿着一条参观动线，参观完整个展厅；双线陈列是在展厅的两侧布置展示内容，参观者顺着展厅的两侧进行参观，此时一定要注意，避免参观动线的往返，如果参观动线设置不合理，会让观众来回交叉，产生迂回，三线陈列适合于空间较大的展厅，在展厅两侧布置展示内容，展厅中间也可以布置一些展品展项。

合理的展线设置能将整个空间的利用达到最大优化，在进行具体设计的时候，可以根据实际的展厅的宽度和长度以及各个展厅间的关系来组织合理的展线布置方式。

将参观动线与立体坡道相结合的案例也有很多，如前文提到的赖特设计的古根海姆博物馆。这种参观动线组织方式在2010年上海世博会也有非常多的应用，如荷兰馆和丹麦馆。荷兰馆是一个类似儿童游乐场的"快乐街"（图4-85），观众顺着入口沿着一层层的圈道向上参观，途中会看到26个小型展示空间。

由BIG设计的丹麦国家馆的展览分布于内外两个平行表面上，参观动线由两个环形轨道组成，由人行道和自行车道两条流线互相盘绕而成的螺旋，形似一个立体的魔比斯流线（图4-86）。环形单向参观动线将观众流畅有序地引向展厅，观众可以不断地穿梭于室内和室外之间，自由地进出匝道，打破了以往设计时观众置身于室内的闭塞视域常规。自行车道可以容纳300多辆自行车盘绕而行，从而使观众切

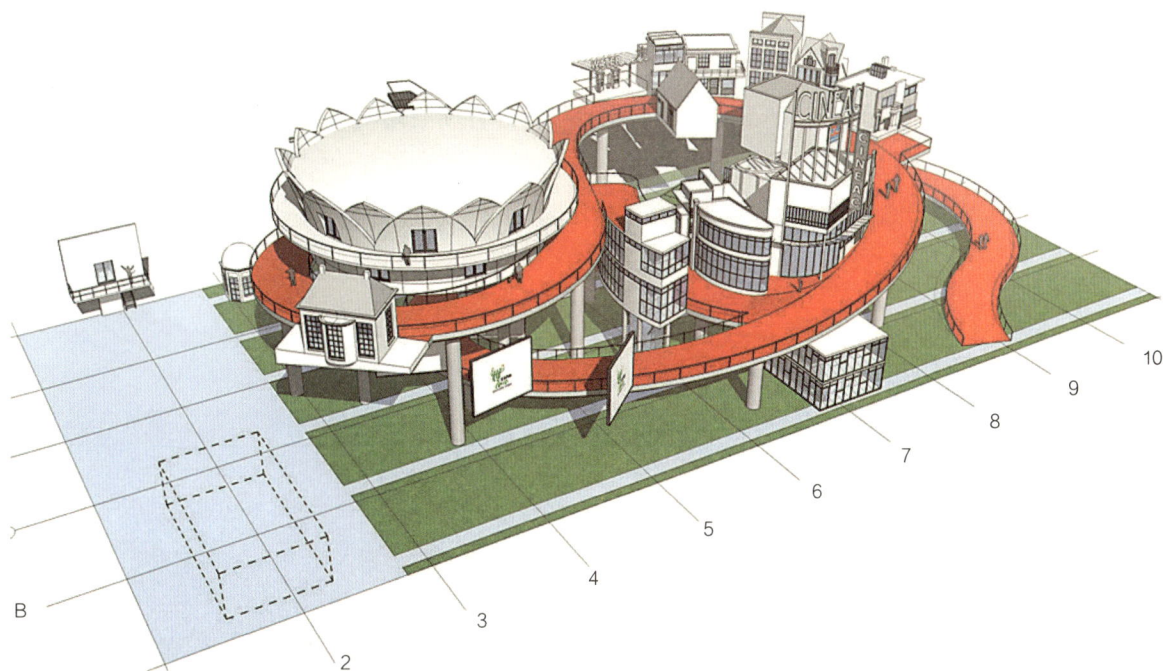

图 4-85　上海世博会荷兰馆的坡道

图 4-86　上海世博会丹麦馆

身体会丹麦城市的自行车文化。这些自行车被放置在展馆的露天屋顶上，观众可由馆内步行至屋顶领取自行车，然后骑着自行车由室外自行车坡道下行沿路重新观看展览，最后回到归还自行车的起点处。展馆同时存在两条参观动线，观众可以通过两种不同的速度来体验：或是悠闲自在地漫步其中，或是骑上自行车飞速驶过。沿着室内的坡道向上行进可以看到墙面、地上、天花到处都是跟海洋有关的主题设计。沿参观动线而生的围栏和可以坐下的长椅为观众提供了观看墙上视频影像的小憩之处，它们绵延起伏而成为展馆内的一道风景，长椅的背后是同样上下穿插流动的自行车坡道。

四、展线的优化

在设计参观动线时必须注意展线长度的最大化和最优化，可以通过合理设置隔墙和出入口来优化展线。同时注意将结构柱消化到展墙和展项中，使参观动线上尽量不被结构柱而影响观众参观动线的流畅。

"宜家家居"的平面动线设置可以说是展线最长和最优化的典型案例，图4-87是其某个实体店的平面图，整个展示区域的面积并不是很大，但是通过隔墙和出入口的设置，使整个展线最长和最优化。从入口开始，如果不设置隔墙，人们可以直接到达出口区域，那么整个展示空间就会产生极大的浪费。而设计师通过设置隔墙和出入口，使观众必须走过足够长的展线才能到达出口区域。

如图4-88所示，为某博物馆展厅的平面分区和参观动线图，展厅内部通过设置隔墙和隔断，将原来简单的矩形空间，变得更为丰富。如果不增设隔墙与隔断，展示内容依着原空间25m×42m的墙面来布

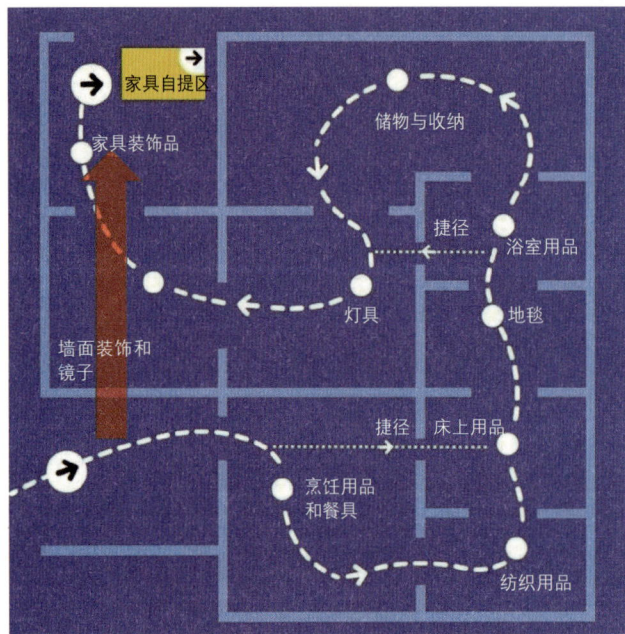

图4-87 宜家某店的平面图

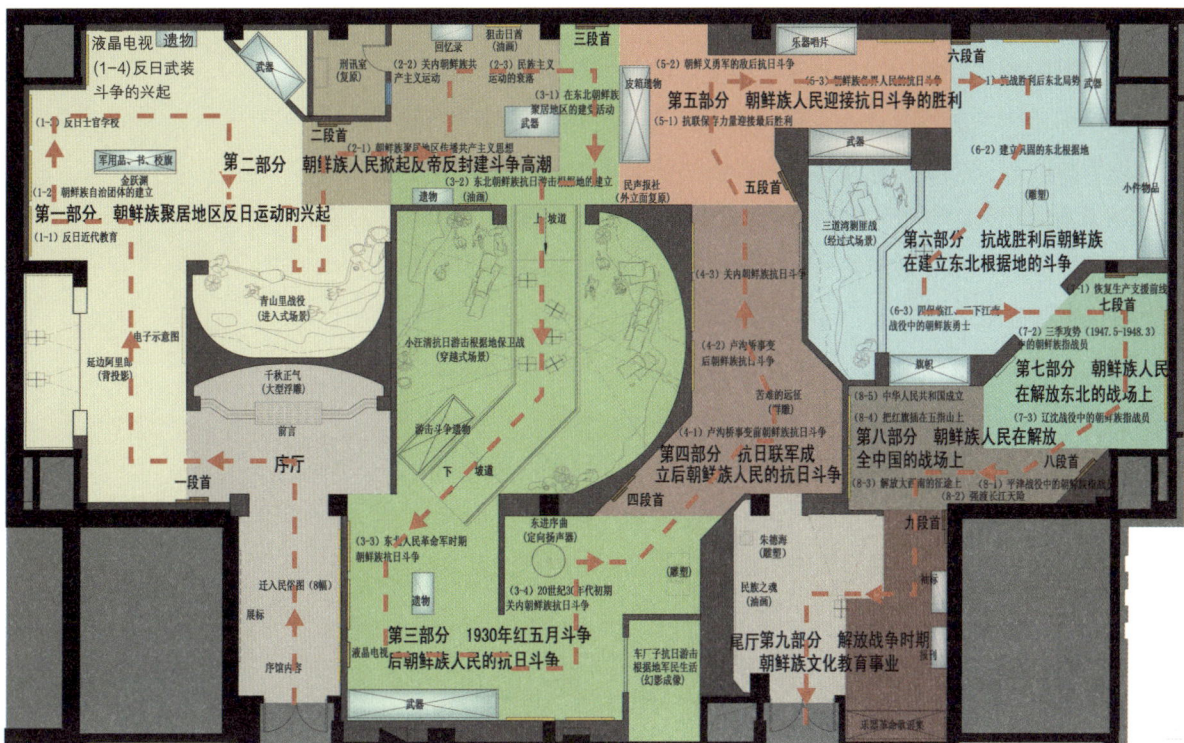

图 4-88　平面分区和参观动线图

置，展线长度最多只有100m。而通过设置隔墙、展柜来分隔空间，将展线长度延长到300m。空间中的结构柱都被隔墙消化，没有影响展线的通畅，每个展区之间衔接自然。同时，从入口开始，左边沿着外侧的墙面为主展线，所有的重要展示信息包括一级标题板（图中标注的是段首）和重要的实物展品都放置在这条展线上，因为这条展线沿着展厅外侧，长度最长，可以最大程度容纳展示信息。观众在这条展线可以看到各级标题版，可以快速了解展览的框架结构和展览重要的展品信息。而另一边靠内侧的展线，长度较短，可以设置辅助展品展项，如图中所设计的进入式和经过式的场景，不仅丰富了展示内容，也活跃了空间展示氛围和形式。整个展厅的展线处理、展览节奏的把握，动静结合，有张有弛，使有限的展示空间既得到了充分的利用，又提升了观众的观展体验。

五、参观方向

按照心理学特点，步入展厅后，大部分人习惯向右走，因为使用右手，所以也习惯右手先行。但是在博物馆中，我们常规的参观方向是往左走，顺时针方向，这是因为这样的动线使人们在看展墙的文字内容时与人们看书时从左往右的阅读习惯一致，可以方便展示信息的传递。如图4-88所示的一级标题板（图中标段首）的位置，一级标题板引领下的各级展示内容，几乎都是从左向右展开的，这样的布置，可以让展板的文字从左到右设置，人在移动参观的时候，先看到的文字就是段落的开头，方便人们的阅读。如果是从右向左移动正对的展墙上的文字信息，先看到的就是文字的结尾处，这样的话，还需要走到句首停下回头阅读整段文字，十分不便。

但是举办中国古代书法与绘画作品为主的展览时，参观动线的设计则采用逆时针方向（自右向左参观）才更科学、合理。因为书法作品的书写是自右至左的，横幅书法作品及横长幅的画卷，题头在右上角，作品的落款则在左侧末尾。当这类作品占绝大多数时，逆时针行进参观较为顺畅舒适，而顺时针参观则必然使观众的流线会往复，不顺畅也不舒适。

六、参观动线的设计原则

博物馆的参观动线设计应本着以下7个原则进行。

1. 顺时针行进方向

顺时针行进即按照自左向右的方向参观，这是一般情况下的规矩，方便观众观看文字等信息。

2. 参观动线合理

参观动线必须合理，不要使观众的路线反复往返交叉。两三个小时的参观时间，在博物馆的展厅内，观众要走很多路。合理的参观动线设计，观众就能少走路，就不会疲劳，展示效果也好。否则，当观众多走重复路线时，必然会疲劳不堪，影响情绪和展示效果。

3. 通道通畅

参观通道必须达到一定尺度要求，不可过窄，而且通道上不能有障碍物，只有这样才能实现参观动线通畅。只有通道通畅了，才不会产生参观人流的堵塞现象，才不会发生展品、设备和观众受伤的事故。

4. 动线不交叉

在展厅内，不能有两条乃至更多参观动线交叉的设计。如果参观动线有交叉时，两股或多股观众人流就会发生冲突和堵塞，就可能发生意外。所以，设计师在设计展览平面布局时，要避免参观动线交叉的情况。

5. 不逆流

博物馆的参观要从头至尾地进行，参观动线有固定方向。避免观众逆向行进。如果有不少观众逆向参观，必然会与正向行进的观众产生冲突的现象。这不仅影响观众正常参观，而且容易造成堵塞和事故。

6.不重复

在展示设计中，不可以出现参观动线重复的现象。如果参观动线有重复，就会使观众多走路，既浪费了观众的宝贵时间，又使观众过早地或过度地疲劳。这对于展览主办者尤其是设计师而言是一种失败的设计。

7.不漏看

在博物馆的展示中，之所以出现漏看展品现象，一般都是因为参观动线的设计不合理。例如，布局零散、枝杈小通道太多、参观动线不明晰等。如果观众漏看了不少展品，展品的作用就没有充分发挥，观众便得不到应有的信息和启迪。设计师在平面布局设计时，一定要让参观动线明显，布局整合简洁，去除枝杈小通道，尽量避免漏看现象发生。

七、将详细文本内容放入平面布局中

按照展示内容的多少进行初步的平面分区和展览参观动线设计以后，需要将平面图进一步细化，把展览文本的具体内容，按照各个层级的层次结构，落实进平面布局里。图4-88即为一个完成各级层次结构内容落地的较完整的平面图。展览文本设计的各个部分、单元，都能按照文本的设计顺序，在展览空间中找到方便观众参观的对应的展品、展墙、展台、展项。这一步的工作细致而重要，是初步平面布局设计的完善，也是前面分区、动线、隔墙的几个环节的检查，有不合理的地方在这个阶段可以完善、调整。

八、消防疏散

在进行平面分区的时候，因为内容展示的需要，会增设一些展墙，这些展墙将参观动线加长了，同样也增加了疏散路线的长度，这一点在做平面分区时需特别注意。平面分区完成以后，必须检查现在的设计通道长度是否满足消防疏散的需要，不满足时需要设置一些快捷的疏散通道或者是疏散门，在发生火宅或其他事故时，使展厅各个位置的观众都能快速地疏散出去。《建筑设计防火规范》GB 50016—2014（2018年版）中规定：一、二级耐火等级建筑内疏散门或安全出口不少于两个的观众厅、展览厅、多功能厅、餐厅、营业厅等，其室内任一点至最近疏散门或安全出口的直线距离不应大于30m；当疏散门不能直通室外地面或疏散楼梯间时，应采用长度不大于10m的疏散走道通至最近的安全出口。当该场所设置自动喷水灭火系统时，室内任一点至最近安全出口的安全疏散距离可分别增加25%。这种情况要根据展墙长度适当增加疏散出口。

图4-89是天津博物馆的一个展厅的平面分区图，以下简要分析该展厅的平面布局和参观动线。

首先从进入整个展厅，正对面是前言部分，然后右拐是第一部分的一级标题："甲骨契文，记事载史"八个字。这是选题策划和文本编写时一直强调的一级标题，一级标题板是非常重要的展示信息，本例将主要的标题板都放在主参观动线上。可以看到整个展厅采用的是双线布局方式，但是有明显的主参观动线。主参观动线是在展厅的靠外侧墙体（外侧墙体的长度最长）。通过第一部分展厅进入第二部分展区，迎面是第二部分的一级标题板，这个时候观众可以选择往左，也可以选择往右走，如果往左走的话，可以直接去到第三部分。如果设计师想引导观众按照文案顺序参观的话，这里应该阻止观众直接前往第三部分，可以设置一个高一点的绿植或者展柜稍微遮挡一下主通道，引导观众向右参观第二部分"珍品荟萃，学养精博"展区。然后再到达第三部分，第三展区左手边是一级标题板，沿着展厅外侧最长的展墙作为展览的主参观动线。注意另一侧展墙上大部分是没有主要展示内容的，只有在整个第三部分将要结束的时候有一个展柜。这样可以避免观众迂回往返，减少往返距离。观众可以沿着外侧主参观动线一

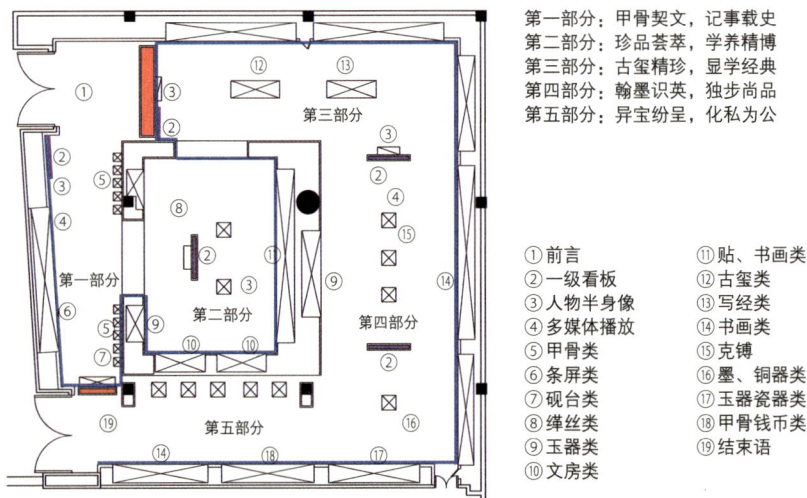

第一部分：甲骨契文，记事载史
第二部分：珍品荟萃，学养精博
第三部分：古玺精珍，显学经典
第四部分：翰墨识英，独步尚品
第五部分：异宝纷呈，化私为公

① 前言　　　　　⑪ 贴、书画类
② 一级看板　　　⑫ 古玺类
③ 人物半身像　　⑬ 写经类
④ 多媒体播放　　⑭ 书画类
⑤ 甲骨类　　　　⑮ 克铸
⑥ 条屏类　　　　⑯ 墨、铜器类
⑦ 砚台类　　　　⑰ 玉器瓷器类
⑧ 缂丝类　　　　⑱ 甲骨钱币类
⑨ 玉器类　　　　⑲ 结束语
⑩ 文房类

图4-89　天津博物馆某展厅平面分区图

次参观完整个第三部分展厅，参观图中⑨处这个展柜，就结束了第三部分展区的参观进入第四展区。第四展区依然是一级标题版在正对着主动线的区域，观众沿着外侧展墙这个最长的主参观动线参观完整个第四和第五展区，最后是展览的结束语部分，结束整个展览的参观。可以看到，展厅的平面布局，通过合理地设置隔墙和展柜，将整个空间展示动线最长、最优化，同时建筑原有的结构柱也很好地消化在了展墙和展项中，没有成为阻碍观众参观的障碍。

第六节
形式设计中的空间序列

进行平面分区不是简单的二维平面工作，必须同时考虑三维空间给观众的视觉和心理影响。也就是说，空间的尺度与比例能够直接反应展示主题，给观众不同的心理感受，无论是轻松愉悦的展示氛围还是低沉压抑的空间氛围都可以通过控制空间序列得以实现。

空间序列是各展示空间的形状和体量，是一系列相互关联空间的过渡。在进行平面分区设计的时候，必须同时考虑各个分区的空间序列问题，通过合理地组织空间序列，使整个参观过程松弛有度，重点突出，使观众在舒适的状态下，完成整个空间的参观流程。

博物馆的展示空间序列一般是按照展览文本的逻辑顺序进行，导向性是空间序列的重要作用，它使观众进入预先规划的空间与路径，随着空间布置移动，从而满足博物馆展示信息的传达需求。所以在设计空间序列的时候需要结合展示结构框架，在保证参观的流畅性的基础上，设计出一个具有一定节奏和韵律的空间序列。例如，设置重点展项的空间需要突出，为了强调这个空间，可以考虑先采用常规尺度的空间进行展示内容的铺垫，然后到重点展项的时候通过空间的形状、宽高比的变化等来突出重点，体现层次感和节奏感。

一、空间界面

空间界面主要指限定某一空间或领域的面状要素。一般来说，室内空间由顶界面、竖界面、底界面围合而成。除了常规的三维界面以外，展示空间也经常使用展墙、展柜等作为展示界面。各个界面既形成了展示空间，又是博物馆信息展示的载体。

（一）顶界面

展示空间中，顶面的设计形式往往也是十分重要的形式设计要素，它可以是展示空间围护结构的一部分组成，也可以与空间整体结构分离开来，悬吊于空中，成为展示空间中的一个重要视觉元素（图4-90）。可利用顶界面局部的降低或抬高来划分空间、丰富空间感觉，也可借助色彩、质感加以改进空间的立体效果。顶部造型是非常重要的视觉元素，它的处理手法可以极大程度地影响整体空间的风格。在形式设计时，对顶界面的处理主要包括两个方面：一是要结合展示主题表现的需要，进行符合设计美学的点、线、面灯带、造型、高低起伏的处理。根据展示主题表现的需要，顶界面经常参与展示空间整体风格的营造，需要加以造型的处理。但是需要注意，顶界面的美学效果是为展览主题服务的，可以适当点缀装饰，切不可过于炫目，喧宾夺主，影响观众观看展品和展示版面。二是顶部界面设备的处理。顶棚处理要考虑隐藏设在顶面的线路、灯具、空调、消防喷淋等设备。尽量不要让设备喧宾夺主，影响主要展墙展板展品这些主要信息载体的信息表达。所以博物馆的顶面常常大面积采用深色的格栅吊顶，将设备隐藏在吊顶的后面。

图4-90　武汉自然博物馆局部顶界面

（二）竖向界面

竖向界面是指展示空间的竖向分割，展示内容信息大多需要依附在展墙展板、展柜上，这些界面垂直于地面，因此空间中的展墙与展示道具等元素形成的竖向界面对人的视觉和心理感受极为重要（图4-91）。竖界面也是人们的主要观赏面，其高度、比例、尺度、色彩材质及其围合程度的变化均会形成不同的空间观感。竖向界面可以完全隔断空间，也可以不完全隔断空间。竖向界面是展示空间中最活跃、给人视觉吸引力最强的界面元素。在展示空间中，竖向界面的设计首先要考虑视高的问题，因为展示空间的形态在很大意义上取决于隔断墙的高度和围合方式。由于墙体的不同围合形式会产生不同的空间形态，而空间形态的不同对人会产生不同的心理影响。

（三）底界面

底界面通常是指展示空间的地面。博物馆展示空间的底界面不仅承载观众活动，也可以作为一个展示界面。地面一般分为水平面、抬高面或下降面。水平面在平面上无明显高差，空间连续性好，但可识别性和领域感较差。可以通过变化地面材料的色彩和质感来进行功能区域。抬高地面是指在较大空间中，将水平地面局部抬高，限定出局部小空间，从视觉上加强该范围与周围地面空间的分离性，以丰富空间感。抬高地面较低时，抬高空间和原空间之间具有较强的整体感。抬高高度稍高，但是稍低于视高时，可维持视线中空间的连续性。抬高高度超过视高时，抬高空间和其余空间的连续性中断，整体空间就将被划分为两个不同空间。设计时可以根据空间划分的需要，选择不同高度的地面来区分和划分空间区域。地面铺装的颜色、形态与材质的不同，包括地面高度的抬高或下降，都会形成空间的起伏变化，给观众带来相应的视觉和心理变化。

图4-92为武汉自然博物馆"大河之旅生命之歌"展览的局部，可以看到空间的顶界面、竖界面、底界面都作为展示信息传递的界面。特别是竖界面，设置了墙面造型、文字信息、图案信息、化石石板、远处的展柜，都是主要传递展示信息的界面。顶面也配合展示主题做出相应造型和宇宙星空的图案，呼应"大河之旅生命之歌"的主题。底界面除承载展柜和观众活动、设置表明参观方向的标志外，图片右侧中的地面局部抬高，限定出局部小空间，从视觉上加强了该范围与

图 4-91 竖向界面

图 4-92 武汉自然博物馆"大河之旅生命之歌"展览

周围地面空间的分离性，丰富了空间的空间感，也突出了展示该馆的十大镇馆之宝之一侏罗纪时期的长约37m"硅化木"展品。

二、空间形状

不同的空间形状，可以营造不同的空间氛围，参观通道的设计、展示道具的形式、核心展品展项的位置、地平面的高差、材质变化等要素都能体现各序列间的区别与统一。

有吸引力的重点展品展项，参观人员可能比较密集，一般需要有较大的空间体量。狭长形的空间具有导向性，适合布置时间轴线式的内容。稳重的对称和方形空间适合庄重的内容。矩形和方形空间可以最大化展厅的面积。还可将矩形或方形空间进行变化处理，使其适宜各种展示主题的表达需要，如局部变成弧形处理。但是三角形或其他异型空间在使用时需要特别考量，谨慎使用，因为锐角空间很难被利用，容易造成空间的浪费和卫生的死角等问题。多媒体展项需要重点考虑光环境、声环境的影响。对于单体的艺术品或文物，根据其自身的体量需要有适合的观看距离和范围。尤其对于稍大体量的展品，应该多留一些空间，给观众以充分的观赏空间（图4-93）。

图 4-93 圆形和方形的空间

不同空间形状在信息表达上是不一样的。图4-94为室内空间围合形状对人的心理感觉的图示。方形空间会给人稳定、规整的心理感受；比较高的长方形空间，会给人高耸神秘之感，如中世纪的哥特式教堂空间（图4-95），让进入的人感受到宗教的神秘。同时高耸的空间具有向上的动势，营造出飞天感，试图带给信徒的视觉和情绪，产生接近上帝和天堂的感觉。圆形的空间给人和谐完整的心理感受；曲线型的空间给人活泼自由的心理感受。

对博物馆展示来说，空间序列的重要性不言而喻，有的展厅面积很大，却一览无余、大而空泛。而有些面积不大的展厅虽小但精彩，

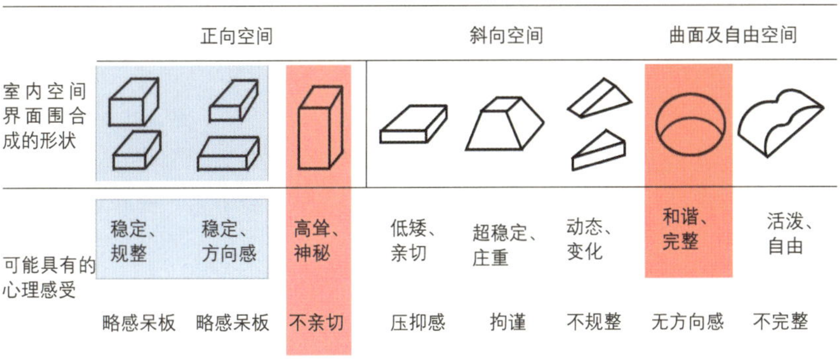

室内空间界面围合成的形状	正向空间			斜向空间			曲面及自由空间	

	正向空间			斜向空间			曲面及自由空间	
可能具有的心理感受	稳定、规整	稳定、方向感	高耸、神秘	低矮、亲切	超稳定、庄重	动态、变化	和谐、完整	活泼、自由
	略感呆板	略感呆板	不亲切	压抑感	拘谨	不规整	无方向感	不完整

图 4-94 室内空间围合形状对人的心理感觉

图 4-95 哥特教堂的竖向空间

因此博物馆展览空间形状和空间序列设计得是否合理对展览信息的传递十分重要。

三、展示空间的常见风格类型

博物馆的展示空间是服务于展览主题的，需要结合展览主题、展品特点等综合考虑空间展示风格。由文化和旅游部文物局主编的《中国博物馆学概论》中对展示风格的描述："不同性质的博物馆，对风格气势应有不同的要求。不同的展览，要求也不一样。但每一个展览，都应力求具有民族风格、民族气魄和地方特色。也就是说如果我们做中国文化选题的博物馆的展示设计，要尽力表现中国特色和中国风格"。

在世界范畴的设计艺术界，有两场著名的设计艺术运动，产生了两种风格，即现代主义设计风格与装饰艺术风格，这两种风格对设计界的影响延续至今。

（一）现代主义风格

现代主义风格即现代风格，又称功能主义。充满直线、几何形构造的极简主义展示风格，源于1919年包豪斯（Bauhaus）学派，崇尚形式服从功能、经济实用的设计原则，形式上提倡非装饰的简单几何造型。现代主义风格是我国绝大多数国家一级展馆所采用的展示风格。简约化、国际化、标准化的展陈风格，庄重大气。能够给予展览"中性""客观"的基调，显得"理性""严谨"。这类博物馆的共同特点是藏品数量大、种类多，有相当数量的珍贵文物，以展示展品为主。所以空间风格尽量简约，不能影响观众观赏展品（图4-96）。

图 4-96 现代主义风格

（二）装饰艺术风格

"装饰艺术"运动是20世纪20～30年代在法、美、英等国家展开的一场国际性设计运动，装饰主义风格经历了两次转向，第一次发生在19世纪末～20世纪初"工艺美术"运动和"新艺术"运动兴起时期，古典装饰开始向现代装饰转变；第二次发生在20世纪50～70年代，后现代建筑兴盛时期，现代装饰向后现代装饰转变，由"唯美"转向装饰"语意"。

博物馆展示空间设计中，装饰发挥审美和象征作用，一是美化空间，具有视觉美化的作用。二是通过装饰表达象征意义，以呼应展示主题。如在中国传统文化为主题的展示空间中使用一些中国传统的装饰形态造型，如苏州园林中漏窗的花格、月洞门装饰，北京古民居门头装饰等（图4-97），这些装饰语言可以丰富展示空间传达中国传统文化的语意层次。又如，苏州博物馆新馆中的展示设计，环境配色多使用天青色、藕粉色等传统江南文人色彩，对太湖石、屏风等江南意象做了符号化处理，使展区之间"隔而不断"，又与现代风的建筑环境相适应（图4-98）。笔者在做一个地方乡村记忆展馆设计时，在序厅

图 4-97 苏州园林月洞门与北京古民居垂花门

图 4-98　苏州博物馆新馆内的展示设计

的顶部设计了一组喜鹊站在梅花枝上的装饰，既点缀美化了序厅，又寓意喜上眉（梅）梢。

四、空间的导向性

由于形式设计要根据展览文本信息传递的框架结构和逻辑顺序进行空间组织，因此展示空间应有明显的导向性，使观众能够按照展览内容设计的顺序进行参观。可以利用空间形状、色彩、灯光来形成导向性，也可以利用空间界面元素的变化作为导向的手段。

（一）墙体

墙体作为空间内的主要表现体，当相对的墙很接近时，压迫感很大，会形成一种空间的紧张度，而当这种压迫感是单向的时候，则形成了空间的导向性。通过墙面的围合度来给人流以导向是较为常见的方法。

（二）地面

地面的抬升和下沉能有效地划分空间，通过改变地面的材料、图案、色彩、照明方式等都可以起到导向作用。例如，地面材料的变化可以引导残障人士的通行，如盲道。地面的色彩变化也可以直观的起到导向作用。地面材料在铺装时，改变材料的铺装形状，或是改变分格的大小和方向，也能形成不同的区域感以产生导向作用。

（三）天花

作为室内的顶界面，天花是调整空间比例的主要因素，在空间组织和划分过程中，起到了不容忽视的作用。天花在高度、形状、材料、色彩和光线上的变化可以创造一个虚拟空间，集中反映空间的形状及关系，例如，天花局部高低的升降能暗示空间方向的变化。从天花上垂吊幕帘或其他饰物也是组织和划分空间及强调导向的好办法。

（四）楼梯

楼梯在空间中是一个具有上升感的动态元素，能够使空间在垂直方向产生趣味性的变化。由于楼梯有向上的升腾感、向前的延伸感，所以，楼梯本身也被作为空间导向的重要途径，即使不做任何特别处理就能表现出极强的导向性。

五、空间序列的节奏

丰富的空间形态能够产生多种组织形式，这些空间造型形式也并不是孤立存在的，在进行空间规划时是可以组合和穿插的，同时各个空间序列要确保展示内容的连贯性。布置重点展品展项的展示空间时，如类似音乐创作中的高潮部分，应调整各个空间的组合方式，使整个展示空间序列富有节奏感。例如，给展览文本中叙事的缘起、过渡、引入、高潮、舒缓、结尾等不同情节安排不同的空间体验，使观众获得不同的心理感受，从而最大限度地表现展示主题。

一般来说，影响空间序列节奏的因素包括以下两个方面：

（一）序列的长与短

序列的长短变化给予观众紧张与松弛的观展节奏转换。长序列使展示信息和内容更加集中，但太长会使观众难以持续保持注意力，所以长序列往往设置于重点展品展项之前，铺垫之后，重头戏出现，以加深观众的印象。

（二）核心节点的设置间隔

博物馆展览中的核心节点是整个展览中最具代表性、最能反映展览重点，并让观众产生记忆点的地方。一个展览中会设置多个核心节点，一定要注意核心节点出现的长度间隔，不宜过于密集。核心节点的设置目的不是单纯地吸引观众的注意力，更重要的是通过吸引观众的方式来传递展示信息。

图4-99是清华设计院所做的一个生命演化展厅的平面分区图，可以看到空间内有非常多结构柱，但是都被展墙和展项很好地消化了，通道中看不到明显的结构柱。整个展厅空间序列的设计，有收有放，有些空间收窄成通道，接下来的展示空间就会放大，节奏感恰到好处。展厅入口的生命演化厅是一个圆形的空间，显示出这里是整个展览的开始。然后空间经过小小的收缩之后，进入下一个空间序列，空间转为一个放大空间，在这个放大空间的中间，设置了多媒体展项。多媒体的展项作为一个节点出现在空间的中间，重点突出。观众继续往前

图 4-99 生命演化展厅的平面分区图

参观，在展厅的右下角是一个多媒体展项，为了方便投影的播放和观众的观看，在这个区域预留了足够多的交通空间，同时可以把多媒体播放的声音，控制在这个区域，减少影响其他经过的观众。多媒体展项的设置位置比较合理，并不十分密集，将多媒体展项均匀地分布在整个空间。整个设计控制了空间的序列和观众的观展节奏，可以使观众比较舒适地观看展览。

同时，因为展厅设置了比较多的展墙，这些展墙将参观动线加长了，容纳了更多的展示内容，但同样也加长了疏散通道的长度，为了满足消防疏散的需要，平面图中加红点的区域就是增设的一些疏散出口，这样使展厅各个位置的观众都能快速地疏散出去。

以"奋进的山东"中华人民共和国成立70周年成就展为例来讲述从展览文本到平面分区设计如何进行。该展览设置于山东博物馆一层东侧的三个展厅，共分为三部分，第一部分是"百废俱兴，艰苦创业"，第二部分是"勇立潮头，砥砺前行"。第三部分是"走在前列，全面开创"。要将文案的内容科学、生理地展示在三个展厅，必须把文案中展示内容的量和展厅能容的量加以统一。文案的三个部分各自展示内容的量，从整个文案的内容可以看出（图4-100），第三部分是重点，展示内容也最多。图4-101就是根据文案的内容来进行的平面分区图，第一部分是序厅，绿色部分是第一部分，只占第一个展厅不到1/2的面积，第二部分占了第一个展厅剩下的部分和第二个展厅的一部分，剩下的超过一半多的面积是第三部分。根据展示内容进行粗略的划分之后，需要把文案中从一级标题到三级标题的展示内容都落实到展示空间里面。也就是说，需要根据展线的长度来落实每一部分的展

图4-100　"奋进的山东"展览大纲

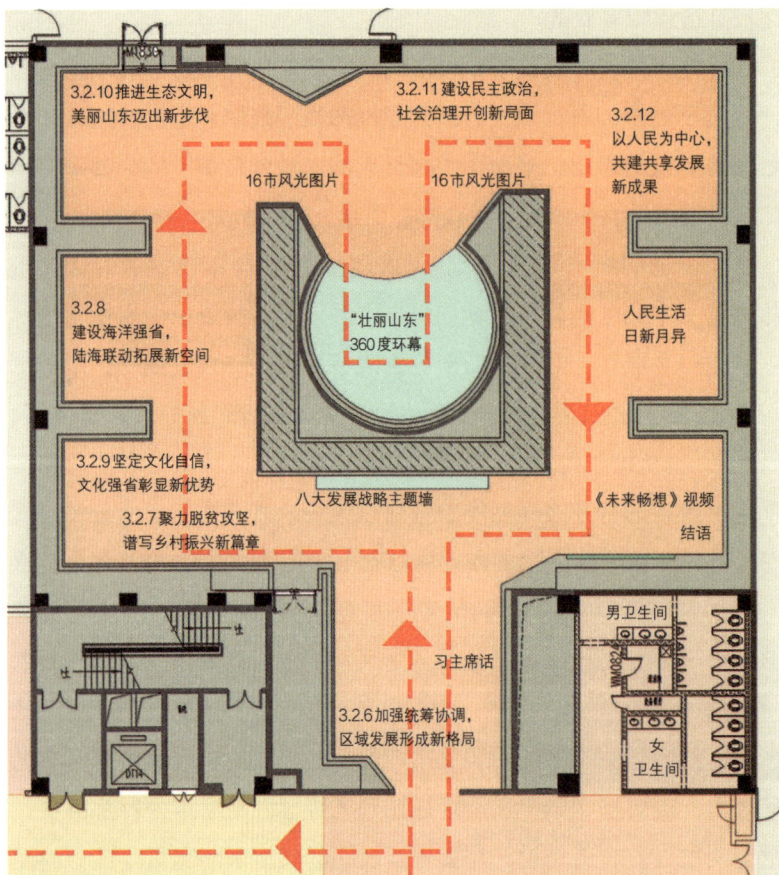

3.2.10 推进生态文明，美丽山东迈出新步伐

3.2.11 建设民主政治，社会治理开创新局面

3.2.12 以人民为中心，共建共享发展新成果

16市风光图片　　16市风光图片

3.2.8 建设海洋强省，陆海联动拓展新空间

"壮丽山东"360度环幕

人民生活日新月异

3.2.9 坚定文化自信，文化强省彰显新优势

3.2.7 聚力脱贫攻坚，谱写乡村振兴新篇章

八大发展战略主题墙

《未来畅想》视频

结语

习主席话

男卫生间

女卫生间

3.2.6 加强统筹协调，区域发展形成新格局

盾构机模型

2.3.6党的建设全面加强

2.3.5城乡面貌焕然一新

3.2.5融入"一带一路"，对外开放再上新水平

3.2.3全面深化改革，市场主体激发新活力

管道机器人

3.2.4强化基础设施，构筑加快发展新支撑

2.3.4文体事业异彩纷呈

3.2.2强化创新驱动，经济发展注入新动力

2.3.2发展方式深刻变革

浪潮场景

2.3.3基础设施全面提升

3.1.1深入贯彻习近平新时代中国特色社会主义思想

品牌墙

精品旅游产业

2.3.1蓝色激荡黄河畅想

3.1.2以政治建设为统领解决做到"两个维护"

"不忘初心，牢记使命"主题墙

3.2第二单元奋进新时代——壮丽新山东

3.1.3提升基层党组织战斗力

3.2.1加快动能转换，产业转型迈出新步伐

现代金融服务

2.3第三单元科学发展——综合实力显著跃升

3.1.4持之以恒政风肃纪

新一代信息技术产业

2.2.6精神文明硕果累累

高端装备产业

文化创意产业

2.2.3农业发展创新引领

2.2.2市场经济激发活力

新能源新材料产业

现代高效农业

2.2.5基础设施加快建设

2.2.4对外开放纵深发展

2.2.1思想解放再掀高潮

医养健康产业

高端化工产业

现代海洋产业

北斗卫星飞行驾驶体验

北斗模型

2.2第二单元市场导向——改革开放多点开花

2.1.5抢抓机遇对外开放

2.1.6文明之花竞相绽放

习语墙

2.1.2农村改革先行突破

序厅

2.1.1解放思想拨乱反正

展览主题墙

2.1.4城市改革全面铺开

第二部分　勇立潮头　砥砺前行

经济数据

2.1第一单元敢闯敢试——引领风气之先

前言

2.1.3乡镇企业异军突起

1.1.4权利支持抗美援朝

1.1.7过渡时期政治建设和党的建设

1.2.4整顿生产次序与恢复发展经济

1.1.5权彻底完成土地改革

1.1.6迅速恢复经济并实施"一五"计划

1.2.3发展科教文卫等各项事业

1.1第一单元改天换地——齐鲁大地获新生

1.1.8基本完成社会主义改造

1.2.2建立比较完整地工业体系

第一部分　百废俱兴　艰苦奋斗

1.1.1山东全境解放

蒸汽机车车头

1.2第二单元奋发图强——建设发展掀高潮

1.1.2热烈欢庆新中国成立

1.1.3巩固新生人民政权

1.2.1大力兴修农田水利工程

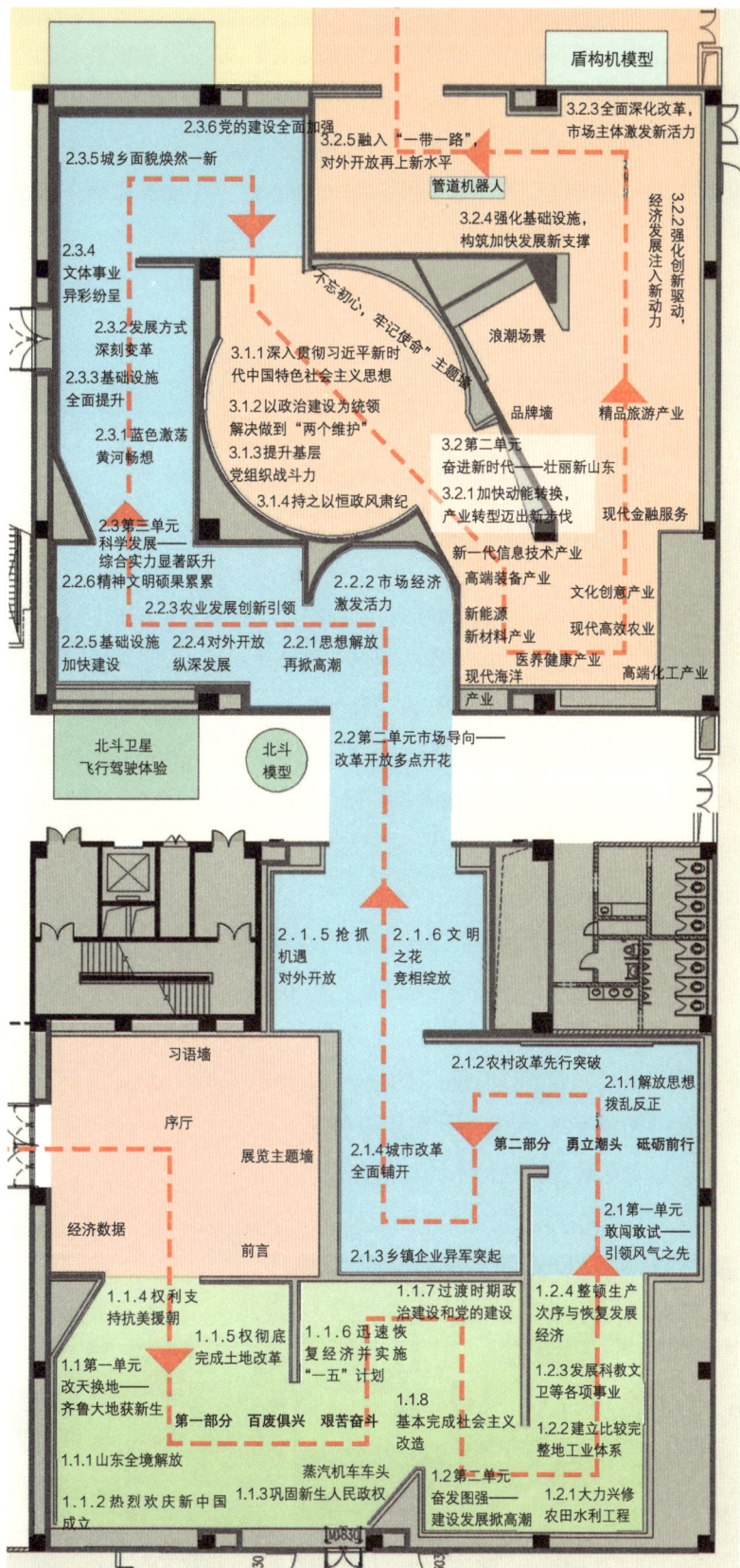

图4-101　"奋进的山东"展厅平面分区图

示内容，通过设置展墙，确定展带的长度是否够用，空间的大小是否足够，是否需要再进一步的空间调整和优化。第一部分和第二部分采用的是空间最优化的长方形的空间划分方式，这样可以使展示动线最长，同时也符合艰苦奋斗所需要的展示氛围要求。第三部分，一开始是一个圆形的大厅，预示着一个新时期的开始。从这里开始，空间色彩、版面、空间形状都开始变得更加丰富，表现出新时代山东发展迅速和充满活力。第三部分还设计了一个360°环幕展项。这样在展项的前面就可以容纳较多观众同时观看。

第七节

展示方式与展示道具

　　形式设计将展品的展示目的与博物馆的主题、空间设计相结合，以艺术形式将展品的信息传递给观众。形式设计要对展品的个体造型、组合造型、整体造型形态进行设计和塑造。通过构成手法，将点、线、面、体、空间、色彩、肌理等构成要素进行组合，采用点状构成、线状构成、面状构成、体积构成等不同的构成形态，在展览中表现出不同的美感，传达不同的信息。

一、展示方式

　　展品展示的方式主要有放置、悬吊、壁挂三种方式（图4-102）。根据展品方式和观看展品模式不同又可以细分出更多类型。

（一）按展品放置方式进行分类

　　根据展品放置方式的不同可以分为以下五种。

图4-102　展品的展示方式

1.封闭型

封闭型通常是把实物展品，特别是小件和贵重展品，放在牢固的、与外界隔绝的展柜或容器内展示。即使裸露，也需要将观众限制在展品的一定距离外，按规定的顺序和范围进行参观。

这种展示方式，优点是展品安全系数较高，秩序井然，有利于展览管理和减轻服务人员的工作量。缺点是由于在展品与观众之间有一道有形或无形的障碍使观众对展品产生一定的距离感。目前采用这种形式进行展示的为文物类和贵重的展品，在一些安保系统欠佳的博物馆，采用这种展品的展示方式。

2.开放型

这是既能供人观看又能让人触碰展品放置方式，为观众直接接触展品提供方便。这种方式适合于表现科技和科普类的展品展项，但是文物类和贵重展品以及易损坏的展品，不宜使用这种展示方式（图4-103）。

图 4-103 开放型展示

3.场景化

场景化是将展品融进模拟的场景中的一种展示方式，创造某种特定意义的场景造型，将有关的展品陈列其中，并调动色彩、装饰、灯光、音响等手段，烘托出某种气氛，真实地表现展品的使用场景。它能给观众以沉浸感，对观众产生吸引力，同时也有助于观众对展品形成完整的认识和理解，迅速达到对展品的外观与内涵、功能范围、品质特点等内容的全面了解。例如，各类生活类用品的展览可以采用这种展示方式，以便于观众理解展示信息（图4-104）。

4.演示型

演示型展示方式，是设置演示装置，通过展品的示范表演、使用操作、模拟试验等动态手段，深入表现展品的内在品质、性能特点、

图 4-104　场景化展示

科学原理与制作使用规律等，来强化展品的展示效果，使观众不仅能知道"有什么"，更能深刻认识到"是什么"以及"为什么"，从而由被动的知识接受者，变为主动的知识探索者和获得者。这类展示方式广泛用在科技类博物馆以及需要演示的展品展项中。例如，艺术品的创作表演、机电类展品展项的现场操作演示、科学发明的过程表演等，是颇受观众欢迎的展示形式。

5.隐蔽型

隐蔽型展示方式有别于封闭型，它是在较小的展示空间中，运用特殊的手段和装置，使展示空间既能存放大量的展品，又便于观赏。采用这种方式的展品，通常处在看不见全貌的状态，但通过一定的手动操作或自动控制系统，就可逐一观看。这对于充分利用展览空间，扩大场地的展品容纳量，具有重要的实用意义。一般表现为展品叠摞的自动翻阅式、展架并列插入式、抽屉式、图书馆式等。这种展示方式适用于展示图书资料、文件、卡片和其他可以重叠放置的薄型展品。

（二）按观看展品的模式进行分类

按观众观看展品的模式不同，可以将其分为以下几类。

1.单面式观看

单面式观看展示方式的信息传递方向集中于一个方向，有利于观众的详细阅读。在展示空间中，多以展板、展墙、展柜的形式出现。一般应用在图片、文字的展示中，也多用于多媒体、视频信息的显示面或投射面。单面式观看是非常常见的一种展品展示形式（图4-105）。

2.移动式观看

观众进入某种移动工具，如手扶电梯、缆车等，在既定的展示空间中以移动的方式进行观展。此类观看方式最大的优点是可以完全控制观众的参观路线、时间等，可以让观众在特定的时间到达某个展示区域，使观众完全按照期望参观。同时，移动式观看展品给人比较别

致的观展感受，如同穿越时光隧道一般。在设计的时候要与展示空间
紧密结合，详细规划移动的路线，以计算移动的时间。例如，上海世
博会沙特馆内的当时世界上最大的1600m²环幕电影展项，就是采用传
送带式的观看方式，观众站在传送带上徐徐向前的同时，电影画面也
一点点展开，7分钟的旅程，观众犹如身临其境一般，置身于神秘的
沙漠奇景之中，视觉效果十分震撼（图4-106）。同时，在参观人员比
较多的展览中，可以通过控制移动参观时长的方式来控制人流量，如
英国维京博物馆展览中使用的缆车参观方式，都是移动式观看。

图 4-105　单面式观看

图 4-106　移动式观看

3.中心环绕式观看

展品处于展示空间的中心，观众可以围绕着展品进行全方位、多
角度的观看。采用这种观看方式的展品一般会安置在空间的中心位置，
成为视觉的中心，以吸引观众的视线。

4.融入式观看

融入式观看是指创造出一个将观众包围的全方位的展示空间，多
为使用场景还原等多媒体技术营造展示场景，将观众带入场景，使之
有身临其境的感觉。这种展示方式会给观众带来展品全方位的展示信
息，与场景化展示的体验类似。

5.仰视与俯视式观看

仰视与俯视式适用于特定主题的展品。仰视式适合展示一些具有
膜拜性或者与天空相关的展品，如上海电影博物馆入口序厅悬挂着电
影史上经典的电影道具，人们抬头观看的同时，也是对这些道具的瞻
仰，同时可以起到丰富展示空间的作用（图4-107）。武汉自然历史博
物馆将大量辅助展品吊挂在顶部，丰富美化了展示空间，也可以传递
展览信息。但由于仰视时间较长会给观众带来疲劳感，所以展示内容

不宜过于详细。如果运用仰视式的观看方式来展示视频，应采用半躺式的观看形式。例如，日照科技馆的球幕影院，观众就是采用躺在豆袋垫上的方式观看影片。

俯视式观看是让观众处于一定高度向下观看，适合表现俯视效果。例如，规划馆的城市沙盘或表现博物馆文物发掘现场的下沉式场景还原，场景上覆以玻璃地板材质，观众可以行走在其上，低头观看发掘现场的场景（图4-108）。

图4-107 仰视式观看

图4-108 俯视式观看

二、展示道具

作为展览信息传播的载体，展示道具既可以使展品与地面隔离，衬托和保护展品，又可以起到丰富空间层次的作用。展示道具设计时除了注重基本的使用功能外，在形式上应追求美观，承担审美功能。设计时要注重展示道具对观众的情感作用及展示信息内容的传播功能。展示道具的形态与展示空间要传播的信息密不可分，承担着信息传播和表达主题思想的重要作用。合适的展示道具会对展示信息的传达产生有益的促进作用，不合适的展示道具会产生相反的作用。

展示道具在形态、色彩、灯光等方面都要有利于展示信息的传递。形态上应用展示主题相吻合，道具的颜色、灯光都应与展示信息相辅相成，使信息传递完整顺畅。良好的形式设计，可以将展示道具的纽带作用发挥完全，使展示空间更具艺术感染力，树立良好的展示形象，达到传播展示信息的目的。展示道具的尺度，应符合人体工学的各项要求，结合展品的规格尺寸和展示空间的大小进行综合考虑而确定。

图4-109为设计师扎哈·哈迪德设计的展示道具，可以看到展示道具在行使展示展品作用的同时，也被赋予了信息载体的功能，负责传递设计师的设计理念。

图4-109 展示道具

第八节

形式设计中的色彩应用

博物馆展示设计的服务对象是人的视知觉，色彩在展示设计中直接影响观众对展示信息的获取。

一、色彩学的一般概念

（一）色彩的产生

色彩来源于光，又通过光被我们感知。色彩产生的途径可表达为：光—眼—视神经—大脑作用的结果。光源色照射到物体时，变成反射光或透射光，然后进入眼睛，又通过视觉神经传达到大脑，从而产生了色的感觉，这便是色彩产生形成的过程（图4-110）。

我们拥有一个五彩的世界，是因为我们拥有光。没有光，就没有色彩。光的物理属性是根据振幅和波长这两个要素决定的。不同的振幅给人不同的明暗，它代表着光的能量。不同的波长给人的色

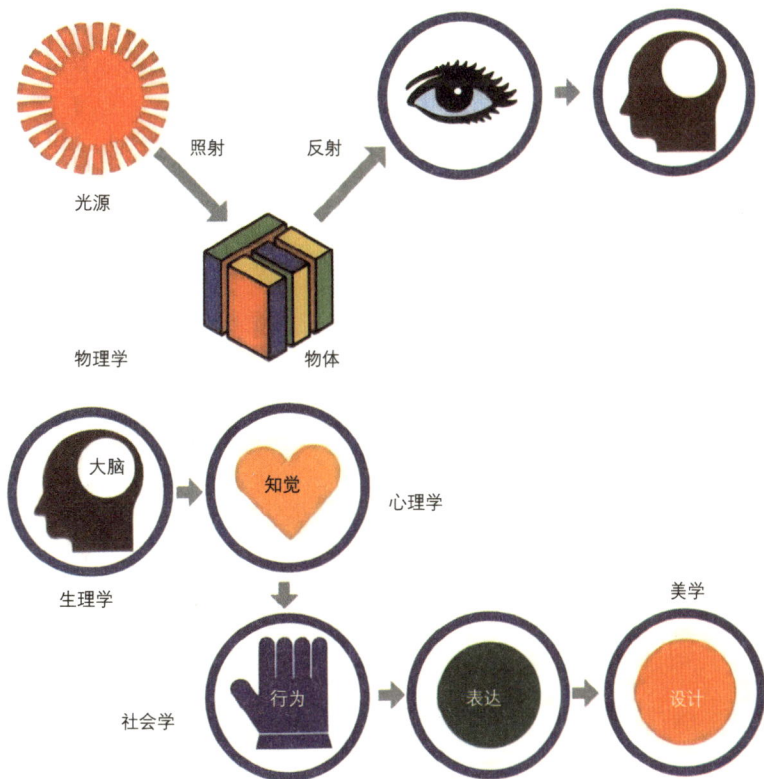

图 4-110　人对色彩的感觉与反应

彩感觉也不同，它具有色相的特征也不一样，可见光的波长范围为
400 ~ 700nm。因此，也可以说颜色是光的波长的别名，颜色的本质便
是一定波长的光波的运动。

色彩可分为三原色、间色和复色。

三原色指红色、黄色、蓝色，颜色鲜艳，是不能用其他颜色调配
的色彩，所以称为三原色。

间色也称二次色，如橙色、绿色、紫色，它们可以由三原色中的
任意两种颜色调配而成，是鲜艳度较弱的色。

复色也称三次色，由任意两种间色或一个原色和一个间色混合而
成其鲜艳度更低，如有含灰成分的咖啡、豆沙、茶褐等色。

（二）色彩的三要素

从色彩学研究上，我们所能感知的一切色彩都具有色相、明度、
纯度这三种性质，这三种性质是色彩最基本的三要素（图4-111）。

1.色相

色相即色彩的相貌和名称（图4-112）。例如，提到红旗，我们马
上就有一个"红色"的色彩印象，这就是色相的概念。在色相环中，
有以下几种对比。

（1）同类色：也叫相邻色，是色相环中间隔45°以内的颜色，如黄
色中的柠檬黄、中黄、橘黄、土黄等，都是同类色。

（2）互补色：也叫对比色，是色相环中相隔180°的颜色如红与绿、
蓝与橙、黄与紫等，补色并列时，会产生强烈的视觉效果，会使红的
更红，绿的更绿。

（3）对比色：也叫对冲色，是色相环中相隔120°~180°的两种颜
色，视觉效果比较鲜明、丰富，如黄与蓝、紫与绿、红与青等。

人们认识色彩有个"先原后间"的过程。人们总是先认识原色，

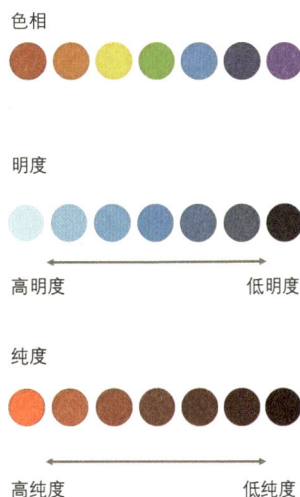

色相

明度

高明度　　　　　　　　低明度

纯度

高纯度　　　　　　　　低纯度

图 4-111　色彩的三要素

图 4-112　色相

幼儿开始认识的是红、黄、蓝三原色，而不是含灰的色彩。所以在受众主要是幼儿的展览中，色彩一般多采用原色，就是为了适应孩子的色彩认识水平（图4-113）。随着年龄的增长，认知面的扩大，人们对色彩的认识就会越来越趋向丰富。所以展览中的色彩，首先要考虑受众的感觉，特别要考虑受众的年龄和知识层次。

图 4-113　上海科技馆彩虹儿童乐园

2.明度

明度也叫"亮度"，指色彩的深浅、明暗程度。

色彩明度形成差异有三种情况：一是同一种色相，由于光源强弱的变化而产生不同的变化；二是同一色相因加上不同比例的黑、白、灰而产生不同的变化；三是在光源相同情况下，各种不同色相之间的明度不同。

在无彩色中，白色明度最高，黑色明度最低。有彩色中，根据色相环和孟塞尔色彩体系，黄色明度最高，蓝紫色明度最低。

明度具有较强的对比性，它的明暗关系只有在对比中才能显现出来。

3.纯度

纯度又称饱和度，指色彩纯净、鲜艳、饱和的程度，又称彩度、鲜灰度、饱和度。原色纯度最高，纯净程度越高，色彩越纯；相反，色彩纯度越低。当一种色彩中加入黑白或其他颜色时，纯度就会产生变化，加入其他色越多，纯度越低。黑、白、灰纯度为0。

二、色彩的心理反应

不同波长色彩的光信息作用于人的视觉器官，通过视觉神经传入大脑后，经过思维，与以往的记忆及经验产生联想，从而形成一系列的色彩心理反应。色彩的心理效应可以分为客观心理反应和主观心理反应两大类。

（一）色彩的客观性心理反应（物质性心理反应）

色彩的客观性心理反应来自色彩的光的刺激，它作用于人视觉神经，直接导致心理错觉或生理变异。如果我们长时间处在红色的环境中，人的脉搏跳动会加快，血压会升高，人的情绪也会随之变得烦躁不安。相反，如果在蓝色的环境中，这些生理变化就不会出现，人的情绪也会随之稳定下来。

（二）色彩的主观性心理反应（色彩的表情）

当人们在生活中积累的大量的视觉经验与外来的色彩刺激发生呼应时，就会在心理上产生某种联想，从而引发出某种情绪或情感，这就是色彩的主观性心理反应。例如，红色会使人联想到太阳、火焰、红花、鲜血。它是强有力的色彩，强烈、冲动、富有刺激性，也是革命的象征、危险的象征。橙色会使人联想到灯火、阳光、鲜花，因而具有华丽、温暖、愉快、幸福、辉煌等特征。由于它和许多美食的色泽相近，因此有刺激食欲的作用。黄色是明度最高的色彩，是最灿烂的色彩，它使人联想到金秋、丰收、果实、黄金，因此也是富有而高贵、权贵、皇室之色。绿色是大自然的颜色，象征着春天、成长、生命和希望，具有美丽、优雅、大方、稳重的特征，具有大度与宽容的性格，可以容纳各种颜色。蓝色使人联想到天空和大海，因此蓝色是博大、广阔的象征。蓝色代表理想、纯净也代表悲伤。紫色给人一种神秘的浪漫感，高雅、娇艳，通常是女性色彩的代表。

但是，色彩的个性不是一成不变的，不同国家和民族对色彩的喜好及感受也会不一样，象征意义也有区别。因此在设计展览的色彩时，一定要考虑展出地区群众对色彩的喜好和禁忌。

（三）色彩的冷暖与进退感

人对色彩的反应有轻重、软硬、冷暖、进退等感觉，是在人类长期的生活经验中形成并带有自然遗传的共性的感觉。

色彩是没有温度的，所谓冷色、暖色，是人通过对色彩的视觉感受产生的冷或暖的感觉变化。例如，说到红色就会感觉是热的，因为人身上的血是热的，因此红色似乎能给人热感。这就是我们通常所说，红—红黄调是暖色，蓝绿—蓝紫调是冷色，绿与紫附近的色调属中性色的原因。一般而言，暖色系能使人兴奋、积极；冷色系能使人冷静、消极；中性色则感觉恬淡、安闲。

色彩的软硬、轻重的感觉，与冷暖感觉一样。通常，明度高而纯

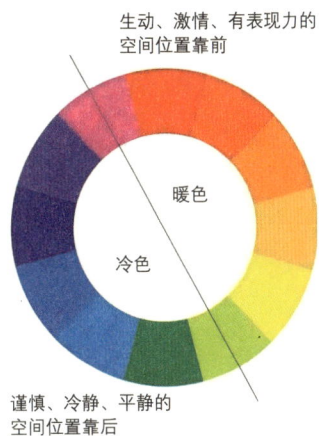

生动、激情、有表现力的
空间位置靠前

暖色

冷色

谨慎、冷静、平静的
空间位置靠后

图4-114 色彩的冷暖与进退感

度低的色彩感觉柔软，深、暗的色彩感觉坚硬；浅淡色感觉轻，深色感觉重。

通过色相、明度、纯度、冷暖以及形状等因素变化可以表达前后、大小、胀缩等感觉。

（1）明度高的颜色有扩大、膨胀、向前的感觉；明度低的颜色有缩小、收缩、后退的感觉。

（2）暖色有扩大、膨胀、紧迫、向前的感觉；冷色有缩小、收缩、开阔、后退的感觉（图4-114）。

（3）高纯度色有向前的感觉，低纯度色有后退的感觉。

（4）色块整体有向前的感觉，色块不整体、边缘虚具有后退的感觉。

（5）色彩面积大有向前的感觉，色彩面积小有后退的感觉。

三、博物馆展示中色彩的应用

通过对色彩的基本概念和视觉心理特征的了解可以看出，色彩是一种诉诸人情感的表达方式，对人的心理和生理都会产生一定的影响。因此，在博物馆展示设计中须充分利用人对色彩的感觉，来创造富有个性层次的空间，传递展示信息。

观众在参观展览时看到的色彩，无论是衬托的背景色还是展品的色彩，都会产生相应的心理反应。

色彩满足了观众的视觉美感。人的视觉是辨别外界物体明暗和颜色特性的感觉，而视觉对于色彩的感觉比起对于物体的明暗感觉来更为敏锐。当我们处在一个四周都是白墙的环境里，会发现视觉没有焦点，也没有方向感。但当室内出现了一面有色彩的墙，或挂上一幅色彩的绘画作品时，我们的视觉便有了焦点（图4-115）。如果墙面上的色彩搭配和谐，就会感觉很美很舒适，情绪也会因此而受影响，逐渐

图4-115 色彩使视觉有了焦点

松弛或提升，感到平和或温馨；反之，就会使人感到紧张或烦躁。所有这些，都是色彩透过视觉给予人的心理影响。

在展示空间使用色彩时，可利用色彩特性来调整观众对空间的大小感受。例如，当空间太松散时，采用前进色可使空间紧凑些；如果空间太狭窄，则可采用后退色。通过颜色的改变，空间的实际大小没有变，但给人的感觉却会不同。

（一）博物馆展示色彩运用原则

1.协调

在实际展览中，展品色彩和环境的色彩有一种整体效果，会显得优美、和谐，也就是说很协调。这个协调意味着整体效果的和谐，具有一种内在的联系。色彩一定要和特定的环境、用途、对象联系起来，才能做出确切的判断。一个鲜艳的色彩用在不适当的地方无法显出它的美。同样，一个貌不惊人的灰色调只要用得恰当，同样能成为很有魅力的色彩。因此，展品与展出环境之间的色彩的联系必须协调，这是展览用色的前提（图4-116）。

除此之外，展览的色彩还要与展品的特性相协调。人们对于颜色的感觉，不仅与具体的对象、环境等有关，还与展品的材料、造型等有关。色彩依附在不同的材料质地上，可以得到截然不同的效果。如黑色，用在丝绒的布料上会显出高贵的气质，用在棉布上就使人感到朴素、严肃，有时还会流露出伤感的情调。所以，同是一个色彩，用在不同的材质上，效果可能完全不同。

图4-116　色彩的协调

2.对比

没有对比，就没有色彩美。展览的色彩设计中，经常使用对比的手法。将两种不同的色彩排列在一起，可以造成互相映衬的效果。例如，红与绿、黄与蓝、白与黑等放在一起对比（图4-117），可以显示各自的特性并加强色与色之间的性能和刺激，或增强或减弱它们的个性，以达到色彩鲜明的对比。这样就能打破展示空间和展品色彩的单调和呆板状态，以弥补展品色彩过分统一所造成的缺陷，并能强调出展品的形状，使观众更舒适、更容易地感受到展品的艺术形象。

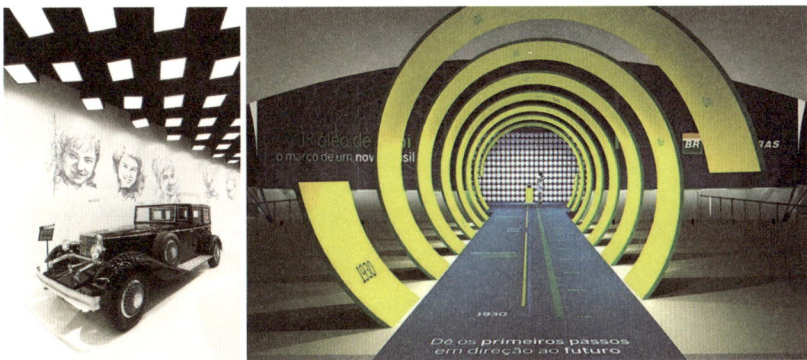

图4-117 色彩的对比

色彩效果不仅可以用对比的方法来增强或减弱，还可以通过不同的对比方式，形成不同的色彩情调，如色相对比、明暗对比、纯度对比、冷暖对比等。每一种对比在视觉表现和象征的效果上都有自己的特点。

（1）色相对比。因色彩的相貌差别而形成的色彩对比。色彩光谱中的红、橙、黄、绿、青、蓝、紫，概括了色相的基本面貌。在相互对比的色相中，差别小的称为同类色对比，差别大的称为对比色的对比。同类色对比具有文雅、柔和的特点，对比色对比给人以鲜明、强烈的感受。

（2）明暗对比。因色彩的明暗而形成的对比。白天与黑夜，光明与黑暗，这种规律是人类生活和自然界中的明暗对比。明和暗的现象，不仅存在于黑白灰之间，还存在于色彩之间。与鲜艳的黄色相比，红色显得暗。明暗差与色彩间，明暗差别大的称为明度强对比，差别小的称为明度弱对比。明度弱对比显得柔和，明度强对比显得醒目。展示空间为了达到强化亮点的效果，经常用这种对比方法。

（3）冷暖对比。冷与暖是由于人们对于色彩的印象和联想。用蓝绿色装饰的房间和用红橙色装饰的房间会使人对冷暖和主观感受相差5~7℃。

（二）博物馆展示空间的色彩与选用

博物馆展示空间有展厅、通道、休息空间等，这些地方的色彩是整个展示空间色彩的有机组成部分。展厅的色彩，主要指展墙、展板的色彩、各级标题板的色彩、展板文字的色彩、各种装饰图案的色彩等（图4-118）。这些色彩必须与展台、展架、展品等颜色相配合，通过相互之间的色彩协调和互补，构筑起一个色彩环境。

图4-118　展示空间展板的色彩

　　展墙、展板与展品的关系，实际上是背景与前场的关系。许多展品本身的颜色花样是丰富多彩的。因此，要避免展览中色彩的混乱，求得既有变化又统一的色调，首先就要注意选择背景的基本色调。一般而言，展墙的色彩以白色或其他淡色为宜，以期能正确地发挥衬托作用。展墙在整个展览空间中的面积较大，层次又多，白色或淡色会给观众一种轻松的感觉。

　　重点突出的板面或展柜的色彩，有时可用黑色与金色或其他跳动的色彩，以强调重点，增加物体的鲜明度与感染力。

　　展板文字的色彩也很重要，一般都是黑色、白色或深色。但有时为了美化版面，调节气氛，也可以用彩色字。不过字体色彩的运用一定要与展墙展板色彩和谐协调，符合观众的视觉习惯。

　　在展示空间中，序厅部分可以使用强烈、鲜艳、丰富的色彩。序厅一般不放展品，只是让观众对展览内容做概括的了解。观众一进入序厅，就会得到色彩的刺激而引起兴奋，引起参观的兴趣。而休息空间或过厅里的色彩可以宁静、温和，使观众的情绪得到调节，视力有所休息。在没有具体展品和展示信息的过渡空间，也可以采用比较生动或比较戏剧化的颜色，以调剂观众的情绪，使观众精神得以恢复，以便有效地参观后面的展示部分。

　　在选择博物馆展示空间色彩时可根据展览主题和展品色彩来选择空间环境色彩。

1.根据展览主题来选择色彩

　　在博物馆展示设计中，要根据展示主题来选择色彩，加强和帮助观众对展示内容的理解。色彩的灵活运用有利于烘托、呈现展览的艺术主旨，也容易把握观众的情绪，打动人心。

展示空间中色彩的主要作用就是深化展示主题，突出展品。因此，针对不同的展示主题，要灵活应用展览色彩。例如，人文和历史类展览主题要使用沉静与兴奋交替的色彩；民族民俗类展览主题，要使用凸显地区和时代性的色彩；艺术类的展览主题，宜选用沉静淡雅的色彩；自然类的展览主题，宜选用天然的色彩。如河北博物院的"大汉绝唱——满城汉墓"常设陈列，采用稳重的色彩烘托展品的精美，以褐、黑、暗红为基本色调，代表汉代雄浑、古朴的时代风韵（图4-119）。

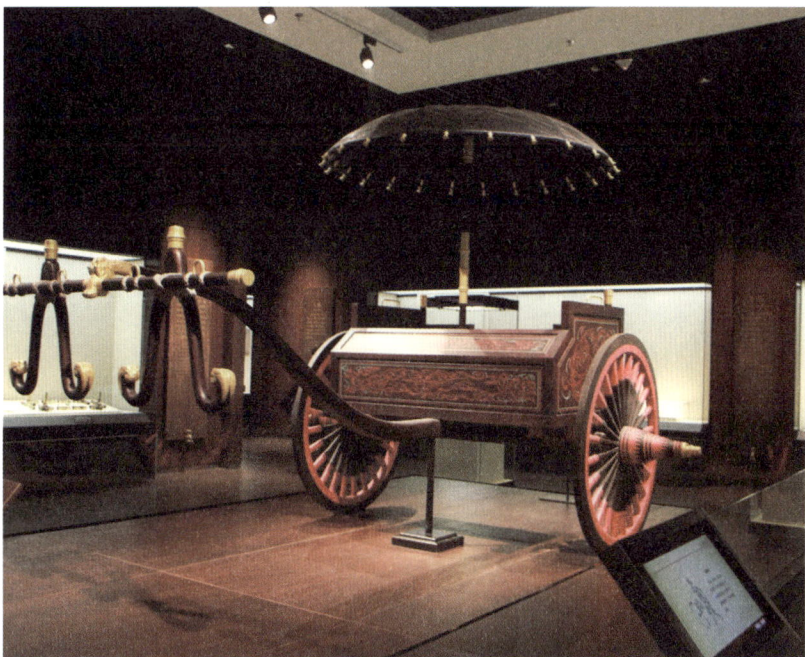

图 4-119 "大汉绝唱——满城汉墓"的用色

2.根据展品来选择色彩

色彩设计应与展品相和谐，根据不同的展品运用不同的色彩来烘托、渲染展品，使其个性更加鲜明。为了突出展品，也可依据展品本身的色彩，来选择相应材料、道具等的颜色，可采取"冷托暖、暖托冷""明托暗、暗托明"的方法来衬托展品。在装饰展品组合时，可根据这组展品中占优势的一种颜色，来选择与它相协调的色彩作背景，以强调出这组展品的特征。

以三星堆博物馆为例，主色彩采用蓝灰色调，既营造了大气的观展氛围，又突出了展品（图4-120）。

图 4-120　三星堆博物馆展示空间的色彩

第九节

人体工程学与博物馆展示设计

　　人体工程学是 20 世纪 40 年代兴起的一门学科。国际人体工程学会将人体工程学定位为研究人在某种工作环境中的解剖学、生理学和心理学等方面的因素，研究人和机器及环境的相互作用，研究在工作、生活和休息时怎样统一考虑工作效率、健康、安全和舒适等问题的学科。

　　对"人"的关注是博物馆展示设计的重点，因此需要根据人体工程学的理论，在博物馆中建立舒适的观展环境，设计适合观众行为的参观展览路线，设计符合人体工程学要求的展柜、展板、展具等，使观众能够顺利地获得展示信息。

　　所以人体工程学的应用恰当与否，关系到展示空间形式设计的成败。

　　博物馆中有些展板文字特别高，字体还特别小，普通观众根本看不清展板上面的文字，或者能看清，却需要观众长时间仰头去阅读文字，很容易让人颈部疲劳并失去耐心。或者有些展板文字又设置得特别低，观众如果想看清楚展示文字内容，必须得弯腰甚至蹲下。一般观众就会略过这些文字信息继续参观，极大地影响展示信息传递的效果。

　　还有些时候，观众挤在一个面积不大的展厅里，有些观众想往前参观，有些观众想驻足观看展品和展示内容，但是由于设计人员没有给需要观看的观众设计出观看距离，交通通道和观看展品的空间混在一起，造成人流拥挤，互相交叉，极大影响观众观看展览的效果。

　　这些都是常见的形式设计人员在设计时不考虑人体工程学的错误

而造成的不良后果。

人在博物馆中主要是通过行走、视觉、听觉、参与等方式获得展示信息的，因此以下将从关系到行走顺畅的通道宽度，以及视觉、听觉等方面展开讲述。

一、视觉对形式设计的影响

1.水平视野对文字排版和展品观看的影响

观众在展示空间中主要是通过观看来获取展示信息，所以视觉对形式设计的影响十分巨大，因此视野很重要。

视野是以角度测量的空间范围。一只眼睛的视野为"单眼视野"。当双眼同时看物体时，两只眼睛的视野重叠，形成的"双眼视区"大约在左右60°以内。而字符识别范围为左右20°，因此20°内为理想的视觉区。

这个角度直接影响展板的文字排版，也就是说每段文字的排版不宜过长，太长的文字排版，观众无法一眼看完，还需要左右移动观看，影响观看和阅读文字的效果。以人距离展板1.5m为例，左右各20°的话，每栏展板文字的宽度为$\tan 20° \times 1.5 \times 2 \approx 1.09\text{m}$。当观看距离为1m时，每栏文字的宽度为$\tan 20° \times 1 \times 2 \approx 0.73\text{m}$，也就是说观众离展板越近，每栏文字的宽度要控制得越短，才方便观众阅读文字（图4-121）。

2.垂直视野对展品摆放和展板设计的影响

假定基准视平线是水平的，定为0°，以基准视平线上下30°为最佳立面观察区域。也就是说需要观众重点关注的展示信息包括展品和展板文字图片，都应该放置在这个角度范围内。以观众距离展墙1.5m计

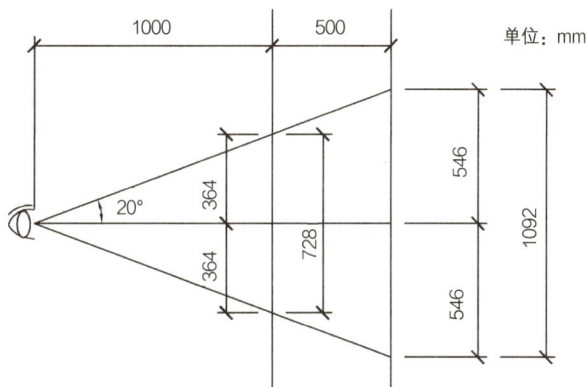

图4-121 水平视野观看的尺寸范围

算，基准视平线上下的距离 $D=\tan30°×1.5≈0.87m$。按照《博物馆陈列展览形式设计与施工规范》的规定，将基准视平线的高度按照常规定位距地面1.5m高，可以计算出立面区域上，当人距离展板1.5m远时，展板的最佳观看高度为 $1.5+0.87≈2.37m$。当人距离展板1m远时这个最佳观看高度为 $1.5+\tan30°≈2.08m$。

同样的方法，计算基准视平线往下的最佳观察高度，当人距离展板1.5m远时为距离地面1.5（视平线高度）$-\tan30°×1.5≈0.63m$。人距离展板1米远时为距离地面1.5（视平线高度）$-\tan30°≈0.92m$。

因此当观众距离展墙1.5m时，最佳的观看高度尺寸为距地 $0.64～2.37m$；当观众距离展墙1m时，最佳的观赏高度尺寸为距地 $0.92～2.07m$。需要重点阅读的展板图文内容和展品都放在这个高度区间为宜。如果为了与展台高度配合，立面最低的文字可以不低于展台的高度（图4-122）。

如果是以儿童、青少年为参观主体的展览，宜将基准视平线设定为距地面1.3m，那么相应的最佳观赏距离要降低一些。

取观看距离1m和1.5m作为计算标准，是根据《博物馆陈列展览形式设计与施工规范》的建议：以视力1.0为准，观察距离 $1～1.5m$ 观看展览文字。

如果是标题文字，可以把标题文字放在更高的位置，一是标题文字简约概括，观众即使仰头观看，也不用占用太多时间。二是可以让

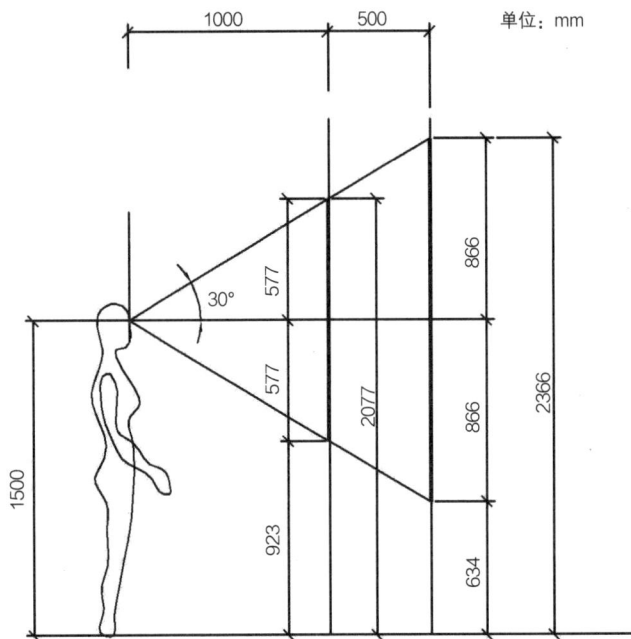

图4-122　垂直视野观看的尺寸高度

单位：mm

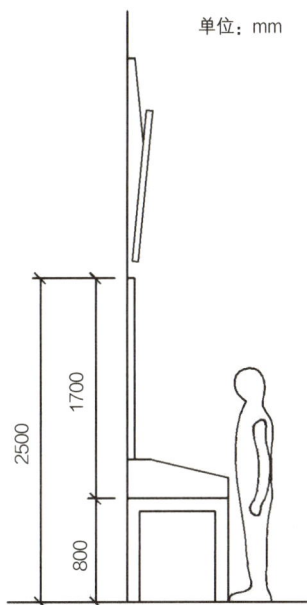

图 4-123　展示高度示意图

图 4-124　高处可倾斜挂画

远处的观众直观地了解展示框架体系。

因此结合人体工程学的计算与《室内设计资料集》中建议，垂直面上的展示陈列一般由地面 0.8m 高度开始，高度不超过 2.5m（图 4-123）。超过 2.5m 以上，通常只布置一些大型的美术类展品（如图画、照片）。这些展品不需要观众仔细阅读文字，可减少抬头长时间阅读带给人的不适与颈椎疲劳（图 4-124）。小件或重要的展品，宜布置在观众视平线上。

3. 视距对文字大小的影响。

观看距离直接影响展板文字的大小。按照人体工程学的规定，在一般条件下，字符的（高度）尺寸=（1/200）视距。也就是 2m 的距离，字符高度 1cm 左右。"一般条件"是指中等光照强度，字符基本清晰可辨，稍做定睛凝视即可看清。对于博物馆观众多为行走参观的情况，且空间照明条件不是很强的环境下，想要展示文字清晰，可以比标准适当加大字符的高度。但是注意是适当加大，切不可过大，不仅不美观，可排字数也少，会影响展板文字的数量。

如果想要观众在远处看清的标题文字，则标题文字可以更高更大一些，不必限定在立面最佳观察高度尺寸内。因为远处的视距是大于 1.5m 的，完全可以将标题文字设置得高一些。

在一个界定的视域范围内，人的视觉注意力是有差异的，一般来说，视域范围的上部、左侧、中上部、左上部依次为最佳视域。所以重要的图片文字可以在这些区域放置。

二、《博物馆陈列展览形式设计与施工规范》关于人体工程学的要求

《博物馆陈列展览形式设计与施工规范》中，关于人体工程学在形式设计中的应用，可参照下列要求。

（1）通常以距地面 1.5m 高度为陈列展览基准视平线。以儿童、青少年为参观主体的陈列展览宜将基准视平线设定为距地面 1.3m 高度。

（2）以基准视平线上下 30°，左右 60° 为最佳立面观察区域。

（3）以视力 1.0 为准，观察距离 1～1.5m 设定陈列展览文字字号。

（4）以基准视平线向下 45° 区域为实物展品的最佳观察范围。

（5）适合成人观众向下观察的平置展品摆放高度宜为 1.1～1.3m，适合儿童、青少年观众的摆放高度宜为 0.9～1.1m。

（6）地面材料应以无眩光、无噪声、防滑、耐磨、易清洁材料

为宜。

（7）参观通道不应有台阶或门槛，符合无障碍要求。

（8）展览区域应以300m²为标准设置观众休息坐具。

（9）裸展的展品如需防止观众触摸，隔挡距离应大于1m。

（10）大面积立面玻璃应有安全技术处理，并有防碰撞提示手段。

（11）展览空间环境应有均匀适度的环境光照明，避免亮区和暗区过大反差或突变造成观众视觉不适。陈列展览空间环境照明与展示照明应有适当比例。

（12）为保持陈列展览环境的安静，讲解宜使用耳机式语音导览设备。

（13）局部音响设备应采用定向式扬声技术。

（14）设计中注重运用造型、色彩、明暗和音效等要素影响观众的情感。

三、噪声对形式设计的影响

噪声能造成人的听力损伤和心血管系统功能失调。当噪声强度超过80~90dB（分贝）时，可引起心率增快、血压升高、心收缩期指数减少和毛细血管收缩等心血管系统的慢性损伤。同时，噪声也可干扰人与人之间的语言交流。当声强增大到120 dB时，人耳会产生刺痛感，严重的还会使人失去平衡感。

因此，在博物馆展示设计中必须进行关于听觉的设计，为观众创造一个良好的声响环境。使他们在展厅中能安静、舒适地观看展览，听取讲解和说明。在展厅内要尽可能避免各种噪声，一些大型的需要运转操作的设备，最好放置在室外。必须在室内操作的，要设计隔音和消音装置。对展厅内的各种声响，如广播、录音、录像、讲解等，都要统筹安排。在一定时间内，只能使观众接收一种主要的声音，而不要各种声音一哄而上，使观众不知听什么好。而且，展厅的布置与设计，要使声音能均匀分布，尽量选用吸声系数高的材料来做室内材料，做好隔声和吸声处理。

四、通道宽度的影响

《博物馆陈列展览形式设计与施工规范》规定，展览流线中观众通道的最窄空间距离不应小于2.4m。这个数据取值人体工程学中，单股人流行走的宽度按600mm计算。因此在进行设计时，必须结合展厅空间展线的布置方式，来设置各展区的宽度尺寸。如单线展示的展厅，按观众观看距离1.5m计算，展厅的净宽不应小于3.9m，才能会发生人流交叉，互相影响。

如果是需要满足双线展示的展厅，按每边观看距离1.5m计算，展厅净宽应该大于5.4m。

因此在进行形式设计的平面分区设计时，要结合视距、通道宽度的要求，进行综合设计展区尺寸，切不可过窄，以免造成人流拥堵。

第十节
博物馆展示的版式和标志设计

版式设计就是在版面上将图片、图形和文字进行合理编排，以达到更快、更准确地传递信息的目的，同时使版面产生美感，满足观众的审美需求，它是艺术构思与编排技术相结合的工作（图4-125）。

在进行博物馆形式设计时，必须将版面设计好。博物馆展示的版面设计主要承担着对展览文本的文字、图片、照片等展示内容信息的处理，肩负着传递展览信息的重要使命。版面设计主要包括展览的导览图、海报、序厅、前言、结语、各部分单元的图文展板、展品说明、招贴、宣传册等内容。

图4-125　版式设计

一、设计原则

（一）遵循展览文本的要求

不能擅自改变展览文本的内容，以免误导观众接收错误而混乱的信息。同时能够有意识地去整合文字与图片之间的逻辑关系，细致地考虑字、行之间的排列，整理和强化层级之间的关系，构架视觉逻辑，使信息能够更直接地传达给观众。

（二）遵循简明易懂的原则

合理安排版面的内容与展品之间的协调关系非常重要。大多数观众并不愿把时间花费在观看一大段文章上，这就要求在做版面设计时，要合理安排设计内容，多采用以图形设计为主、文字为辅、展品为重的展示方法。多辅助一些具有趣味性、故事性的版面设计，针对个别重点展品做一些重点的介绍。对于大多数的展品介绍不必过多，也不能太少，要做到简洁明了、通俗易懂。

（三）富有美感和设计创意

形式设计的美感极为重要，观众的审美能力日益变高，博物馆平面设计如果缺少创意性，就无法吸引观众的注意力。一个好的版面设计，能让观众赏心悦目。博物馆版面设计不能只是单一文字、图形堆砌的形式，把展示内容说清楚是基本，但是没有美感的编排，会显得呆板、空洞，设计师应能更好地应用形式美法则，处理好变化和统一的关系。

（四）符合人体工程学相关尺寸的要求

版面是通过观众观看的方式进行信息传递的，所以无论是版面的每栏图片文字的水平宽度，还是垂直方向的排版高度以及文字的大小，都要符合人体工程学的相关尺寸规定。做版式设计时一定要有空间尺度概念，必须考虑放大到空间以后，版面上各部分内容相对于观众视线的高低问题，也就是实际的尺度问题。

二、《博物馆陈列展览形式设计与施工规范》关于版面设计的要求

（1）字体、字号、字色应按照陈列展览大纲的文字级别关系，以同级别相同，不同级别相区别的原则进行设计，高级别的字号应大于低级别字号。

（2）图片使用可以根据设计需要灵活运用。实物照片如果进行放大或缩小，应标明原物实际尺寸，便于观众了解实物的真实体量。

（3）历史文献类照片设计不应因剪裁而丢失重要图像信息。

（4）复原图、示意图、表格类的设计应有专业研究人员的指导。

三、版式设计的主要内容

博物馆版式设计的主要内容分为以下3个方面。

（一）展览文本内容的设计

要将展览文本中的文字图形资料进行综合处理。设计时要基于内容设计的风格，让文字、图片和实物展品呈现一个和谐的关系。

在进行说明牌设计时，要考虑展品的主体地位，不能太突出。因此，说明设计要做到简洁明了。在很多博物馆展览中，是将说明牌放在展台旁边或将说明牌直接贴在展品旁边的墙上。

（二）多媒体互动页面设计

博物馆展示中，多媒体互动展项越来越多，多媒体互动页面的设计风格要与展览的整体风格相匹配。

（三）空间标识导向系统设计

博物馆的空间标识导向系统能够给观众合适的参观指引，标识导向系统要符合展览整体设计风格，同时导向系统中的文字要避免模糊，一定要突出明了（图4-126）。

图 4-126　空间导视牌

四、版面编排

展板上的图与图、图与文在编排结构和色彩上应做整体设计。文字说明应紧随图片，以增强版面文字的条理性，并具有清晰的导读性。例如，同类信息放在一个区域，但是文字和图片不对齐，版面就显得杂乱；如各组图片和文字都有各自区域，并且图片、文字与段落都对齐排列，可以使版面条理清晰。

版面多种信息应做整体编排设计，版面具有秩序美、条理美才能获得更良好的整体效果。版面编排应遵循人类视觉秩序，读者才能在自然的视觉流动中，轻松、舒服地阅读内容，否则会出现凌乱、支离破碎甚至是相互抵触的版面效果。

版面元素编排结构有水平结构、垂直结构、倾斜结构和曲线结构等，不同的结构编排会带给读者不同的感受。

在水平结构中，图片和文字水平排列，引导视线在水平线上左右地移动，通常采用这种视觉秩序排版的信息会传达出稳重、可信的视觉语言，这也是博物馆版式设计中常用的版面编排结构。

在垂直结构中，图片和文字垂直排列，引导视线上下地移动，具有坚定、直观的感觉。

在倾斜结构中，图片和文字倾斜排列，会将视线往斜方向引导，以不稳定的动态引起注意，给人强烈的运动冲击感，能有效地烘托主题诉求，能够吸引人的视线。

在曲线结构中，曲线视觉流程不如单向视觉流程直接简明，但更具韵味、节奏和曲线美。

五、文字编排

文字是传播展示主题的载体，通过规范性、逻辑性、简洁性等设计原则，将展览主题内容直观、迅速地传达给观众。为了使版面上的文字充分发挥作用，并且达到最佳的艺术效果，在文字编排处理上也必须认真对待（图4-127）。

图 4-127　文字的编排

（一）标题字必须统一

标题字的字体和大小必须统一，无论是一级标题、二级标题或者三级标题，应各自统一字体和大小，只有这样才能结构清楚、层次分明。二级标题和三级标题前可以加序号码，这些序号码的字体、大小和颜色也要统一。

（二）段落起首的形式

整段的文字叙述，段落的起首有两种形式：一是按我国的书写习惯，首行前面空两个字的空白，从第3个字排起；二是按欧洲的书写习惯，段落的起首字采用大号字（拼音字第一个用大写字母，汉字则用大号同体式的字），而且首行句首与其他行字平齐；每段文字都是如此，层次结构也很清楚。

不可以不分段落起首地排字，即每段都是左边平齐，这样分不清段落，阅读起来比较吃力，容易引起混乱感。

（三）标点符号不能呈竖行排列

在整段文字的排列上，不能出现上下几行字的标点符号上下重叠为一竖行的情况，这样在整段文字中的竖白条会产生割裂的破坏作用，既不美观，又妨碍观众阅读。假如出现了"标点符号成行"的情况，应重新编排文字，做出调整，可适当删减若干文字，或者调整字距。

（四）字形

展览的文字，造型要美观，常用的字体有黑体、宋体等。要根据具体展览的类型选择不同风格的字体，以使其更加贴合展览主题。

六、博物馆标志符号设计

博物馆标志符号的设计需要将博物馆展示陈列的内容和展示结合起来，可以更加直观、形象地传达展览主题内容。同时标志符号的重复出现，可以向观众强调博物馆展览主题，如三星堆博物馆的标志符号，选取的是三星堆藏品中最具特色的面具造型进行简化设计（图4-128），保留面具粗眉大眼、阔口高鼻的造型特征，融合于几何化的倒梯形中，使标志似一个侧放着的面具形象，造型独特、表情神秘，引导着观众去探访面具背后的故事。该标志在展示空间和展柜等展示道具上多次出现，使观众在参观时印象深刻，强调了展览主题。

博物馆标志符号可以从重点展品或展示主题中提取，根据其特征，提炼、整理出具有鲜明特点、简洁形态、构造合理的基本造型元素，通过设计法则和历史文化内涵，设计出和展示主题内容相符合的、简练的构成元素和符号化的图形，展现深厚的历史文化底蕴和地域性民族特色，形成观众与陈列品的视觉互动关系，实现向观众传达展览信

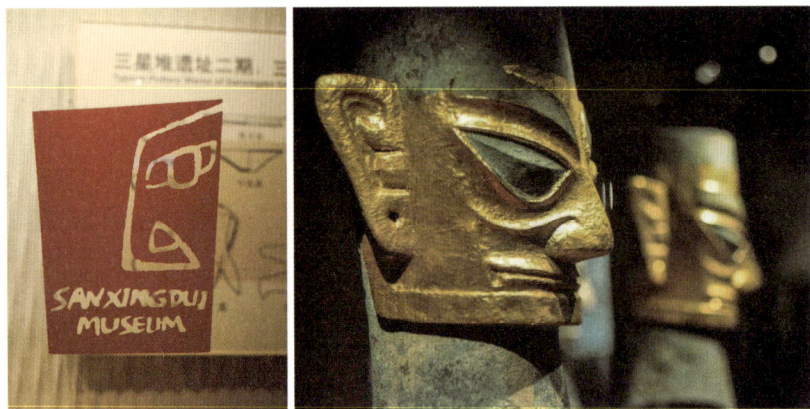

图 4-128　三星堆博物馆的标志符号

息和认知展览主题的目的。

常用的几种标志符号设计灵感元素有以下几种。

（一）汉字

文字是文化的符号和象征，也是文化传播的重要载体。在几千年的演变过程中，汉字作为具有高度符号化、图像化的方块字，虽然经历了字形的不断变化，但它承载的文化内涵和艺术魅力却始终如一。即使是在文化全球化的今天，汉字作为一种重要的造型元素在现代标志设计中仍然具有独特的魅力。在四川博物院的标志形象中，"四川"二字被巧妙地融入图形中，构成一铜鼎的图形（图4-129），形象生动。铜鼎是我国主要传统文化符号之一，是青铜文化的代表，是文明的象征，其丰富的内涵表现了四川博物院的地域特点和文化属性。

图 4-129　四川博物院的标志

（二）传统元素

文化的发展是一种传承，中国老祖先在各个不同的历史时期创造出的各具特色的图案形式，天真浪漫的彩陶图案描绘先民们的生活场景，神秘莫测的饕餮纹饰是奴隶社会权势和神秘力量的象征，厚重而浑朴的瓦当图案将美学悄无声息地注入生活的东方智慧。这些图案作为手工业时代的产物，虽然存在着很大的历史局限性，但纵观现代设计的各个领域，传统图案的作用功不可没，传统图形在当代博物馆形象设计中占有重要地位。南京博物院的Logo以印章的形式来表现历史悠久的中国传统文化和南京博物院的内涵（图4-130）。院徽图形由印章、汉字"南"和"中"以及回纹等符号变化而来，印章中的回纹又似江南园林的窗格，整体造型简洁又形象生动、富含文化寓意。

（三）博物馆建筑外形

当某一汉字或者传统元素无法全面概括博物馆特点时，可以选择从博物馆的建筑外形入手设计标志，很多国外博物馆就是如此，鉴于

图 4-130　南京博物院的标志

图 4-131 国家博物馆的标志

图 4-132 湖北省博物馆的标志

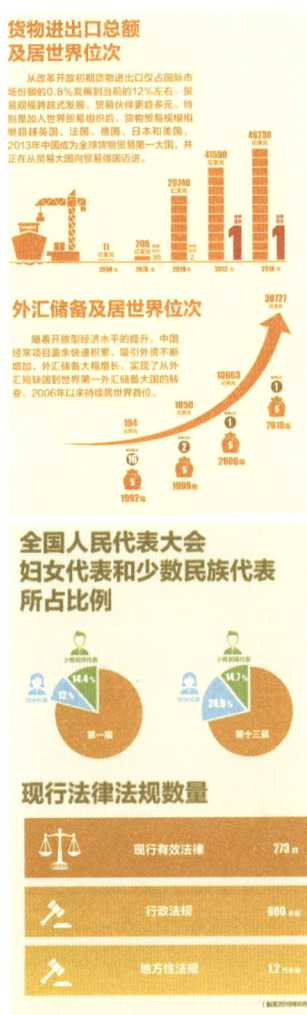
图 4-133 图表设计

博物馆的特殊属性，博物馆的建筑往往成为当地标志性建筑，其本身也具有特殊的意义。中国国家博物馆的Logo形象就来自展馆建筑的西立面（图4-131），其以简洁的线条勾勒出国家博物馆的主入口及其柱廊，给观者以庄严、稳重的视觉体验。

（四）博物馆的主题元素

标识系统可以与博物馆展示主题元素相结合，对于观众来说直观明了，识别度高。湖北省博物馆的Logo形象是对其镇馆之宝——曾侯乙编钟的提炼（图4-132），Logo两侧编钟轮廓线条的重复，仿佛是敲击编钟后的余音，颇有兼具视听效果的想象空间。

七、图表设计

图表是将信息可视化的一种表达方式，能使复杂问题简单化，以直观方式传达抽象信息，使枯燥的数据转化为具有人性色彩的图表，从而抓住观众的眼球。

在博物馆版面设计中，往往会有大量的图表出现，以便减少说明文字，使观众一目了然，并且节省阅读的时间。优秀的图表设计必然会吸引观众，取得事半功倍的效果。设计的目的决定了图表设计的形式，按照形式特点我们常把图表分为关系流程图、叙事插图、树型结构图、时间分布图等类型。无论何种类型，都是运用列表、对照、图解、标注等表述手段，使视觉语言最大化地融入信息中，使信息的传达更为直观化、图像化、艺术化（图4-133）。

图表设计包括以下几大要素。

（一）基础图形创意

在设计中，基础图形创意是重中之重，柱状图和饼状图是最常用的两种基础图形，但是简单的几何形态很难给人设计感。而通过对基础图形的创意来突出设计主题，才能达到事半功倍的效果。图4-134中左右的内容是完全一致的，但右图即使观众不详细阅读也可心领神会其主要内容信息。

（二）高吸引度与视觉亮点

设计师需要通过设计让观众以最直观的方式去理解作品所要传达的信息内容，高吸引度与视觉亮点是图表设计的关键。

（三）画面简洁明了

图表设计直观、形象、准确，它的表现手法虽然多种多样，但是在信息传达方面始终要坚持可读性和条理性共存。

（四）视觉导向与秩序

图表的版面设计要充分尊重人们的阅读习惯，当一张图表中包含大量信息时，需要设计者合理地利用人们观看物体时的视线移动规律，将信息顺畅有效地传达给读者。遵循视觉导向规律的设计往往可以提高人们对信息的理解力，给人舒适的阅读感受。反之，则会失去图文重点，让人不解其意（图4-135）。

（五）象征图释

在图表设计中，尽可能少用文字来表达信息含义，用图说话，用图沟通。

信息图表优化了传统的图文阅读方式，可以将枯燥的文字、数据变成美好的阅读体验。在博物馆版面设计时可以多用图表代替文字进行信息传递。

2020年全国31个省市自治区GDP

	国内生产总值	
	排名	按现价计算（亿元）
广东	1	110761
江苏	2	102719
山东	3	73129
浙江	4	64613
河南	5	54997
四川	6	48599
福建	7	43904
湖北	8	43443
湖南	9	41781
上海	10	38701
安徽	11	38681
河北	12	36207
北京	13	36103
陕西	14	26182
江西	15	25692
辽宁	16	25115
重庆	17	25003
云南	18	24522
广西	19	22157
贵州	20	17827
山西	21	17652
内蒙古	22	17360
天津	23	14084
新疆	24	13798
黑龙江	25	13699
吉林	26	12311
甘肃	27	9017
海南	28	5532
宁夏	29	3921
青海	30	3006
西藏	31	1903

注：数据来自各省统计局官方网站。

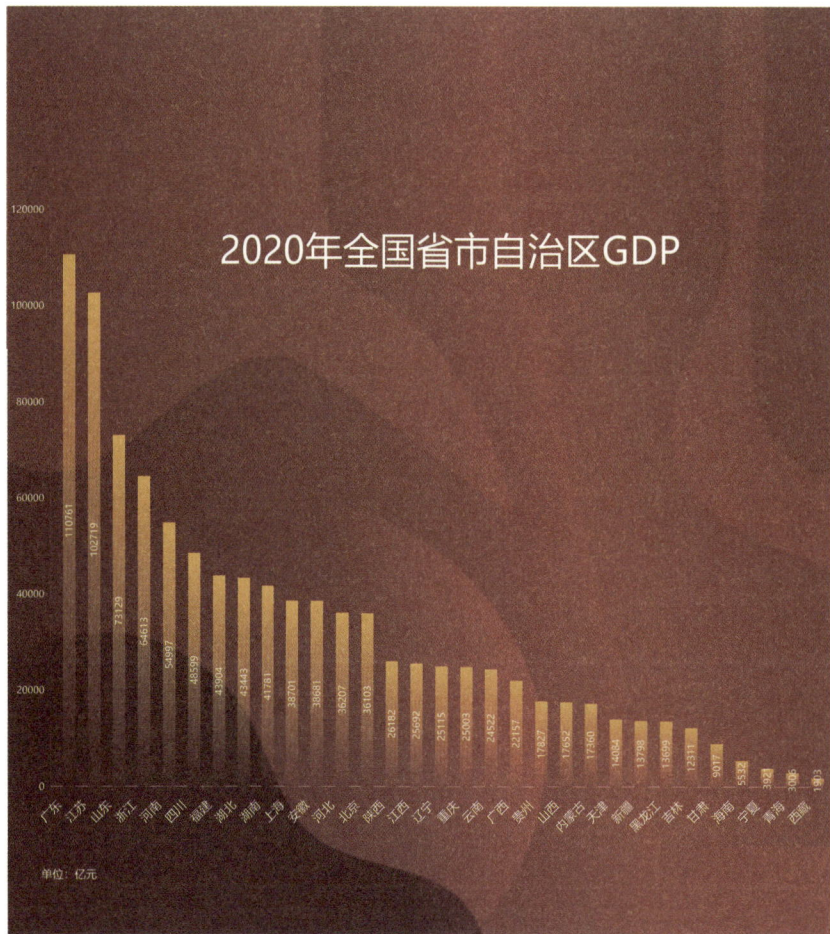

图 4-134 基础图形创意

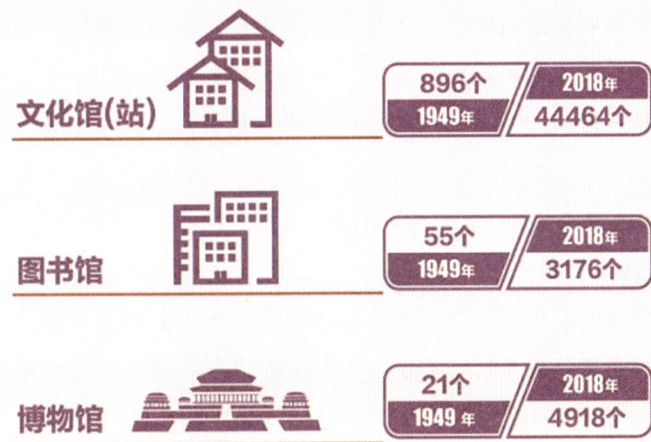

文化馆（站）、公共图书馆、博物馆数

现代公共文化服务体系建设不断加强，文化民生得到更多关注和政策支持，人民群众基本文化权益获得有效保障，"县县有公共图书馆、文化馆，乡乡有综合文化站"的建设目标基本实现，覆盖城乡的公共文化服务体系初步建立。

文化馆(站)　896个 1949年　2018年 44464个

图书馆　55个 1949年　2018年 3176个

博物馆　21个 1949年　2018年 4918个

图 4-135　视觉导向与秩序

第十一节

博物馆展示的照明设计

没有光的照射，在黑暗的环境中，展示内容将无法传递，人们只能通过触觉和嗅觉去感知展示信息，所以光对展示设计十分重要。光可以使人看到物体，光作用于物体，可以体现出物体的色泽，显示出有变化、有层次的明暗效果。光线可以勾勒出展示空间的结构与形态，观众通过光线来识别展示空间中的各个展品以及各种造型形态。展示设计中光的作用不仅局限于照明，它的应用范围也越来越广泛，可以传递许多用语言文字无法表达的内涵信息。

博物馆展览中的照明，不仅是物体亮度的显示，而且是展品的艺术呈现。照明设计既要符合博物馆科学用光的要求，又要按照美学法则用光，让光照与物体在互相映衬中产生美感。例如，光量的大小，光色的强弱，光源的方向，都要从科学与美学的结合上来应用，以利于突出展品形象的特性与美感。

照明设计是博物馆形式设计中重要的环节。一般会根据展品内容和展陈方式选择不同的光源以及灯光的照射间距、高度、角度、亮度和色温等，并需进行精心的计算和调试，避免炫光、干扰光、过滤紫外线等。

一、博物馆展示空间的照明方式

常见的博物馆展示空间的照明方式按照光源不同，可分为自然采光、人工照明和混合照明三大类。自然采光是指直接利用太阳光进行空间照明，如建筑采用透明顶棚、高侧窗等（图4-136）。人工照明指使用灯具进行照明。混合照明是指自然采光与人工照明相结合的照明形式。

（一）展示空间的自然采光

1. 自然光的优点

采用自然光照明不会产生消耗能源，自然光的显色效果好，可以保持展品色彩的真实性，避免人工光产生的一定的色彩失真现象。自然采光的展厅一般都有较大面积的玻璃窗式采光口，便于自然通风，保持室内空气新鲜。

图4-137是赫尔佐格和德梅隆事务所设计的位于美国长岛的新帕里什艺术博物馆，内部空间简约自然。简洁的内部结构形态，裸露的未经处理的木质屋顶与白色的墙壁，配以柔和的自然光线，使整个展示空间显得明亮而又原生态感十足，还可以营造照度良好的观赏空间。

图4-138是由路易斯康设计的金贝尔艺术博物馆。其最大限度地利用自然照明博物馆在拱形建筑的顶部开了0.9m宽的通长天窗，再在天窗的下方设置了人字形的铝制穿孔板制作的光反射板，反射板将自然光线反射到拱形天花板上，既能提高整个展示空间的亮度，又不会直射到空间中的展品上，达到了理想的光照效果。路易斯康认为设计

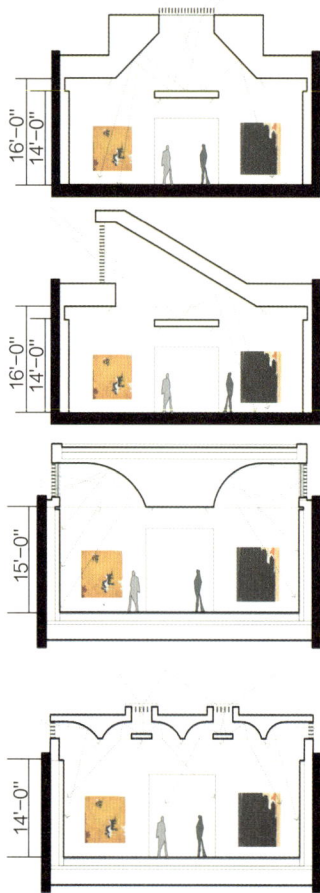

图4-136 自然采光方式

图4-137 新帕里什艺术博物馆的自然采光

图4-138 金贝尔艺术博物馆的自然采光

空间就是设计光亮，自然光是唯一能使建筑成为建筑艺术的光，而金贝尔艺术博物馆就是路易斯康对光的运用理念的最好体现。

让·努维尔设计的位于阿联酋的卢浮宫阿布扎比分馆（图4-139），非常重视自然光的利用，整个内部空间明亮通透。在博物馆建筑的正上方，努维尔设计了一个具有传统阿拉伯建筑特色的大穹顶。直径达180m的穹顶构造参考了当地一种十分有效的使用棕榈叶编制而成的传统被动式降温屋顶的做法，采用两层金属结构交错而成，自然光可以透过网格洒落到内部空间，使内部空间如同在下阳光雨。在这个展示空间中，光的作用不仅是用来照明，更多的是传递一种展览信息，营造一种静谧、安宁的气氛。在这个空间中，光与影相结合，随着时间的流动不断地发生变化，人处在这个温馨、安静的环境中，仿佛可以和大自然对话。

图 4-139 卢浮宫阿布扎比分馆自然采光

2. 自然光的缺点

（1）要利用自然光，就需要在建筑墙面上开设采光口，可能使展览失去一些宝贵的完整墙面，影响展厅的使用效率，同时也增加了不安全因素。

（2）自然光不容易控制，不能改变照射方向，不便于在设计时进行造型立体感处理，对于展品会失去一个重要的表现手段。

（3）自然光量不可调节，需要光源重点展示的展品，对采光口的要求有诸多限制。

（4）自然光中紫外线较强，不利于文物保护。而有直射光的位置又不能布置展品，这样会降低展厅利用率。

（5）当使用玻璃展柜时，为保护展品，柜内照度应控制在150～200 lx以内，而采光口周围的照度会达到5000～6000 lx。这样会使柜内照度低于柜外照度，从而形成"眩光"现象，室内其他带有玻璃质表面的展品和设备也会产生耀眼的反光这样会影响观众参观。

所以，自然光一般设置在不用布置展品的序厅和公共空间。

（二）人工照明

人工照明主要是通过照明灯具对展示空间进行照明，根据照明的方式不同可大致分为直接照明、间接照明和装饰照明；根据照明范围又可分为整体与局部照明两种。

1.直接照明

直接照明是最普通和常见的一种照明方式，大多采用顶部照明的方式，将光源直接投射到展示工作面，照射面积大，遮挡性小，照明度好。常见的灯具有筒灯、射灯、灯带、光棚等（图4-140）。

15° 光束角展示　　60° 光束角展示

图 4-140　直接照明

2.间接照明

间接照明是使光线通过折射或漫射的方式投射出来，一般利用反射光槽将灯光反射出来。间接照明的特点是光线柔和、层次感强、无眩光，有很好的表现力，一般用来创造环境气氛和一般性照明（图4-141）。具有照明、装饰双重功能。

3.装饰照明

装饰照明在博物馆展示设计中主要起到美化空间同时呼应展览主题的作用（图4-142）。

4.整体照明

整体照明也称基本照明，它的作用是照亮整个空间，可以根据展示主题的需要创造一定的风格，还应该考虑灯具的显色性。基本照明

图 4-141 间接照明

图 4-142 装饰照明

图 4-143 展柜内照度大于基础照明

图 4-144 整体照明明亮的展示空间

的明亮程度要适当，避免观众在进入展场时产生严重的明暗适应，引起反感心理。

通常情况下，为了突出展品，加强展品与其他区域的对比，基本照明通常控制在较低照度水平之下，除了某些区域为了有意识地引导观众和疏导人流，利用灯光的强弱做一些示意性的照明外，其他区域的基本照明都不超出展品展览区域的照明亮度。通常基础照明与展品照明的亮度对比以1:3为宜，展柜内照度为基础照明的2～3倍（图4-143）。

展厅整体照明的光源，通常采用灯棚、吊灯或直接使用发光吊顶，也可以在沿展厅四周设置泛光灯具。

在一些成就展或企业展主题的展厅，整体照明可以不采用较低的照度水平，以创造明亮的展厅整体氛围为宜，呼应展览主题（图4-144）。

5.局部照明

局部照明又称重点照明，与整体照明相比，局部照明具有更明确的目的，即根据展示设计的需要，最大限度地突出重点展品。采用局部照明时，一般展品部分用射灯，在展柜内设置照明灯具（图4-145），在展柜、展台上部设置射灯等。

如果展柜较矮，需俯视参观，也可利用底部透光来照明（图4-146）。

展墙、展板和书法绘画等展品的照明通常采用垂直照明方式。一种是采用设在展厅上方的射灯，可以用安装在展厅天花的滑轨来调节灯的位置和角度，以保证灯的照明范围适当，并使灯的照射角度保持在30°左右（图4-147）。另一种照明方式是在展板的顶部设置灯檐，内设灯管（图4-148）。二者相比，前者聚光效果强烈，适用于书法、绘画、图片、艺术作品或其他需要突出的展品；后者光线柔和，适用于文字说明等的照明。

展示实物时有时要求体现其立体的效果，可以采用射灯、聚光灯等聚光性较强的照明方式，可在展台上直接安装射灯。灯光的照射不宜太平均，最好在方向上有所侧重，以侧光来强调物体的立体效果（图4-149）。

对一些需要防止紫外线破坏的珍贵展品，如油画等珍贵艺术品等就必须选用不产生紫外线的光源，或在灯具前加装滤色片滤去紫外线，

图 4-145　柜内设灯具

图 4-146　底部透光展台

图 4-147　射灯

图 4-148　灯檐

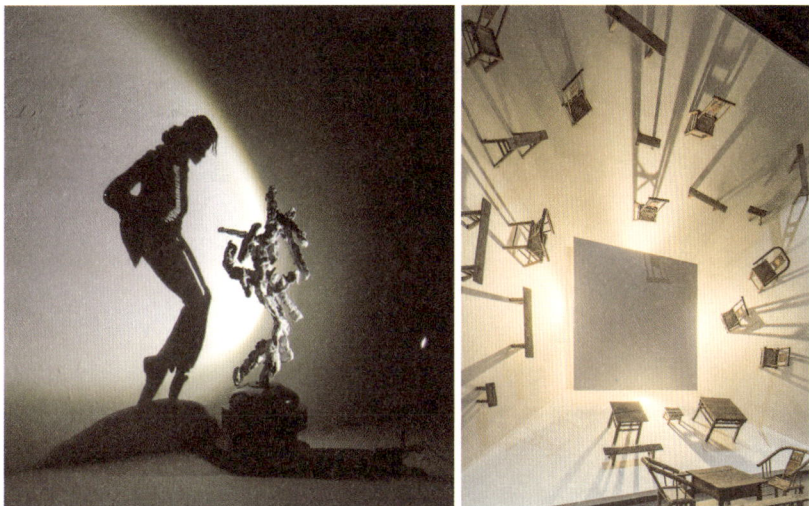

图 4-149 侧光

以确保展品安全。选择安全的照明方式不仅可以保护展品，还可以避免火灾的发生。

博物馆展览的照明环境，不但要使观众能够清晰观赏展品，还应该给人们以舒适的感觉，因此需要有人性化的照明环境设计。

（三）博物馆展示空间对照明的要求

博物馆展示空间对照明的要求主要有以下几点。

（1）光色要准，不能偏色。

（2）光源不含紫外线。

（3）照度分布要合理，当观众观看展品时，可以用重点照明来集中视觉，以提高参观效率。展品区照度应高于观众区照度，这样才有利于观看，观众的注意力才能集中。展示照明应使展品表现得非常突出，而其余的空间环境可以比较淡化。

（4）注意避免眩光和反射光。视野中的物体亮度过高，或者与背景之间的亮度对比较大，会产生眩光给观众带来刺目的感觉。另外，自然光展厅的采光口也是形成眩光的因素之一，应注意做好相关处理工作。

（5）舒适的光照方向。展览中多立体展品，为表现立体感，光线应有一定的方向。

（6）贵重文物易损，展品的灯光需专门设计。

（7）设计中需考虑通风、散热、防火、防爆、防触电等要求。

（8）合理的照明标准。照明是有标准的。展厅的照明标准，可用光照强度来衡量。在某一展厅或某一特定空间内，可取光照强度的平均值来表示其照明标准。常用的方法是在离地面高0.85m处的水平面上测出光照强度。国家文物局在《博物馆照明设计规范》中提到：灯光需考虑照明度、防紫外线、防红外线和色彩渲染。对于重要文物与高敏感度展览品（如丝、棉、麻等易褪色的纺织品），最大照度为50 lx；对于光敏感的展览品（如油画、漆器、骨制品等），最大照度为150 lx；对于光不敏感的展览品（如青铜器、金银器、瓷器等），最大照度为300 lx等。

二、光的作用

物理层面上，光可以分割空间，引导观众参观；情感层面可以利用光来烘托展示氛围，表现不同的展览主题。

（一）导向作用

展示空间中的光具有导向的特性，可以使用灯光作为引导，增强展示空间的流动感，观众在参观时，跟随光的引导，到达重点照明的投射区域，往往是重点展示区域。

如丹麦海事博物馆内部的照明设计采用了整体照明和重点照明相结合的方法，蓝色的背景照明给观众营造出仿佛置身海洋般的整体氛围（图4-150）。展品采用重点照明，可吸引观众的视线，也可引导观众的参观动线。图4-151是以世界大战为主题的展厅，鱼雷与尖锐的金属片挂在空中，倾斜摆放的船的模型以及各种图片和史迹，在灯光的映衬下令人触目惊心，充分显示了战争的残酷。图4-152空间中的重点照明投在红色的灯塔上，使它自然成为空间的中心亮点，同时也

图4-150　丹麦海事博物馆的照明设计

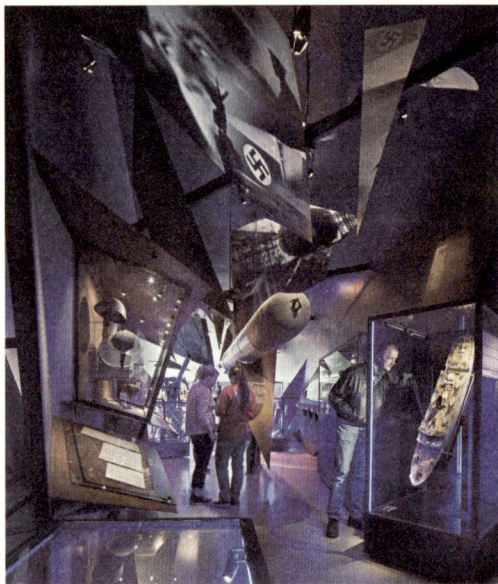

图4-151　以世界大战为主题的展厅照明设计

吸引观众靠近。

扎哈·哈迪德建筑事务所设计的乐家伦敦展厅（图4-153），灯光在这里既起到视觉导向的作用，又形成了富有韵律的虚实变化。展厅空间整体照度较低，每隔一定距离的展品采用较亮的局部照明，使局部区域变得明亮，明暗的对比强调了展品的视觉焦点作用，使展品的轮廓更鲜明，更好地吸引着观众的眼球。

（二）光的情感作用

照明设计可以创造各种富有感情色彩的光环境，以烘托展示主题

图4-152 光的导向型

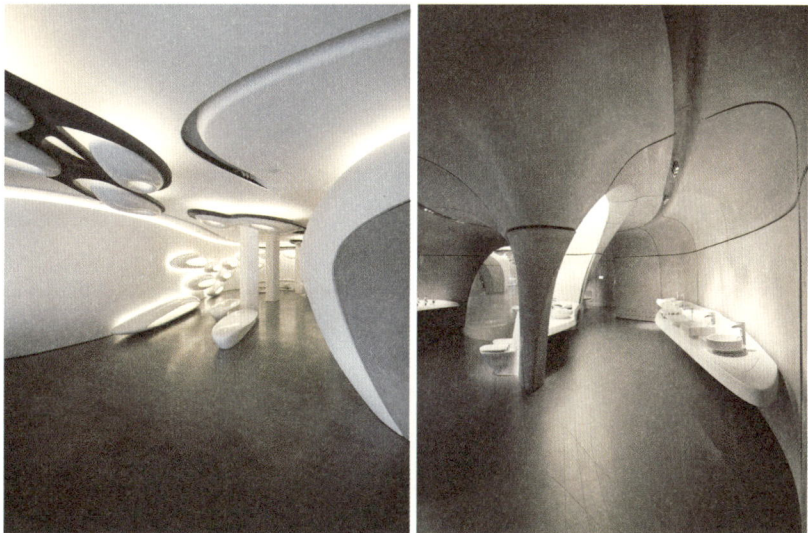

图4-153 伦敦乐家展厅的照明

与氛围。光的强弱、色彩对人的心理会产生不同的影响。一般而言，亮度分布比较均匀的光环境会令观众感到愉快；如果亮度差别过大，就会引发观众视觉疲劳；如果亮度过于均等，会使展示空间产生呆板、单调的负面效果；明亮的光可以令人心情放松，给人一种舒适愉快感，明亮的展示空间也会给人开阔宽敞的印象；较暗色的光照环境会有一定的重量感，给人稳重的感觉；强烈的光线容易使人兴奋，而柔和的光则使人放松并感到温馨、舒适、安静。

博物馆展示照明设计的目的是既要满足观众观看展品的需要，又要保证展示的效果，渲染出符合展示主题的艺术氛围。在进行博物馆展示空间形式设计时，切不可将整个空间设计成一个灰度，没有重点。例如，重点的标题板、展品、展柜照明要亮，其余区域则稍微暗一些，以突出重点，空间有光影变化效果才会显得立体、生动。同时灯具的布置和排列形状也可以配合形式美法则来布置，以美化空间。但是切记灯具和灯光是辅助展示空间设计的，不要过于炫目、明显。

思考与练习

1. 从形式美法则的角度，分析你所看到的一个博物馆展厅的设计案例。

2. 从展览框架内容、平面分区、参观动线、人体工程学、照明、色彩等方面综合分析一个博物馆展厅设计案例。

第五章
博物馆展示设计案例赏析

第一节

国家博物馆"复兴之路"展览

（一）内容设计

1.展览主题和内容框架

"复兴之路"展览反映的是中华民族复兴的主题，展览紧紧围绕民族复兴展现宏大主题。这一主题与中国近现代历史的主题——为实现民族独立和人民解放与国家富强和人民共同富裕两大历史任务而奋斗是一致的。中国一代又一代仁人志士和人民群众为救亡图存而英勇抗争，尤其是全国各族人民在中国共产党的领导下前赴后继，经过新民主主义革命，赢得民族独立和人民解放，并经过社会主义革命、建设和改革，终于把一个极度贫弱的旧中国逐步变成繁荣昌盛、充满生机和活力的社会主义新中国，这是近代以来历史的主线，也是"复兴之路"基本陈列的主线。围绕陈列主题和历史主线，展览在内容设计上确定了设计思路。

（1）突出主线。展览的结构架构，除序厅和结尾厅外，通过五个部分突出主线，反映民族复兴的主题。

第一部分：中国沦为半殖民地半封建社会。分为"鸦片战争前的世界和中国""帝国主义列强对中国的侵略""中国人民的抗争和觉醒"三个单元。主要展示鸦片战争以来，列强入侵，中国陷入半殖民地半封建社会深渊，中国人民在屈辱和苦难中觉醒、奋起的场景。

第二部分：探求救亡图存的道路。分为"早期救国道路的不同探索""辛亥革命推翻封建帝制""中华民族的新希望"三个单元。主要展示仁人志士历尽千辛万苦，向西方寻求救国真理的场景。十月革命后，中国的先进分子找到马克思列宁主义，建立中国共产党，中国人民的斗争才走上科学社会主义指引的胜利发展道路。

第三部分：中国共产党肩负起民族独立人民解放历史重任。分为"开天辟地的大事变""探索中国革命新道路""全民抗战的中流砥柱""为新中国而奋斗"四个单元。主要展示新民主主义革命时期的场景。以毛泽东为代表的中国共产党人紧密团结全国各族人民，推翻"三座大山"的压迫，实现民族独立和人民解放，建立了人民当家作主的新中国。

第四部分：建设社会主义新中国。分为"中国人民站起来了""确立社会主义基本制度""社会主义建设在探索中曲折发展""国际地位提高与国际环境改善"四个单元。主要展示社会主义革命和建设时期的场景。以毛泽东为核心的第一代中共中央领导集体，团结带领全国各族人民，确立社会主义基本制度，在一穷二白的基础上建立独立的比较完整的工业体系和国民经济体系，使古老的中国以崭新的姿态屹立于世界的东方。

第五部分：走中国特色社会主义道路。分为"开创社会主义建设新道路""开创改革开放现代化建设新局面""开创全面建成小康社会新篇章"三个单元。主要展示在改革开放和社会主义现代化建设新时期，以邓小平理论、"三个代表"重要思想、科学发展观为指导，促进社会和谐，实现经济社会又好又快发展，开创了全面建成小康社会新篇章。

在此架构下，展览以把握主线、突出重点、着眼世界、正确导向、准确生动为原则，以历史编年结合相关专题为架构。每部分中的单元以及单元内各组既有相对独立性，又有严密的逻辑性和连贯性。从总的结构上看，既有历史的分期，又不完全是历史的分期，各有专题侧重，但又相互衔接，层层递进，清晰地展示了中华民族的"复兴之路"。

（2）突出重点。1840年鸦片战争以来的中国近现代史是中华民族由屈辱、抗争，到觉醒、探索、奋斗而走向振兴的历史。在中华民族复兴的历程中，历史事件、历史人物等不胜枚举。展览虽不能面面俱到，也不应简单地罗列史实，而是着重围绕重要人物、重大事件、重大抉择、重大活动和重大成就，集中反映近代以来中国各阶层人民为民族复兴进行的种种探索，特别是中国共产党成立以来领导各族人民不懈奋斗，为实现民族独立，人民解放和国家繁荣富强取得的丰功伟绩和光辉历程。

为突出重点，需要围绕主题合理取舍，如此才能突出重点。例如，展览中出现的人物，中华民族复兴的主体是人。在中华民族复兴的历史征程上，一代又一代仁人志士和人民群众前赴后继，顽强奋斗，谱写了中华民族的光辉篇章。因此，复兴之路离不开无数中华民族的优秀儿女。但限于展线长度，只能表现各个历史时期最具代表性的人物。展览中还设置了三组多媒体触摸屏。分别介绍了新民主主义革命时期和社会主义建设及改革开放新时期的众多英烈和英模，观众可通过触摸屏了解有关人物的信息。

总之，展览的内容设计紧紧围绕着中华民族复兴的主题，最大限度地突出重点。

2.实物展品和展品组合

最能揭示主题的、最具典型性的实物展品往往也最有感染力，最容易成为展览的亮点和看点。以文物见证历史，展览展出了国家博物馆馆藏的1150余件珍贵文物。这些展品的特点主要体现在两个方面。

（1）强化重点展品。见证中华民族复兴之路的文物数不胜数，限于展厅面积，也为突出重大历史事件和历史人物，文物的遴选立足展览主题。选择了1150余件最具代表性和典型性的文物作为实物展品，如林则徐向清廷报告销烟经过的奏折、严复的译作《天演论》手稿、三元里人民抗英的旗帜、中法战争期间清军扼守广西镇南关的布防图、中国人民解放军驻澳门仪仗队使用的指挥刀、北京申办2008年奥运会时签署举办城市合同用笔、多哈会议宣布中国加入世贸组织时使用的木槌等。其中，很多大体量的文物引人注目，如反映世界资本主义最初发展的英国工业革命时期的织袜机、表现帝国主义列强破坏中国主权的租界界碑、表现中国资本主义初期发展的粗纱机及子弹装配机、表现五四运动期间印制宣传品的印刷机、见证航天成就的"神舟"五号飞船返回舱及我国首次从本土向太平洋海域发射的运载火箭仪器舱等。正是因为有了如此丰富的典型文物，加上辅助展品的烘托，才使展览主题鲜明，重点突出，展示内容更加丰满，感染力更强。

（2）注重展品组合。当表达同一个内容、表现同一个事件或人物时，数件或十余件、几十件文物经过形式设计组合起来展示，往往比用一件文物来表现具有更多的信息，更有说服力和冲击力。在"复兴之路"基本陈列中，为了达到突出、强化、震撼的效果，利用馆藏优势，通过精心设计，在展馆多处使用了文物组合的展示手法。例如，三元里抗英、五四运动、武装起义、根据地建设、红军长征、抗战胜利、向往新中国、开国大典、科学春天、港澳回归、申奥成功、极地科考、抗震救灾、航天成就等多组文物展品组合形成了展览的看点和亮点。

3.辅助展品的设计

"复兴之路"展览为艺术地表现宏大的主题突出重大事件，结合内容需要组织创作了美术作品十余件，如油画《清王朝的专制统治》《武昌起义》《旅顺大屠杀》《渡江战役》；雕塑《古代灿烂》《今日辉煌》《为了中华民族的伟大复兴》《苦难的中国人民》《血肉长城》《艰苦创业》等。同时，选用观众难得一见的馆藏美术精品19件，用于加强表现展览中的重大历史事件和重要人物，如《金田起义》《兼容并包》《列宁宣布苏维埃政权成立》《南昌起义》《开国大典》《延安的火炬》《转战陕北》《运筹帷幄》《数风流人物还看今朝》等经典作品。有些油画成为烘托文物和表现主题的重要组成部分，如渡江先锋船在气势如虹的渡江背景油画的衬托和隆隆炮声的音效烘托下，形成生动的展示效果。

（二）形式设计

展览的形式设计主要是利用视觉艺术，使观众通过观看展览感悟展览想传递的各种信息。"复兴之路"展览是国家博物馆的常设展览，展览主题宏大，通过1280余件珍贵文物和870多张历史照片，回顾了1840年鸦片战争以来的这100多年间陷入半殖民地半封建社会深渊的中国各阶层人民在屈辱和苦难中奋起抗争，为实现民族复兴进行的种种探索，特别是中国共产党领导各族人民争取民族独立、人民解放，最终走向国家富强、人民幸福的光辉历程。

展览主题关注中华民族的历史，更关注中华民族的未来，主题宏大，思想性强，逻辑严密。如此深邃宏大的主题和波澜壮阔的历史被浓缩在近6000平方米的展厅，对形式设计有着较高的要求。因此该展览的形式设计尽量避免手段单调，要赋予形式设计以精神内涵，达到形式设计与内容设计的和谐统一，在带给观众视觉享受的同时，也带给观众心灵的震撼，同时感悟展览主题，使观众受到鼓舞和感召。因此，"复兴之路"展览在形式设计上力求创新理念，突出气势，形成大气庄重的设计风格。

1.创新理念

结合宏大的主题，展览在形式设计上进行了创新，尝试将新的理念付诸实践。使形式设计与波澜壮阔的中华民族复兴历史相协调，形成气势恢宏、庄重大气的特点。在整体空间环境设计中，用展墙、通柜、展台、艺术造型、景观、大屏幕、空中连接等系列展示语言构筑了有起伏、有节奏、有光彩、有音响的参观动线，流畅而富于变化。在局部设计方面，注重整体风格的统一而又有所突破，打破了单调，使观众感到与众不同。

序厅左右两侧墙分别是巨幅浮雕，表现古代中国的灿烂文明和今日中国的辉煌成就。斜线、切线的硬边处理使浮雕傲然挺拔，壁画中飞天的柔美飘逸和曼妙律动的线条聚焦了观众视线，而火箭升空更是达到了以有限空间表现无限的时空跨越，将古人的艺术想象和航天技术的发展通过时空进行对接。序厅中央有两根建筑的承重柱，设计师将其设计成为国旗、党旗两面旗帜旗杆的一部分，使承重柱巧妙地融合在主题雕塑中，化解了原建筑结构不利于展示空间表现的因素，又简化了空间元素，使整个空间干净而富有气势（图5-1）。

该展览的形式设计在一些重要的辅助展品的设计上突出了历史氛围。

展览第一部分展示帝国主义列强对中国的侵略和中华民族的屈辱史，取圆明园废墟建筑为形式设计元素，做成近70cm厚的壁式景观并以此作为底图营造整体展示环境。旁边展墙设置光电地图《十九世纪末列强割占领土、设立租借地、划定势力范围示意图》，加强了主题的表现力，渲染了历史的气氛，很有震撼力（图5-2）。

井冈山沙盘展项，将展厅地面进行高低的变化处理，将井冈山LED沙盘与下沉的山体塑型结合，配以投影介绍中国第一个农村革命根据地——井冈山革命根据地的创建过程（图5-3）。形式设计理念的创新使展览的形式设计亮点频出。

开国大典景观前方设置了开阔的广场，选取了1949年10月1日天安门城楼中间的核心部位复原。巨幅五星红旗、开国大典油画、直达天顶的赭红色柱子、牌楼、白玉栏杆等都体现出庄重和大气的氛围（图5-4）。

图5-1　序厅的柱子处理

图5-2　圆明园废墟建筑营造整体展示环境

图5-3　井冈山沙盘展项

图5-4　开国大典展区

2.辅助展品展项多种多样

在创新理念的指导下，展览除采用大量珍贵文物、历史照片外，还立足于展览主题的需要，应用了雕塑、油画、国画、场景、复原、沙盘、电动图表、模型、触摸屏、电子翻书、高清全息投影等多种手段，既丰富了展示的艺术语言，又突出对重点展示内容的表现，更加深刻生动地揭示了展览的内涵，增强内容的表现力和视觉的冲击力，并吸引观众参与其中。

"众志成城——人民战争的汪洋大海"多媒体综合展台的核心部位是中国共产党领导下的19个抗日根据地数字沙盘地图（图5-5）。

三大战役是中华人民共和国建立前夕人民解放军与国民党军队的决战。陈列充分利用展厅约7m的高度，让出独立的空间，重点展示了"渡江第一船"。专门组织创作的巨幅背景油画《渡江战役》气势如虹，精心制作的特定场景音效传出密集的枪声和隆隆的炮声，将观众的思绪带回到中国人民解放军发起"渡江战役"的历史时刻。而经过塑型的地台上长16m的渡江大船在音效配合和背景画面，这些特定情景在历史氛围的映衬下，观赏性增强，使观众如同身临其境，同时凸显了作为"渡江第一船"的重要的历史价值（图5-6）。

在青藏铁路多媒体互动场景中，采用高清投影技术及等比例仿真模拟列车车厢营造了一个正在青藏高原上疾驰的车内环境。观众踏上列车，既可通过车厢内车窗画面欣赏飞逝而过的青藏铁路沿线美景，也可以通过座位上的查询屏了解青藏铁路建设过程中创造出的许多国内外"第一"，还可以坐在驾驶室通过播放控制系统和同步控制系统，获得驾驶列车的感觉。使观众身临其境，体验高原天路的神奇，感受建设者们挑战极限、勇创一流的精神。

3.展品组合

在多组大型实物展品组合中，使用的手法也不尽相同。"科学春天"文物组合采用的是组合式主题照片与文物结合的方式。"港澳回

图 5-5　数字沙盘地图

图 5-6　"渡江第一船"

归"和"载人航天"文物组合则根据内容需要配合了电视或大型投影屏幕播放专题片。

如上所述,"复兴之路"基本陈列以大气庄重的风格以及历史的厚重感、文化的丰富感和鲜明的博物馆特色,彰显出"复兴之路"宏大主题的深邃魅力。全景式追溯了中华民族一百多年来的强国之梦和不懈探索的伟大历程,脉络清晰,重点突出,观点鲜明,史料翔实,气势恢宏,实现了"牢记屈辱历史,不忘探索艰辛"的历史展现。生动地回答了历史和人民为什么和怎样选择了马克思主义、选择了中国共产党、选择了社会主义道路。

4.色彩与照明

"复兴之路"基本陈列的几个部分在灯光、色彩、结构的设计上存在着由繁到简的逐渐变化过程,观众的情绪也被牵动着由压抑走向开朗。在革命历史题材展览的展示设计中,照明设计至关重要,不仅满足观众的视觉功能需要,符合展厅照明的主要条件,也起到烘托展品、创造一定气氛、控制观众的视觉和心理变化、增加观众的兴趣和加强展示效果的作用。为此,设计人员通过几个展厅主色调的逐渐变化(图5-7),从第一部分沉重的灰色,到第四部分建设社会主义新中国部分的红色以及第五部分走中国特色社会主义道路的明快的浅黄色,分别营造出具有各时代特征的历史氛围。

图5-7　各展厅色彩的变化

第二节

王后·母亲·女将——纪念殷墟妇好墓考古发掘四十周年特展

"王后·母亲·女将——纪念殷墟妇好墓考古发掘四十周年特展"是首都博物馆和中国社会科学院考古研究所共同主办的，将考古研究所对妇好墓40年的研究成果，以博物馆展览的形式呈现给观众。

（一）内容设计

1.展览选题

2016年恰逢殷墟妇好墓考古发掘四十周年、殷城遗址入选世界文化遗产名录十周年。妇好墓发掘40年来在中国大陆还未举办过专题展览，妇好墓出土的大量文物未面向社会公众展示。在北京市文物局、中国社会科学院考古所与河南省文物局的共同推动策划下，2015年9月展览开始启动，成为2016年首博春季展览档的重头戏，并且作为纪念首博新馆正式对外开放十周年的特展之一。411件上展文物来自中国社会科学院考古研究所与河南博物院，包括青铜器、玉石器、甲骨器和陶器，其中407件是从妇好募出土的1928件随葬品中精心遴选而来，是40年来首次大规模集中展示妇好墓的出土文物，其中相当一部分玉器是首次展出。

2.展览内容策划与主题确定

1976年河南殷墟发现的妇好墓，是目前发掘的唯一保存完整的商代王室墓葬，不仅出土了1928件精美的随葬器物，更重要的是出土的甲骨文和青铜铭文，向我们揭示了3000年前神秘女性"妇好"的身份。而此前，历史上关于"妇好"的记载是没有的。通过对出土甲骨卜辞和青铜铭文的研究，确认"妇好"既是商王武丁的王后，又是一位率兵出征的将军，还是一位生育过孩子的母亲，这三个身份集于"妇好"一身，这不是传奇，而是真实的历史。

在确定展览主题的时候，从展品角度来说，妇好墓出土文物代表了商代艺术与工艺的最高水准，即使不作具体解释，仅仅"晒宝"就足够引起社会轰动。展览希望借这样的机会向观众展示那一段历史，影响人们的观念，让观众体会到我们的"古人智慧"。

妇好的丈夫武丁是历史上赫赫有名的商高宗，在位长达59年，以文治武功、开疆拓土名垂史册，史称武丁中兴。妇好是武丁的正妻，虽贵为王后，但未见诸古史文献记载。事实上商代后妇均未在史书中留下痕迹，这与《史记》记载的完整的商王世系形成鲜明对比，反映了商代女性的社会地位情况。也正因此，近百年来逐渐发现的有关妇好的200余条甲骨卜辞，才显得尤为珍贵，再现了妇好生活与事迹的多个侧面，尤其是发现她是中国有史记载的第一位巾帼女将、唯一有致祀权的商代后妇，完全颠覆了男权社会的传统女性角色。人物最适合用故事来解读，叙事性的跌宕起伏、起承转合能使展览引人入胜，更何况妇好的故事足以令人大开眼界。另外，由于以往的宣传普及不够，妇好的知名度不高，设计团队通过微信做了一个聚合式调查（指不限于博物馆观众的大众调查，目的是了解大众对展览的欣赏力与理解力，对博物馆及展览的倾向与期望，从而确定博物馆的努力方向），结果显示参与调查的人群中本科以上学历的青年只有16%听说过妇好，由此可知妇好在普通大众中的知名度较低。

神秘、巾帼、有故事、王后等，妇好的几个"标签"为展览设计指出了探索的方向。突破以往英雄人物的"高大全"，让人物回归人性，使观众通过观察另一个普通人的生活产生共鸣和认同。以女性为展览的唯一主角，展览故事与设计均完全从女性视角展开，即使是武丁也只能做配角衬托妇好，从而引导观众反思女性社会角色、关注女性历史。展览不追求历史展惯有的宏大叙事和氛围，以细腻和温婉烘托主题，以妇好的一生为历史剖面，呈现一座辉煌的古都、一个豪迈的王朝、一个英雄辈出的伟大时代，进而揭示中华文明的发展历程。

最终内容策划选取妇好的三个身份作为展览的主题——"王后·母亲·女将"，这一主题高度概括了"妇好"富有传奇的一生。副标题"纪念殷墟妇好墓考古发掘四十周年特展"，点明了展览的专业类型及制作这个展览的初衷。展览内容设计紧紧围绕展览主题"妇好"这个人物展开。

3.展览内容

（1）序言文字与序厅的展示内容。序言是对展览中心思想的高度概括。观众调查结果证实观众普遍反感空洞冗赘的八股式前言，因而展览在序言的内容设计上摒弃了常规展览序言的表述方式，采用设问句的形式，以极为简洁且有形式感的5个句子80余字完成了序言的内容，简洁明了，极其富有新意。

"她是谁？

她叫妇好，是中国有史记载的第一位巾帼女将。

她的丈夫是商王武丁，在位59年，再创殷商盛世。

她居住的古城后来叫殷墟，是中国考古学的"圣地"。

她生活的时代叫商朝，是中国第二个王朝，也是中国有文字历史的开端。"

序厅面积近200m²，主体展品是妇好墓上享殿的建筑复原场景，给予观众强烈的视觉冲击，启发观众的求知欲与好奇心。享殿里陈列着雄伟庄重的司母辛大方鼎，这是妇好去世后她的子女为她铸造的随葬礼器，"辛"是妇好去世后在宗庙被供奉的庙号。重达117.5kg大型重器，不仅可以起到烘托气氛的作用，同时也点明展览主题，展示妇好为人之母的一面。

享殿场景及司母辛大方鼎共同开启了倒叙的叙事语境，引导观众走进妇好生前的时代。

（2）展览框架结构。近年首都博物馆的展览设计团队对观众进行的问卷调查发现，大部分观众对历史文化展的结构复杂程度较为敏感，章节和层次稍微一多，观众的理解和记忆就会明显力不从心。因为大部分观众参观展览不会像看书一样，没看懂或记不清的时候会返回来再看一遍。基于此，妇好展览的结构框架尝试简单化、扁平化。展览主要分为四个单元，依次是"她的时代""她的生活""她的故事""她的葬礼"，概括妇好的传奇一生，之下不再设二级标题，从妇好生活的时代入手，逐步深入展示她作为贵族的生活状态，她作为将领的征战状态，以及她的死后哀荣。

同时，若干主题性小故事如同"散点透视"串联起展览线索，力求以简洁通俗、富有节奏的展览主线给予观众舒适、轻松的参观体验。

第一单元"她的时代"主要介绍商王朝的起源、商文化的面貌。单元的中心区域展示了四块殷墟出土的武丁时期甲骨，辅以"结绳记事"装饰、动画影片，诠释甲骨文作为目前已知最早的成熟汉字所具有的重要意义。除了这四块甲骨，展览的其他展出文物均出自妇好墓，因此主要依靠挖掘这些文物所蕴含的历史文化信息呈现商代的风貌。例如，以玉鸟介绍商族的起源传说，以玉象揭示商代温暖湿润的地理环境，以玉人辨析商人不同等级的衣冠服饰，以青铜礼器组合解读商人笃信鬼神、嗜好饮酒的风尚。再辅以图版介绍当前有关商史与考古发掘的前沿成果。与序厅浓郁的人物气质相反，本单元基本不提妇好，从而与后续内容构成了连贯的倒叙故事。

妇好从第二单元"她的生活"开始正式登场。主要通过展示有关妇好的甲骨卜辞拓片、妇好墓出土的成组铜礼器、精美的饰品及生活用器展示妇好的家庭、宫廷生活。甲骨卜辞着重以武丁为妇好的生育、疾病等事由占卜为切入点呈现妇好作为妻子、母亲的一面，文物展示则重点渲染妇好对饰品的品位、对古玉收藏的偏爱等方面，使妇好作为母亲、妻子、王后的形象渐趋丰满。

第三单元"她的故事"主要通过介绍妇好掌控的军权与致祀权，展现妇好不让须眉的特质。"国之大事，在祀与戎。"祭祀与军事在中国古代被视为政权根本，为男性所垄断。本单元展出了妇好墓出土的以大铜钺为代表的大批铜玉兵器。以玉礼器为代表的祭祀器具，与甲骨卜辞拓片相互印证，证明妇好既是中国有史记载的第一位巾帼女将，也是目前已知商代唯一有致祀权的女性，为妇好的形象增添了光环。

第四单元"她的葬礼"为妇好的传奇故事画上句号。对观众来说，本单元展示的文物从外观上与前述单元可谓大同小异，但在具体文物的遴选和解读上，观众看到的则是妇好家人、臣属对她的不舍与追思。本单元复原了妇好墓室，以多媒体技术重现妇好墓的埋葬过程，通过没有墓道的独特墓室结构，紧邻宫殿池苑区的选址，在填土中层层掩埋随葬品的复杂葬制，从另一个角度再次强调了妇好在丈夫、家人心目中的地位。至此，展览完成了对一位伟大而又普通的女性的叙述。

妇好墓的考古发掘经过，在尾声部分才向观众披露，与序厅互为呼应。通过考古学家郑振香女士执着探索从而揭开妇好墓惊世发现的故事，进一步启迪观众思考女性的历史贡献。尾厅将展览立意从妇好墓延伸到文化传承、文化遗产保护上。殷墟不仅有妇好墓，更重要的是发现了大量都城建筑遗址和以甲骨文、青铜器为代表的丰富的文化遗存，系统展现了中国商代晚期辉煌灿烂的青铜文明。

（二）形式设计

作为3000年前的神秘女性"妇好"的展览，其展厅的形式设计既要体现妇好特殊的身份，又要表现商文化的特质，同时充分展示妇好墓考古发掘40周年的研究成果，让形式设计完美地诠释展览文本的内容。图5-8为展厅平面图，根据展览的内容设计，将展厅按照展览框架和各部分的展示内容的多少进行空间规划和平面分区。

1.色彩与装饰

作为女性视角的展览，展厅色调以暖色为基调，营造女性宫闱的氛围。在贯穿展览的金色主色调下，用金色珠帘和红色帷幔勾勒出具有女性特征的空间各单元。根据各单元主题，在壁纸、垂幔等细节上寻找变化，渲染主题（图5-9）。

以丰富的装饰为观众勾勒出具有时代特征、女性特征的空间氛围和心理氛围。金色金属珠帘是贯穿展览的基础装饰，以垂柔的线条、厚重的质感、若隐若现的视觉特性，为展厅奠定了柔媚、华贵、含蓄

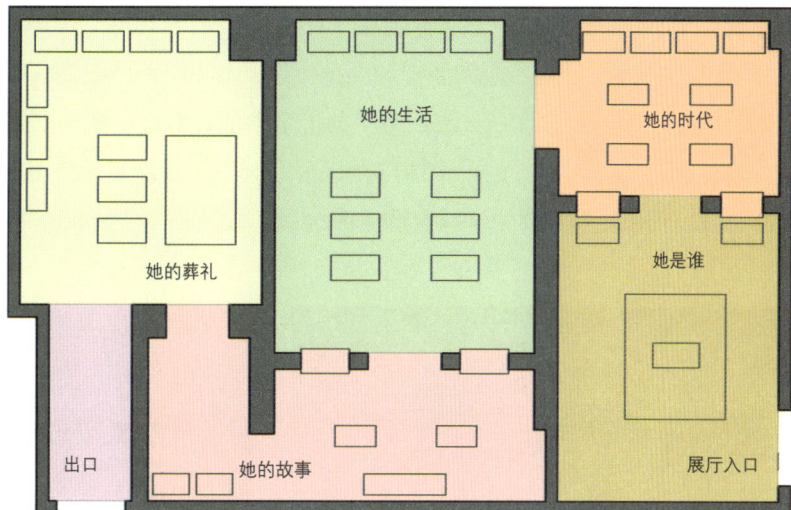

图 5-8 "王后·母亲·女将"特展平面图

图 5-9 展览的色彩与装饰

的基础气氛。根据每单元内容选择商代典型的文物纹饰、甲骨形制、结绳记事等设计手法，表现商文化崇信鬼神的传统和蛮荒的风情氛围。序厅享殿地面铺装的麻质地垫，"她的时代"以麻绳垂挂"结绳记事"，"她的生活"吊装的红色帷幔、墙柜背板挂衬的竹帘等装饰，都在不经意间以古朴的材质、具有暗示效应的色彩辉映各单元的主题。

在序厅按1:1比例复制享殿（图5-10）。享殿是建在妇好墓地面上的一座建筑，是妇好后代祭奠她的地方。享殿周围悬挂金色珠帘，与红色享殿组合（图5-11）。

2.标题版设计

一个展览的主题和单元标题设计尤为重要，妇好墓展的主题和单

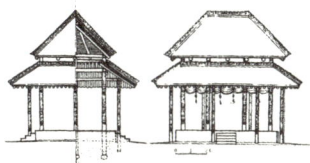

图 5-10 享殿还原图

元标题都充分利用"文物"。展览名称"王后·母亲·女将"两侧以文物的纹饰做透光处理，起到装饰和突出主题的作用（图5-12）。前言部分用代表性文物"虎嗣人头铜钺"的造型做前言背板（图5-13）。单元标题板使用代表甲骨的龟甲造型做背板，利用展厅层高优势将其高高悬挂，前面用金色珠帘垂挂装饰（图5-14）。

图 5-11　序厅享殿

图 5-12　展览名称

图 5-13　前言版与文物"虎嗣人头铜钺"

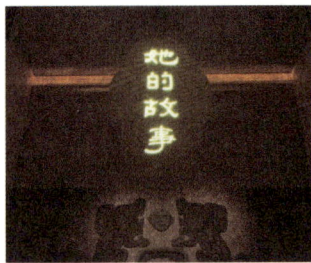

图 5-14　龟甲造型的单元标题版

（三）细节设计

妇好墓出土的200多片甲骨，记载了武丁为妇好占卜疾病、占卜生育等内容。在第二单元用甲骨造型做成小巧的暖色壁灯，上面是甲骨文的释读内容，既突出妇好墓出土甲骨的价值，又便于观众解读甲骨文，同时制造出女性闺房的氛围，一举三得。在展示青铜酒器展柜的外围，仿制同等重量的辅助展品，供观众触摸互动，与文物对话（图5-15）。200余件玉器是妇好所戴的发饰配饰，小巧精致。微小文物的传统展示方式是放置放大镜，但设计团队认为放大镜会破坏柜内的整体美感和设计感，降低视觉舒适度。为此，在"她的生活"中所展示的两百余件精美的小件玉质、骨质饰品都定制了六个两面看立柜，展柜厚度仅有60cm（图5-16），并为每件展品量身制作展托，展品距离观众视线最近只有10cm，使每一面展示的文物距离观众眼睛很近，配以舒适的光源，不需要放大镜也能欣赏文物的细微之美。

图 5-15　观众感受辅助青铜器展品的重量

1.场景还原、多媒体技术的应用

在序厅，可以看到墙上一只飞翔的凤鸟引导观众向展厅内走去，这是以妇好墓出土的著名玉凤为蓝本绘制的8帧定格图片，用Logo灯投射在墙上形成了动态图案（图5-17）。再向内走去将看到一部20秒动画投影，妇好金文先幻化为墙上的扫带、一位贵妇怀抱幼童，再变为今天的汉字（图5-18），准确而又富有趣味地揭示了妇好两字的演变和含义。序厅的多媒体展项片长很短，不至于造成拥堵，但对于烘托展览气氛、调动观众情绪的作用不容小视。

图 5-16 定制双面观看小件展品展柜

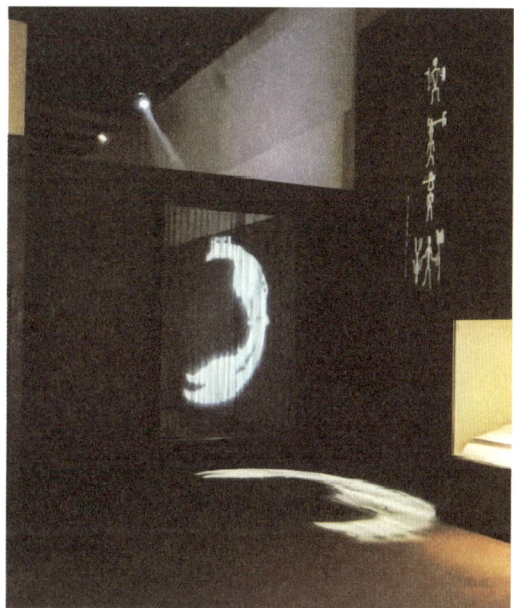

图 5-17 玉凤投影

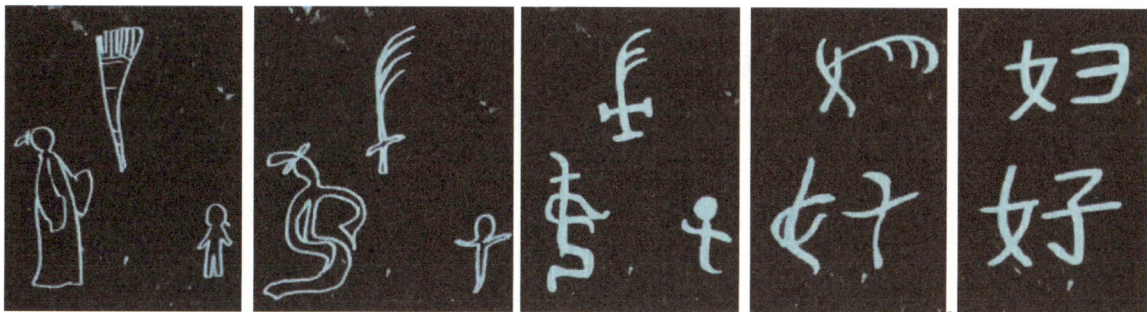

图 5-18 "妇好"图文演变

第一单元"她的时代"入口墙上设置了一部大幅电子沙盘（图5-19），以古朴的古地图为底图，动态演示夏、商、周三代的疆域变化与都城迁徙。在甲骨展柜之侧的墙上是一部两分钟投影，将一个个甲骨文制成动画，在传统山水画的背景下演示甲骨文的字义以及与今天汉字的对应关系。动画创意新颖、制作精致、画面优美。

第二、三单元"她的生活"与"她的故事"已进入展览高潮，文物丰富，因而多媒体点位设置较少以免喧宾夺主，仅在两个单元各设置了一部液晶电视，精选了40件纹饰精美的小件玉器、骨器放大播放，作为文物的辅助展示手段。

第四单元"她的葬礼"，为再现妇好的隆重葬礼，展览复制还原了妇好墓坑的场景（图5-20）。同时，要诠释妇好墓随葬品从填土到腰坑多达八层的葬制，多媒体是最佳方法。为制作这段多媒体，博物馆采取了电视播放 3D 动画 +VR（虚拟技术）眼镜相结合的形式进行展示。15个 VR 眼镜的内容是模拟观众站在墓室外远眺周边的宫殿、池苑环境，向墓室内俯瞰可自主选择观看八层随葬品，观众站在墓室三面位置不同、视角也不同（图5-21）。不习惯 VR 眼镜的观众可以观看空中吊挂的四部大屏幕电视播放的3D动画。两部播放妇好墓选址、挖墓、下葬、建享殿的全过程，两部自动播放 VR 眼镜内的八层随葬品画面。墓坑复原与序厅的享殿复原相呼应，进一步强化了妇好墓的重要性。

另外，展览的文物导览信息和下葬视频均可通过微信扫码形式下载观看。文物信息导览下载后提供语音和文字两种导览形式，从而取代了语音导览器。

2.照明

文物展品的灯光照明在满足立体纹饰展示的前提下尽量减少黑影，尤其是巧妙地利用漫反射减轻了青铜器下腹部的阴影。光源选择上尽

图 5-20　妇好墓坑还原

图 5-19　电子沙盘演示当时
疆域变化等内容

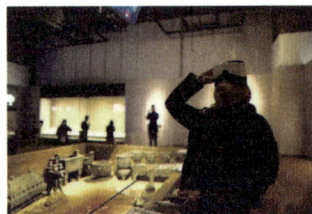

图 5-21　VR 演示

量使用卤素灯，因为卤素灯的光谱范围比LED灯更适合本展览的文物，同时也是为了使色温与展厅的暖色调保持统一风格。

3. 展示道具

小件玉骨、扁薄青铜文物尽量竖立或固定在大坡面上展示，这样更符合人们的观赏习惯。部分玉器精品不但竖立展示，还固定在随形定制的亚克力衬板上实现两面观看，让穿透玉器的光线烘托玉器的莹润质感（图5-22）。为此，部分墙柜制成两面柜，既满足观众的多角度欣赏需求，也使展厅在视觉上形成了多条通透的轴线，提高了参观舒适度。

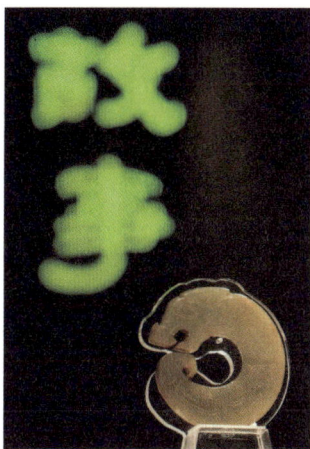

图5-22　亚克力衬板支架

通过展厅内地台的设置，使部分青铜器两面柜的文物展示高度"可调"，观众既可在展柜一面欣赏正常高度的青铜器外观，还可在另一面站在地台上俯瞰青铜器内侧的奥秘。

第三节

中国农业博物馆"中国传统农具陈列"

"中国传统农具陈列"是中国农业博物馆特色的专题陈列之一。

中国农业文明源远流长，是中华民族传统文化的重要组成部分，农业文明的发展变化极大地推动了中华民族传统文化的发展变化。古代人民发明创造了许多丰富的农业科学技术，传统农具是其中之一。传统农具作为中华农业文明的载体，见证了中华农业文明的灿烂与辉煌。我国农具经历了一个不断丰富发展的过程，在材质上，由木石发展为青铜，进而发展为铁制。在功能上，从原始的掘挖、脱粒发展为整地、播种、中耕、灌溉、收获、加工及收藏等多种农具；在动力上，由人力发展为畜力、水力，由简单发展为复杂。传统农具的发生发展，从一个侧面反映了我国优秀的传统文化和科技文明成就，同时，也反映了人类文明和智慧的进化。

（一）中国传统农具的特点

中国传统农具的具体器型、色彩、展品的尺寸，给陈列的形式设计增加了不小的难度。这是中国传统农具的特点决定的。

1. 就地取材

中国地域幅员辽阔，植物类型丰富，这为传统农具的制作提供了广泛的原材料，同时，也造成了传统农具的用材千差万别。同一类型锄的木柄，可以是竹制的，也可以是木制的，同一犁的木质部分可以是枣木、柳木，也可以是松木、楝木。这与不同地区农民生活环境周围的植物类型有着千丝万缕的联系。另外，农民在制作传统农具时，常常利用植物的自然形态，如犁辕、杈、扬钩、杵等，就地取材也就成了传统农具的一大特点。

2. 尺寸不一，没有标准

中国传统农具的制作，常常是手工业制作，而且常采用师徒传授的形式。不同地区、不同农业生产环境、不同的地域文化、不同的匠人制作，其传统的农具的尺寸也不一样，因而在全国范围来讲，没有统一的标准。但是，在一个较小的区域，比如某个村或某几个村，一个乡或几个乡的传统农具尺寸是有一定的标准的。

3. 形状千差万别

由于中国传统农具具有就地取材、尺寸不一的特点，造成中国传统农具的形状千差万别。同一种锄有宽刃、窄刃、尖嘴、直刃、凹弧形刃、凸弧形刃等类型。同一种犁有直辕、曲辕，长犁床、短犁床、无犁床，有犁壁、无犁壁、木犁壁、铁犁壁、铜犁壁等类型，这些就造成了中国传统农具的千姿百态。

（二）展示设计构思

博物馆是面向社会大众开放，应该给予人们准确、科学、真实的表达，使人们在休闲、身心愉悦中获取一定的知识，不能给社会公众错误的信息。因此，展示内容的科学性、真实性是基本的要求，也是最重要的要求，必须在科学、准确、真实表达的基础上做形式设计。

"中国传统农具陈列"以实物陈列为主。展览选用的展品是农业博物馆研究人员在二十多年的田野调查、收集、整理、研究的基础上，从全国各地征集4000多件不同功用、类型、式样的传统农具中精选出的文物展品150余件。

但是即便实物如此丰富，对于一个展览来说光靠农具本身的信息荷载量是远远不够的。因此展览从农具与农业生产的关系、农事活动入手，以中国农业史和中国传统农具发展史最新研究成果为依据，通过传统农具横向的展示和农业史料的纵向描述，以及大量的图片、模型、雕塑等辅助展品展项的使用，采用多种展示传播手段，从多维的视角讲述中国传统农具的历史轨迹，揭示农业生产与气候、工具的关系，以及农具在农业文明中的重要作用，力求呈现给观众一幅中国传统农具的壮丽画卷。

在展品的展示方式上，根据展品的体积大小，采用较长通柜和长型的中心展台的形式进行摆放展品。可以通过演示，让农具动起来，以增加观众的参与性。通过农具使用场面，从不同侧面向观众展示不同地区的地理环境、物候状况、农具类型、风土人情、生活习俗和不同地区人们的思想、精神等深层次的东西，使观众了解悠久而灿烂的中国传统的农业文化。在展品组合的摆放、展板的设计等方面，注意设计美学的应用。同时采用声、光、电等展示手段，全方位地诠释我国悠久而灿烂的农耕文化。在物化的空间中，通过多种艺术手段透射出劳动者的精神特质。以农耕文化为切入点，追根溯源地表现出中华文明的发展历程。

（三）展厅布局与参观动线安排

"中国传统农具陈列"按照农业生产的具体过程（工序），分耕地整地、播种、田间管理、灌溉、收获、运输、脱粒、加工、称量九个单元来展示，如图5-23所示，根据展览内容框架同时结合建筑本身的柱距进行平面分区，将建筑原有的结构柱隐藏在空间分隔墙中，以免影响观众参观。

展览采用顺时针参观动线，一进展厅大门向左拐，观众可以按照气候变化的提醒和农业生产工具工序的变化来参观。由于展厅的跨度不大，中心展台在参观动线不变的情况下，可以辅助观看，也可以单独观看。

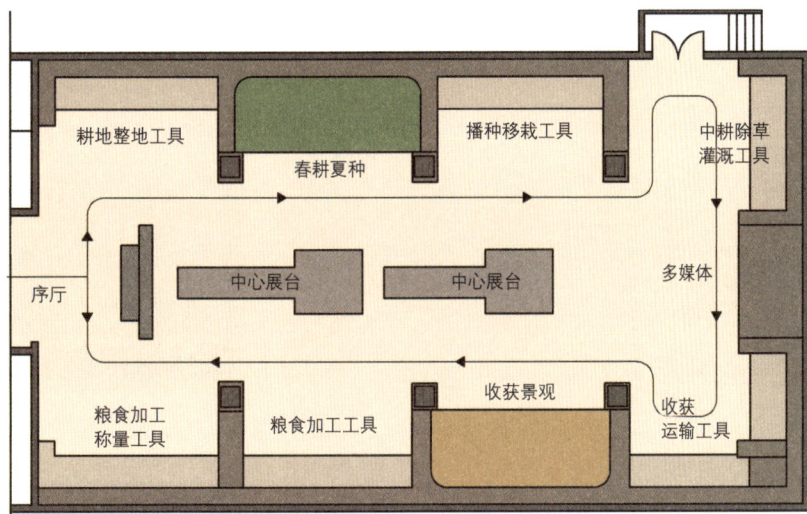

图 5-23　"中国传统农具陈列"平面图

序厅设置了曲辕犁雕塑模型（图5-24）。曲辕犁的造型是根据唐代晚期陆龟蒙的著作《耒耜经》的描述，结合当今传统耕犁的尺寸创作的，其历史感不言而喻。与曲辕犁雕塑模型紧邻的是汉代农耕图透雕隔墙（图5-25），透雕隔墙以我国已出土的汉代画像砖石的画面为基本素材，创作了一幅汉代农耕图透雕，画面生动地再现了两汉时期农村生产、劳作的场面，把观众带到距今2000多年前的汉代农村。透雕设置在展厅入口的作用有三个，一是形成本陈列的"点睛"之处。二是起到一个影壁的作用，避免观众将展厅一览无余，在入口处就能看见展厅的全貌。三是隔断展厅入口处外界的干扰。

第一单元的"整地单元"主要展示各类耕地整地工具（图5-26）。接下来是春耕夏种的景观（图5-27）。然后依次是播种单元，展示播种移栽的工具。田间管理单元，展示中耕除草工具。"灌溉单元"展示各种灌溉工具。此处设置一多媒体视频展项，从农具的结构、工作流程等刻画农具的使用过程，加深观众对农具的了解。收获和运输单元分别展示收获和运输的工具。紧接着是收获的景观展示，采用微缩景观还原的方式，主要是以北方山村为题材制作的初夏时节的场院收获脱粒情景景观。脱粒单元、粮食加工单元和称量单元，主要展示相应的农具，称量结束，传统农业的一整套生产工序也就结束了，观众结束整个展厅的参观。

从参观动线可以看出，整个展览以实物展品为主，采用通柜和中心展台的方式展示实物，并采用雕塑、微缩景观和多媒体播放等辅助展示方式来丰富展示的内容。

实物展品采用通柜和中心展台的展示方式。通柜每个6m长，基本

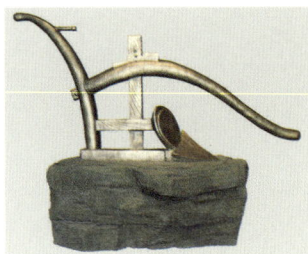

图 5-24　曲辕犁雕塑模型

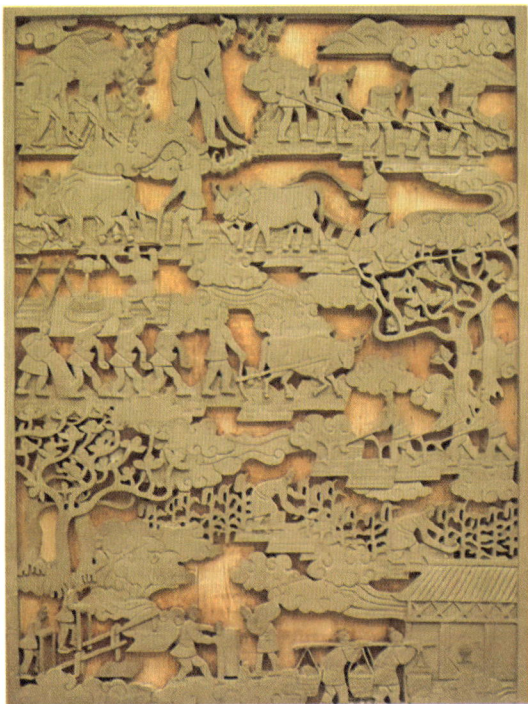

图 5-25　透雕隔墙

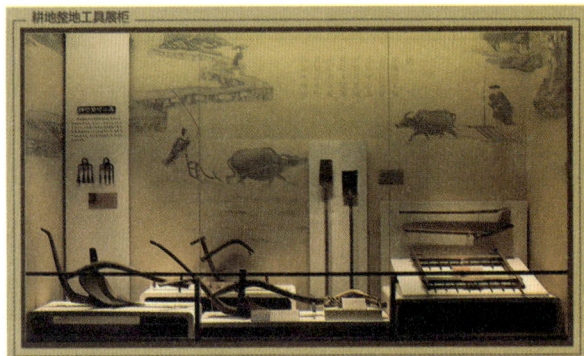

图 5-26　第一单元通柜

图 5-27　微缩景观还原

上保证一个单元的内容都在一个陈列通柜内。既保证陈列单元内容的完整性，又避免了因展柜太小而使观众视觉上产生参观画面的频繁切换。展厅中心位置陈列一些形体较大的农具和放置多媒体技术设备及设施。

通柜与微缩景观结合，相间而行，互相融合，最大限度地避免观众参观的疲劳感。

（四）空间整体设计

"中国传统农具陈列"环境色调的设计，通柜、景观和雕塑的创作，展台和灯具的设计，都是围绕传统农具的特点来进行的，同时也充分考虑今后的展厅设施、设备的日常维护，还考虑到观众参观的舒适度。在空间整体设计上，一是注重表现传统农具的文化内涵，二是再现传统农具的使用环境和功用。

1.注重表现传统农具的文化内涵

传统农具的文化是中国农耕文化的重要组成部分，耕织图、汉代画像砖石、雕塑、耕织图诗、二十四节气歌、南方和北方民居等文化元素都被应用到展示空间中，这些文化元素从不同侧面、不同形式表达了中国传统农具文化的多姿多彩。

2.再现传统农具的使用环境和功用

传统农具的使用是和农业生产过程紧密相连的。人们了解传统农具的功用和使用环境，从工具静物本身来了解比较困难。为了尽可能地诠释传统农具的功用、使用环境和重要工具的工作原理，内容和形式设计人员反复揣摩、推敲，通过不同的表现形式来表达。

（1）创作微缩景观。"中国传统农具陈列"创作了"春耕"和"收获"两个微缩景观，把工具和使用工具的人放在农业生产实景中，让观众直观地观看到传统农具的功用和使用环境。

（2）采用照片和绘画的手段。在通柜的正面立背板和两侧立板的三个立面的景观壁画上，描述不同农具的使用状况。

（3）多媒体动画。挑选犁、毯车、龙骨水车和风扇车四种经典农具，采用多媒体动画的方式，从农具的结构、工作流程等来刻画农具的使用过程，并结合实景录像材料来表达经典农具的功用和工作原理。

（4）采用电视播放视频的方法，来反映不同地域不同工具的使用过程和方法，主要播放了山东地区和云南地区的农具，前者是北方旱地作业，后者是南方水田作业。

（5）展品说明牌的图片表达。对于比较重要的传统农具，给予一定量的文字说明的同时，还附有该工具使用状况的照片或线描图。

（五）色彩与灯光

1.色彩

由于传统农具本身的木质部分偏淡黄色或褐色、铁质部分为青黑色。因而，为了突出农具展品，在基本色调的处理上，以褐色为主，包括陈列通柜的表面、建筑物立柱及顶部天花板、地面等部位的颜色（图5-28）。陈列通柜的框和展台基础部分的板材的颜色，以及雕塑造型的外框板材颜色都用深咖啡色处理。展品展台外包布则用米白色处理。通柜立面的背景墙用仿绢壁布印制水墨画处理，展托运用古朴的几何形造型，展品的固定件和支撑架都用透明的亚克力玻璃处理，以此避免色彩的干扰。展品说明牌中的图片也是褐色。总而言之，在展厅色彩的处理上，无论是褐色基调，还是米白色、米黄色、深咖啡色的处理，目的只有一个，都是用来衬托传统农具展品，突出传统农具展品。

图 5-28　展厅色彩

2.光线

中国传统农具陈列的光线处理，也是围绕着传统农具展品来设计的。因为传统农具本身的色彩不够鲜艳、明快。因此，在光线的处理上，首先，全部采用人工光源，将展厅的门窗进行遮光处理，避免外来的光线干扰。其次，增加人工光照强度，调整光照角度，目的也是让观众能够清晰地看到传统农具展品的各个部件的状况。最后，避免不同部位光源的相互影响，尽可能地减少展厅内光线对观众参观的干扰。

（六）艺术类辅助展品设计

通过透雕、泥塑、水墨画等传统艺术表现形式，来表达传统农具

图 5-29　通柜楣板设计

文化的信息。观众参观传统农具陈列，不仅可以获取传统农具知识，还可以得到艺术的熏陶和美的享受。

1. 透雕

入口处的汉代农耕图和每个陈列通柜、微缩景观上的楣板图案（图 5-29），都是采用透雕的技法，用剪纸的形式来表达。既有民俗民间文化的含义，又采用了民间艺术的表现形式，表现出中国传统农具的使用环境和农民生活息息相关，同时也从一个侧面表现出由古至今劳动人民乐观、积极的精神面貌。

以我国已经出土的汉代画像砖石画面为题材创作的汉代农耕图透雕，画面生动地反映了我国汉代农业生产从耕地整地、播种、中耕、灌溉、收获、运输、加工、储藏的全过程，出现人物 27 个，使用的工具有耒耜、犁、耙、镰、耧车、锄、镰、担筐等。仿佛一幅汉代农耕流程图，画面真实生动。

2. 农耕图水墨画

在"中国传统农具陈列"的 6 个通柜中每个通柜的背景画面，以清代最有艺术价值的清雍正时期的《耕织图》为素材进行二次创作（图 5-30），不仅诠释了相关农具的使用情况，还呈现出水墨画的效果，艺术感染力极强。

3. 泥塑

展厅设置了两处微缩景观展项，景观内容，一是水稻（南方代表性作物）的耕种收场景，二是小麦（北方代表性作物）的收获加工场景。通过景观的实景模拟，让观众感受耕种和收获两大农事活动的宏大场面及相关农具的使用情况。在两个微缩景观中，通过不同人物从事不同农事活动的刻画，让观众既能欣赏到泥塑本身的艺术之美，又能让观众享受农事活动和农村生活的田园之美。

春耕景观，是一个复制南方春耕场面的微缩景观，主要塑造了南

图 5-30　通柜背景画设计

301

方仲春时节劳作场景（图 5-31）。村舍环布，杨柳吐出嫩叶，一条小河蜿蜒其间。一块块农田上分别有不同的耕作场景：田野中农夫右手扶犁左手摇鞭赶牛耕田，后面是翻起的泥土；一块田里一农夫正在耙地；几个农夫正担着秧苗走在田埂上，毗邻的几块地里几个农妇正在插秧。这里为观众展现了一幅生动的南方田园耕作景象。场面栩栩如生，人们仿佛听见了南方犁耙水响的声音和牧童悠扬的笛声。

收获景观，是以北方山村为题材制作的初夏时节的场院收获脱粒情景景观（图 5-32）。在这里观众可以看到，有农夫赶着役畜拉着碌碡进行脱粒，几人围着一圈用连枷脱粒，还有几名农夫将脱粒后的麦秸码垛，几位农夫用风扇车去杂，还有一些农夫称量粮食，用马车运送粮食。画面生动活泼，一派繁忙的景象。

另外，入口处的曲辕犁雕塑，准确地反映了最原始曲辕犁结构和

图 5-31　春耕景观

图 5-32　收获景观

其11个部件，便于观众对传统农耕工具的了解。

（七）科技类辅助展品设计

展览采用多媒体动画诠释经典农具的结构、工作原理和功用。为了让观众更深入地了解传统农具的结构、工作原理和使用环境，"中国传统农具陈列"馆选用了在中国科技史上占有重要地位的四种工具——犁、耧车、龙骨水车和风扇车，通过动漫和实景拍摄的形式，解剖、揭示了四种经典农具的结构、工作原理和使用环境。对犁的形制变化，由直辕变曲辕，结构由复杂变简单，适用于不同的农业生产条件和地理环境，一一进行了全面的分解和阐述。直辕犁的特点与缺点，直辕犁变为曲辕犁，作用力和作用重心的变化，以及曲辕犁的优点等进行了全面的总结和归纳，让观众全面了解犁的变化过程、工作过程，回答了人们提出曲辕犁为什么成为传统耕犁的主流类型的问题。观众通过观看多媒体动画，对这些疑问得到了很好的理解。

（八）版式设计

通柜的背板版式设计（图5-33），首先是背景画对应相应陈列通柜的传统农具功能与使用场景，采用清朝雍正时期的《耕织图》中"耕"的23幅图为素材，进行艺术加工，制作成每个通柜的背景画面。清代时政府非常重视农业生产，从康熙帝开始，陆续有雍正、乾隆、嘉庆、光绪等皇帝以《耕织图》的形式，来推广农业生产技术。

其次是标题板采用不一样的色彩使其从背景画面中突显出来。同时背景画面的主角人物位置配合展台展具的高度，使其既不被遮挡，又疏密有序，符合中国传统绘画的意境。

在版式文字的编排上，字体样式具有中国传统风格，同时在每个

图 5-33　通柜整体版式设计

单元的文字说明上，简单概括地描述了各单元工具发展的历史概貌，如在编写"耕地整地工具"单元时，首先介绍"耕地整地工具"的功用："用于耕翻土地、破碎土建、平整田地等作业。"同时介绍"耕地整地工具"的历史发展脉络："经历了从耒耜到畜力犁的发展过程。汉代畜力犁已成为最重要的耕作农具。魏晋时期北方已经使用犁、耙、耱进行旱地配套耕作；宋代南方形成犁、耙、耖的水田耕作体系。"在展品说明牌上，除了介绍工具的功用外，还介绍了工具的发明创制年代及发展过程。

整个版式设计，从文字到画面的组织和材质的使用，极具中国传统文化特色。画面的故事也避免了单纯展示实物展品带给观众的枯燥感，让观众从画面上了解重要农具的功用和使用环境，实景画面、陈列实物、展品说明牌相映成趣，相得益彰。

一个成功的博物馆形式设计，绝不是把展品摆放出来就算完工，必须结合内容设计和展览主题的要求，从空间规划，平面布局，空间整体风格，色彩、灯光、材质、辅助展品展项的设计，版式设计等方面进行综合设计，同时满足设计美学、人体工程学的要求，让观众可以在具有美感的空间中，舒适地接收各种展览信息。

思考与练习

针对本章博物馆展览的设计案例，谈一谈你对其内容设计和形式设计的分析与感悟。

参考文献

[1] 黄洋，陈红京．博物馆陈列展览十讲[M]．上海：上海交通大学出版社，2019．

[2] 文化部文物局主编．中国博物馆学概论[M]．北京：北京文物出版社，1985．

[3] 单霁翔．博物馆的陈列展览[M]．天津：天津大学出版社，2017．

[4] 陆建松．博物馆展览策划：理念与实务[M]．上海：复旦大学出版社，2016．

[5] 冯好，李丹丹．"王后·母亲·女将——纪念殷墟妇好墓挖掘四十周年特展"的策划与设计探索[J]．文物天地，2016（8）：51-55．

[6] 胡泽学．中国传统农具陈列内容与形式设计解析[J]．古今农业，2009（3）：88-95．

[7] 崔金贵．对革命历史类展览的几点探索与思考——以国家博物馆《复兴之路》基本陈列为例[J]．四川戏剧，2014（8）：76-78．

[8] 尚莅雪．现代欧洲公共博物馆发展史小考[J]．沧州师范学院学报．2020,36（3）：100-105．